乡村振兴与新型城镇化耦合协同推进机制及政策研究

陈湘满　著

中国财经出版传媒集团
中国财政经济出版社

图书在版编目（CIP）数据

乡村振兴与新型城镇化耦合协同推进机制及政策研究／陈湘满著. --北京：中国财政经济出版社，2023.9

ISBN 978-7-5223-2472-2

Ⅰ.①乡… Ⅱ.①陈… Ⅲ.①农村-社会主义建设-研究-中国②城市化-研究-中国 Ⅳ.①F320.3 ②F299.21

中国国家版本馆CIP数据核字（2023）第166767号

责任编辑：王 芳 董小烨　　责任校对：胡永立

封面设计：陈宇琰　　责任印制：张 健

乡村振兴与新型城镇化耦合协同推进机制及政策研究

XIANGCUN ZHENXING YU XINXING CHENGZHENHUA OUHE XIETONG TUIJIN JIZHI JI ZHENGCE YANJIU

中国财政经济出版社 出版

URL：http：//www.cfeph.cn

E-mail：cfeph@cfeph.cn

社址：北京市海淀区阜成路甲28号　邮政编码：100142

营销中心电话：010-88191522

天猫网店：中国财政经济出版社旗舰店

网址：https：//zgczjjcbs.tmall.com

北京财经印刷厂印刷　各地新华书店经销

成品尺寸：170mm×240mm　16开　20印张　273 000字

2023年9月第1版　2023年9月北京第1次印刷

定价：65.00元

ISBN 978-7-5223-2472-2

（图书出现印装问题，本社负责调换，电话：010-88190548）

本社质量投诉电话：010-88190744

打击盗版举报热线：*010-88191661*　*QQ：2242791300*

本书为国家社会科学基金项目“乡村振兴与新型城镇化耦合协同推进机制与政策研究”（课题号20BJL078/结题号20231497）结项成果。

目　录

第一章 导 论

乡村与城市是人类聚落的地理表征形式，也是生产生活的空间载体，集合了依附在这片空间中的全部经济关系。中国作为历史悠久的传统农业文明大国，随着生产力的发展和生产关系的变革，城乡分离和对立成为了近现代城乡关系的主导。正如马克思所指出的，“城乡分离与对立”是一个历史范畴，是城乡关系演变中的其中一个阶段（中共中央马克思恩格斯列宁斯大林著作编译局，2012）。因此在新时代下，如何于中国式现代化进程中辩证地认识城乡关系新的历史特征、解决城乡发展不平衡的现实问题并进一步推动城乡融合与共同富裕，是当今我国经济社会发展过程中的核心议题之一。

自改革开放以来，既往割裂对立的城乡关系逐步得到改善，国家先后出台了《中共中央 国务院关于进一步活跃农村经济的十项政策》《关于做好农民进城务工就业管理和服务工作的通知》《关于解决农民工问题的若干意见》等一系列重要文件，由此城乡的二元割裂得以缓步走向弥合。随着党的十八大和十九大的顺利召开，《国家新型城镇化规划（2014—2020年）》《乡村振兴战略规划（2018—2022年）》陆续出台，标志着城乡融合发展，战略互补新阶段全面开启。在新发展阶段，回答如何健全城乡融合发展体制机制和政策体系，强化以工补农、以城带乡，推动形成工农互促、城乡互补、协调发展、共同繁荣的新型工农城乡关系等问题，对于实现第二个百年目标具有重要的理论与现实意义。

本课题立足于乡村振兴与新型城镇化两大战略的耦合协同推进，尝试探索其发展路径和机制并提出政策启示。在此之前，本章将先对相关研究领域内的既有成果进行脉络梳理和文献综述，以厘清现有文献的学术观点及其特征，从而为后文的深入研究奠定基础。

第一节　研究背景及意义

一、研究背景

新中国成立以来，我国的社会经济建设不断取得新的成就，综合国力显著提升。作为国家层面的战略部署，新型城镇化与乡村振兴两大战略分别于党的十八大与十九大提出，二者在塑造新型城乡关系、推进共同富裕以及解决城乡发展不平衡不充分问题等多个方面均具有显著且积极的现实意义。

就二者关系而言，乡村振兴与新型城镇化在区域协调发展战略体系中既是一体两面的，又是有机统一的。换言之，实施乡村振兴战略与推进新型城镇化既不是对立的关系，也并非在侧重点上有所不同，而是你中有我、我中有你，相互补充、相互促进的关系（蔡昉，2018）。党的十八大正式提出新型城镇化发展战略，将新型城镇化提升到国家战略层面。在党的十九大报告中，习近平总书记浓墨重彩地描绘了在全面建成小康社会之后向第二个百年奋斗目标进军的宏伟蓝图，开启了全面建设社会主义现代化国家新征程，作出了实施乡村振兴战略的重大决策部署。它们都是区域协调发展战略的重要组成部分，有着促进城乡融合发展的共同目标。乡村振兴和新型城镇化作为农业农村现代化建设和城镇质量发展的两大着力点，协同致力于我国实现城乡融合发展和建成社会主义现代化强国的目标，是国家稳步推进社会主义现代化的生动实践。深入推进二者耦合协同发展，将有效释放城乡需求潜力和发展潜能，在经济高质量发展的宏观背景下，为中国式现代化注入持久稳定的前进动能。

乡村振兴与新型城镇化是互利共生的命运共同体，两者互为支撑、相互促进。乡村振兴离不开新型城镇化的发展，我国的城乡建设在过去的粗放式发展模式下，仍遗留了部分亟须解决的现实问题，诸如城乡二元结构问题突出、要素流动受阻、基础设施建设和公共服务供给不平衡等，推动乡村振兴与新型城镇化两大战略的耦合协同是着力解决农村发展不充分、城乡发展不平衡问题的有效路径。在两大战略协同推进过程中，重构城乡一体化格局、科学统筹推进两大战略协调发展；深化要素市场配置、促进城乡资源有序流动；推进城乡公共资源均等化配置、实现城乡共享发展成果在最终实现城乡高质量融合、共同富裕以及协同推进社会主义现代化建设方面均具有积极作用。

本书以区域协调发展为主线，深入解析乡村振兴与新型城镇化战略的耦合机理，并探索二者协同推进的机制、路径与政策框架，以期进一步丰富与完善城乡发展理论体系，为实现第二个百年奋斗目标过程中的城乡融合与协同发展及推进中国式现代化贡献智慧。

二、研究意义

（一）理论意义

立足于中国特色社会主义的区域协调发展理论体系，本研究以习近平经济思想为指引，从城乡融合的视角出发，深入剖析乡村振兴与新型城镇化两大发展战略的耦合协同关系及其内在机制。基于二者辩证统一的关系，并结合《乡村振兴战略规划（2018—2022 年）》以及《国家新型城镇化规划（2014—2020 年）》的具体内容，本书将乡村振兴战略的五大领域和新型城镇化的五个维度进行匹配，挖掘耦合节点，系统研究乡村振兴与新型城镇化战略的耦合协同机制，从城乡融合发展、城乡要素双向流动、高效反哺“三农”、产业协同互动机制等方面综合提出推进两大战略耦合协同路径，为相关领域的研究提供了新的视角。

（二）现实意义

本书以区域协调为主线，系统地量化分析了当前我国乡村振兴、新型城镇化以及二者耦合协调发展的现状并探寻其发展规律，通过深入挖掘与辨析乡村振兴与新型城镇化的耦合协同机制，创新性地提出了乡村振兴与新型城镇化耦合协同推进机制的整体框架和政策建议，为国家和地方协同推进乡村振兴和新型城镇化战略，进一步促进城乡高质量融合，基本实现新型工业化、信息化、城镇化、农业农村现代化，建成现代化经济体系的目标提供了理论依据和政策参考。

第二节　基于知识图谱的文献计量分析

在对相关领域的已有文献进行回顾和述评之前，先在本节对其进行计量与可视化分析，以便更加直观地了解整个领域的研究情况，形成相关研究领域的成果版图，为进一步的文献述评奠定基础。本书的研究对象为“乡村振兴”和“新型城镇化”两个系统及其耦合协同的辩证关系，在文献计量分析过程中，为保证数据的全面性与分析的准确性，本书对近年综合研究了乡村振兴与新型城镇化的高质量文献进行可视化并展开分析。

一、数据来源与研究方法

（一）数据来源

本节涉及的文献数据均源自中国知网 CNKI 中文期刊数据库（下文简称“CNKI 数据库”），检索日期为 2022 年 8 月 6 日。

（二）研究方法

本节采用 CiteSpace 展开文献计量分析，通过直观地将相关文献可视化为网络图谱，研究者能准确、快速、有效地提取关键信息，进而归纳该领域的研究趋势。这一工具在识别某一学科方向关键文献的重点研究方向、构建研究发展脉络等方面具有显著优势。本节将结合文献计量分析结论与近年领域内的高水平研究成果，对相关研究进行文献计量。

二、乡村振兴与新型城镇化综合主题研究的可视化分析

基于 CNKI 数据库，经综合检索主题词“乡村振兴”与“新型城镇化”，得到 670 条文献数据，其中中文社会科学引文索引期刊（下文简称“CSSCI”）来源文献为 164 篇，样本量较其他文献计量类型的研究较少。其背后的原因在于：其一，“乡村振兴”于党的十九大提出，在此之前不存在基于国家战略指导的相关研究；其二，本书关注的重点文献是聚焦于“乡村振兴”与“新型城镇化”辩证关系的文献，为得到高效度和高信度的结论，单方面研究其中任意一方的文献未被本书纳入考察范围。同时出于进一步提高结论效度的目的，学术价值不高的部分文献经人工筛选后剔除，最终得到 642 条有效数据。

（一）年度发文量分析

在年发文量方面，由图 1－1 所示，在总体样本中，发表于 2017 年的研究较少，仅有 4 篇。2018 年，发文量增至 96 篇。在接下来的两年内发文量增幅放缓，由 2018 年的 96 篇，到 2019 年的 122 篇，再至 2020 年的 125 篇，受 2017 年发文量基数较小的影响，较 2018 年增长率更低。但是 2020—2021 年，发文量在一年内增加了 62 篇。基本认为在两系统结合研究的领域，未来发文量还会持续增加。

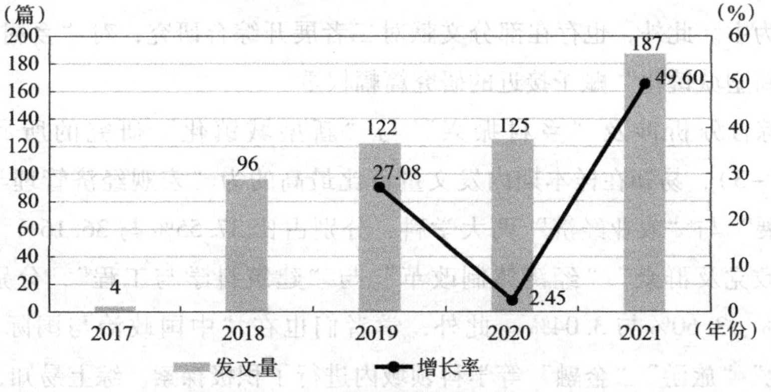

图 1－1 “乡村振兴”与“新型城镇化”综合主题研究年度发文量

注：2018 年发文量增长率为 2300%，考虑到图表易读性，此处未作绘制。

（二）主题、学科、被引与下载分析

对未进行人工剔除的数据进行分析，统计发文量排名前29的主题（图1-2），可发现以“新型城镇化”和“乡村振兴”为主题的发文量最多，分别有293篇和242篇。“乡村振兴战略”“城乡融合”“城镇化背景”“特色小镇”“新型城镇化建设”“城镇化”和“协同发展”等主题的发文量也相对较多，与之相比，其余主题均在20篇以下。

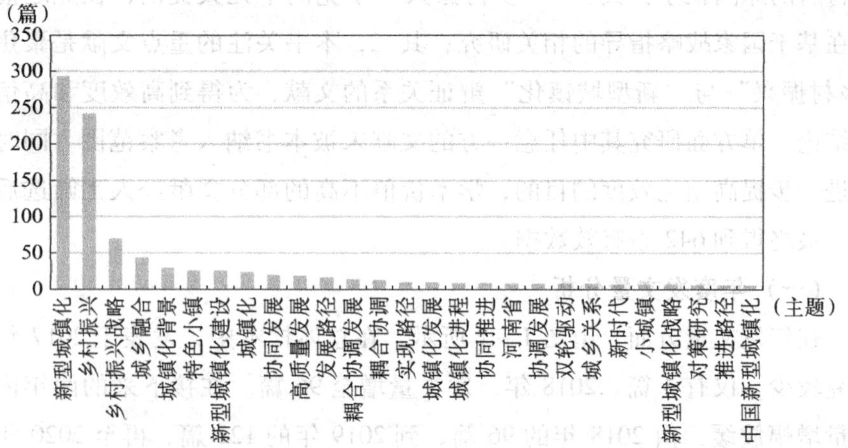

图1-2　截至检索日“乡村振兴”与“新型城镇化”综合主题研究发文量

整体而言，多数综合涉及“乡村振兴”和“新型城镇化”的文献侧重聚焦于其中一个研究对象，即或以“新型城镇化”为主，或以“乡村振兴”为主。此外，也存在部分文献对二者展开综合研究，对“乡村振兴”和“新型城镇化”赋予接近的研究篇幅权重。

综合分析涉及“乡村振兴”与“新型城镇化”研究的所属学科（图1-3），易知在样本期内发文量占比最高的为“宏观经济管理与可持续发展”与“农业经济”两大学科，分别占比37.55%与36.16%。其次是“政党及群众”“经济体制改革”与“建筑科学与工程”，分别占比4.43%、3.60%与3.04%。此外，学者们也在“中国政治与国际政治”“文化”“旅游”“金融”等学科领域内进行了积极探索。综上易知，涉及“乡村振兴”与“新型城镇化”的既有研究具有学科交叉性强、领域合作广泛的特征。

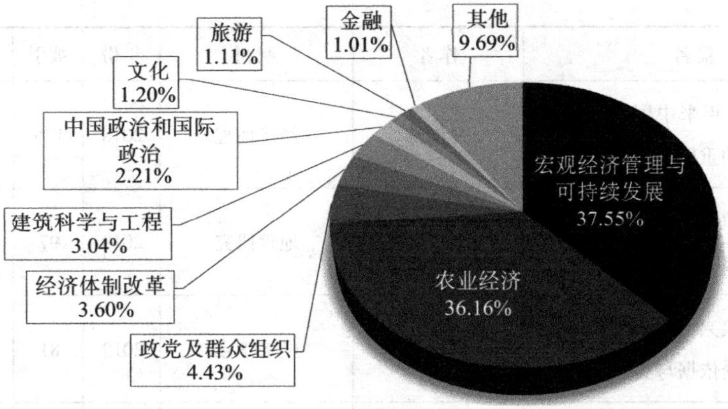

图1-3 "乡村振兴"与"新型城镇化"综合主题研究涉及学科发文量饼状图

针对两系统一起研究的文章，统计前十篇被引次数最高文章（表1-1），可知被引次数最高文章分布于2018—2020年。其中被引次数最高的是黄祖辉于2018年发表在《中国农村经济》的一篇文章，被引次数高达603次，其主要观点为"乡村振兴的发展必须基于城乡融合发展来研究"。其他高频被引文章主要研究方向也包括城乡融合，有一部分侧重研究乡村（黄祖辉，2018），一部分侧重研究城镇（方创琳，2018；方创琳，2019；陈明星等，2019；李兰冰，2020），还有的是对城乡融合路径、方式、二者耦合协调的演进机制等方面（卓玛草，2019；王博雅等，2020；叶超和于洁，2020；徐维祥等，2020；刘天婴等，2019）的研究，上述各领域都是两系统结合研究的热点，未来学者们可能会更加深入地对这些方面进行探讨。

表1-1 "乡村振兴"与"新型城镇化"文献被引次数和下载次数

单位：次

篇名	作者	期刊	年份	被引	下载
准确把握中国乡村振兴战略	黄祖辉	中国农村经济	2018	603	25852
中国新型城镇化高质量发展的规律性与重点方向	方创琳	地理研究	2019	228	8662

续表

篇名	作者	期刊	年份	被引	下载
改革开放40年来中国城镇化与城市群取得的重要进展与展望	方创琳	经济地理	2018	175	7012
中国新型城镇化在党的十九大后发展的新态势	陈明星，隋昱文，郭莎莎	地理研究	2019	97	4096
新时代乡村振兴与新型城镇化融合发展的理论依据与实现路径	卓玛草	经济学家	2019	81	5327
特色小镇的定位与功能再认识——城乡融合发展的重要载体	王博雅，张车伟，蔡翼飞	北京师范大学学报（社会科学版）	2020	73	3773
迈向城乡融合：新型城镇化与乡村振兴结合研究的关键与趋势	叶超，于洁	地理科学	2020	72	4729
乡村振兴与新型城镇化耦合协调的动态演进及其驱动机制	徐维祥，李露，周建平，刘程军	自然资源学报	2020	68	6701
“十四五”时期中国新型城镇化重大问题展望	李兰冰，高雪莲，黄玖立	管理世界	2020	66	5596
新型城镇化背景下的古村镇保护与旅游发展路径选择——以萱洲古镇为例	刘天曌，刘沛林，王良健	地理研究	2019	66	3516

（三）作者分析

基于前述数据进行作者分析，“节点类型（Node Type）”选择“作者（Author）”。根据普赖斯核心作者计算公式①，计算出发文量2篇及以上的为核心作者，本研究统计了发文量3篇及以上的核心作者（表1-2）。其中，发文量最多的是何欣玮，发文量有6篇，其次为张东玲、孔祥智、李小云，发文量均为5篇。

① 普赖斯核心作者计算公式为 $m \approx 0.749\sqrt{n_{max}}$。其中，$m$ 指论文数量，n_{max} 指对应年限中论文发表数量最多作者的论文数量。

表1-2　　“乡村振兴”和“新型城镇化”综合主题研究核心作者

序号	发文量（篇）	作者
1	6	何欣玮
2	5	张东玲
3	5	孔祥智
4	5	李小云
5	4	田鹏
6	4	许经勇
7	3	王永瑜
8	3	徐雪
9	3	章建华
10	3	蔡继明

为了更直观地分析作者的合作情况，此处展开作者共现可视化，得到由168个节点和32条连线组成的作者共现图（图1-4），连线越多则表明作者之间的合作次数越多，连线越粗则意味着两作者之间的合作关系越紧密。由此可见作者合作关系以离散为主，仅部分存在合作联系。其中连线较多的学者节点为孔祥智、李小云、何欣玮和张东玲。可见在此研究领域内，形成了以孔祥智、何欣玮和李小云为代表的核心研究团队。

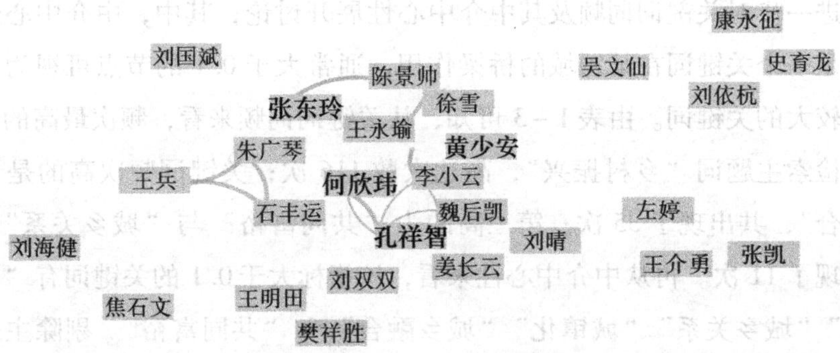

图1-4　“乡村振兴”与“新型城镇化”综合主题研究作者共现图谱

（四）关键词共现分析

为进一步深入了解相关研究的具体特征，将“节点类型（Node Type）”设置为“关键词（Keywords）”以进行关键词共现分析，得到由170个网络节点和157条网络连线构成，且网络密度为0.0100的关键词共现网络图（图1-5）。其中，关键词节点最大的是“乡村振兴”和“城乡融合”，剔除主题词对关键词的影响，说明“城乡融合”是两系统结合研究的核心热点。

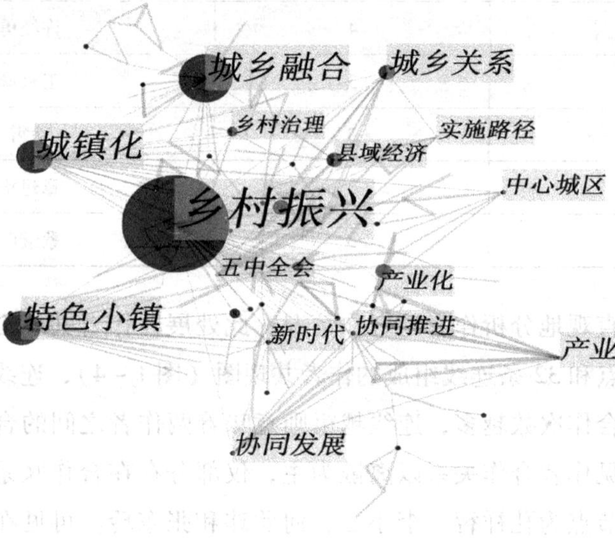

图1-5 乡村振兴与新型城镇化关键词共现图谱

进一步对关键词词频及其中介中心性展开讨论，其中，中介中心性代表的是一个关键词在某领域的桥梁作用，通常大于0.1的节点可视为桥梁作用较大的关键词。由表1-3可知，从关键词词频来看，频次最高的关键词为检索主题词“乡村振兴”，高达次数116次；关键词频次高的是“城乡融合”，共出现了35次；第三高的为“共同富裕”与“城乡关系”，分别出现了11次。再从中介中心性来看，该指标大于0.1的关键词有“乡村振兴”“城乡关系”“城镇化”“城乡融合”和“共同富裕”。剔除主题词的影响，在该研究领域内关联性较强的是“城乡关系”“城乡融合”和“共同富裕”。

表1-3 乡村振兴和新型城镇化高频关键词频次及其中介中心性

序号	频次	中介中心性	关键词	序号	频次	中介中心性	关键词
1	116	0.94	乡村振兴	11	5	0.02	esda
2	35	0.15	城乡融合	12	5	0.00	农民分化
3	11	0.10	共同富裕	13	5	0.03	城镇体系
4	11	0.25	城乡关系	14	4	0.00	乡村建设
5	7	0.03	县城	15	4	0.00	西部地区
6	6	0.05	特色小镇	16	4	0.02	协同发展
7	6	0.20	城镇化	17	3	0.03	小城镇
8	5	0.00	县域经济	18	3	0.08	城市群
9	5	0.00	新时代	19	3	0.00	空间重构
10	5	0.00	协调度	20	3	0.03	实现路径

（五）关键词聚类分析

本研究基于共现图进一步展开了关键词聚类分析，经选取前十个聚类结果较大的聚类标签，整体上形成以“乡村振兴”为核心，向其他多个方向发散的关键词聚类图谱（图1-6）。其中，聚类模块值为0.8607，平均轮廓值为0.9794，以上两个指标均提示该聚类结果显著。

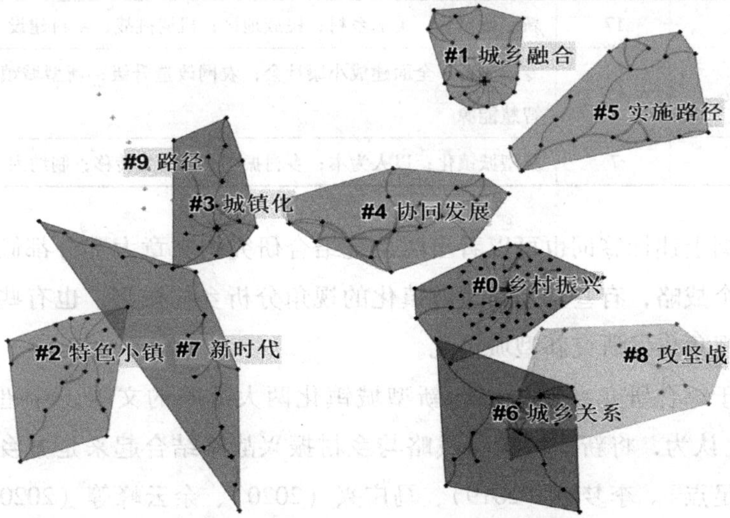

图1-6 乡村振兴与新型城镇化关键词聚类图谱

表1-4中呈现了聚类规模前十的聚类标签，从大到小分别是“#0 乡

村振兴”“#1 城乡融合”“#2 特色小镇”“#3 城镇化”“#4 协同发展”“#5 实施路径”“#6 城乡关系”“#7 新时代”“#8 攻坚战”和“#9 路径”。为了更好地对聚类情况进行分析，在 CiteSpace 中选择“聚类探测器（Cluster Explorer）”便可看到聚类标签的代表性关键词，本节两个主题词未进行剔除，对前五的标签词进行统计（表1-4）。

表1-4 乡村振兴和新型城镇化关键词聚类表

聚类标签	聚类大小	标签词（前五）
#0 乡村振兴	59	乡村振兴；新型城镇化；土地要素；身份认同；返乡医院
#1 城乡融合	24	城乡融合；县域治理；现代性机制；乡村振兴；新型城镇化
#2 特色小镇	22	特色小镇；产业选择；经济效应；双重差分法；新型城镇化
#3 城镇化	20	乡村振兴；集体经济组织；全面深化改革开放；科技创新中心；中心城区
#4 协同发展	20	教育帮扶；电能替代；配电自动化；供电质量；农村电网
#5 实施路径	19	新型城镇化；乡村振兴；农村金融服务；农村基层组织；地域文化差异
#6 城乡关系	18	城乡融合发展；城镇化率；宅基地使用权；农村宅基地；双轮驱动
#7 新时代	17	新型城镇化；美丽乡村；民族地区；机遇挑战；乡村建设
#8 攻坚战	15	专项工程；全面建成小康社会；农网改造升级；新型城镇化建设；智慧能源
#9 路径	7	新型城镇化；以人为本；乡村振兴；劳动力转移；制约因素

根据上述标签词也可以看出两系统结合研究的文章大部分都倾向重点关注一个战略，有些基于新型城镇化的视角分析乡村振兴，也有些从乡村振兴的视角出发研究新型城镇化。

关于综合研究乡村振兴与新型城镇化两大战略的文献，叶超和于洁（2020）认为，将新型城镇化战略与乡村振兴战略结合起来是城乡融合研究的立足点①。李梦娜（2019）、马广兴（2020）、余云峰等（2020）和陈

---

① 叶超，于洁．迈向城乡融合：新型城镇化与乡村振兴结合研究的关键与趋势［J］．地理科学，2020，40（04）：528-534.

景帅等（2022）则基于耦合的视角研究了新型城镇化战略与乡村振兴战略。此外，夏金梅（2021）和蔡绍洪等（2022）基于时空视角研究了两大战略的协调发展。

（六）关键词突现分析

囿于样本时间窗口选择上的局限，在关键词突现分析中，选择突现长度为2年以上的关键词（表1－5），共得到10个突现词。其中，突现时间持续最长的是“乡村文化”“智慧能源”“乡村教育”“五中全会”，均各为3年。在2017—2022年的样本期内，研究的重点倾向持续跟随社会经济建设情况而产生变化。首先在2017—2018年，学者们关注新时代背景下乡村以及县域的治理问题。其次在2020—2022年，学者们受到党的十九届五中全会报告内容的启示，紧跟政策对两系统进行研究，重点转为“智慧能源”和“乡村教育”。整体而言，在整个研究期内（2017—2022年），突现强度最高的词是“新时代”，此外，“乡村治理”的突现强度也强于其他词，同样是学者们关注的核心之一。

表1－5　　乡村振兴和新型城镇化关键词突现情况

关键词	突现强度	起始年份	结束年份	时间窗口 2017—2022 年
农民分化	0.63	2017	2018	■■□□□□
新时代	2.41	2018	2019	□■■□□□
乡村治理	1.96	2018	2019	□■■□□□
县域治理	0.76	2018	2019	□■■□□□
乡村文化	0.72	2018	2020	□■■■□□
创新研究	0.61	2019	2020	□□■■□□
产业发展	0.61	2019	2020	□□■■□□
智慧能源	0.81	2020	2022	□□□■■■
乡村教育	0.60	2020	2022	□□□■■■
五中全会	0.60	2020	2022	□□□■■■

注：“时间窗口2017—2022年”列中，每行的第一个方格指2017年，第二个方格指2018年，依此类推。该列中深色方格表示当前行的关键词在对应年份产生了突现，反之方格颜色则为浅色。

三、可视化分析结论

本节以 CiteSpace 为研究工具，基于2017—2022 年 CNKI 数据库来源文献中对乡村振兴与新型城镇化的综合性研究，进行发文量、主题、学科、下载与被引、作者、机构、关键词的可视化分析，得出以下结论。

结合了乡村振兴与新型城镇化的综合性研究发文量持续上升，趋势将持续保持且该领域学科覆盖范围广、学科交叉性强。该综合性领域的研究者之间合作程度不高，亟待加强广大研究者之间的合作。该综合性研究领域主要以“城乡关系”“城乡融合”“共同富裕”“乡村文化”“智慧能源”“乡村教育”等为研究热点，另外广大研究者也高度关注政策时代背景。

结合了乡村振兴与新型城镇化的综合性研究一直与时代背景相契合，在“新时代”的背景下将持续作为研究热点被广大研究者所关注。该领域学科交叉性强，未来研究要注重研究方法上的创新和不同学科的相互交流，应融合贯通经济学、地理学、生态学及管理学等学科的理论，以更完备的理论体系促进乡村和城镇在发展中的改革与创新。新型城乡关系、乡村及城镇更优发展模式的探索应不断向前，为实现城乡融合提供理论支撑，以期更好地实现区域协调发展和共同富裕。

四、文献述评

（一）关于乡村振兴的研究

我国较早关注乡村发展这一议题的有路光和王龙生（1984）、周惠如（1987）等。但形成研究热点是在党的十九大提出乡村振兴战略之后，其中，研究内容主要集中于下述内容：

第一，对理论内涵的阐释。学者们紧紧围绕着“五句话，二十字”的总目标（生产兴旺，环境适居，乡风文明，管理高效，人民生活富足）分别从理论脉络、基本内容、战略要求等方面展开论述。张海鹏等（2018）提出乡村振兴战略思想是历史上乡村振兴思想在新阶段的延伸，但又具有明显的历史跨越性；也是对马克思主义农村发展和城乡融合发展思想以及历代共产党人农村发展思想的融会贯通①，梳理了乡村振兴战略的理论渊源和中国路径。关于乡村振兴的学理内涵，张强等（2018）把乡村振兴的基本内容总结为外在涵义和内在涵义两个部分，并认为所谓外在涵义就是在城市发展中突出了城乡共同固有的自身价值，从而在人文传统等方面发挥作用，从而达到农村与城市的和谐互补；内在涵义是指在城乡平等的条件下，乡村内部实现经济繁荣，住房、产业等方面的自给自足。此外，叶庆兴（2018）通过对比新农村建设时期的总要求与实施乡村振兴战略的总要求来深刻剖析乡村振兴战略的内涵，而郭晓鸣（2018）则直接通过总要求进行内涵的阐释。

第二，对实施路径的研究。已有学者注意到了战略实施在地域间的现实异质性和相关性，从因地制宜的角度出发，贺雪峰（2020）提出了在执行中国乡村文化复兴战略的过程中不能误解乡村振兴战略是单纯以东部沿海特殊区位的成功乡村案例为目标，其认为沿海发达地区乡村建设模式不存在可复制性。何仁伟（2018）则认为应当利用好“都市圈”这一重要空间单元，构建城乡一体的规划体系。而在战略推进的整体过程中，钟钰（2018）指出乡村振兴战略是一个长期而系统的工程，是一场持久战，且应尊重客观规律，不盲目推进。此外，Pan 等（1980）提出乡村的发展不应该只侧重局部，而应将其置于国家整体经济环境下研究。在战略实施的经济资源投入方面，段小燕（2022）、秦晓彦（2022）、冯亚军（2022）、张丽会（2022）指出中国乡村振兴的建设需解决好金融扶持及担保政策问题，要避免投入资金短缺问题。而另一部分学者则直接从产业、制度、要素流动、生态等多个维度总结如何才能实现乡村振兴，张海鹏（2018）认为需完善产权制度，同时实现城乡要素的自由流动，健全城乡统一的公共服务体系。王效梅（2022）则认为应当实现三次产业的融合发展，利用好乡村生态资源、文化资源，同时支持人才下乡，工人返乡。龙花楼和陈坤秋（2021）、白永秀和宁启（2021）、周国华等（2021）指出，乡村振兴战

① 张海鹏，郜亮亮，闫坤．乡村振兴战略思想的理论渊源、主要创新和实现路径［J］．中国农村经济，2018（11）：2－16.

略应当同巩固脱贫攻坚进行有效衔接。国外关于乡村发展的研究也已经相当丰富，尤其对贫困问题比较关注。在乡村贫富问题的研究上，Chambers（2014）指出人们对农村贫困问题存在误解，看不见深层次的东西，也容易忽略农村人民知识的丰富性及有效性。类似的，Ashley 和 Maxwell（2001）指出农业是农村发展的动力，分析了小农场未来的可行性与非农业农村经济的潜力，剖析了关于贫穷、参与和治理的新思维的挑战以及执行问题。Zadawa 和 Omran（2020）则对非洲的乡村发展面临的挑战进行了研究。还有一部分学者将农村的发展与经济社会其他方面结合进行研究，如能源再生问题的研究（Benedek et al.，2018）、农业生产与乡村发展关系的研究（Ogunlela 和 Mukhtar，2009）等，为我国乡村振兴战略的推进提供了国际乡村治理与发展的经验。

第三，对政策与制度的研究。部分相关研究主要围绕“三农”问题展开，魏后凯等（2020）从粮食安全保障、乡村产业用地、人才振兴、农业支持保护、乡村产业、农民利益联结、乡村宜居、公共服务体系等多个方面给予了政策意见。此外，赵龙（2018）分析了新农村振兴的土地机制，提出应进一步健全耕地征收、房屋代管等机制，并建立新型农村集体经营性项目建设用地管理制度。熊文等（2021）认为乡村振兴背景下应当健全完善乡村社会保障制度，进而缩小失地与未失地农民在社会保障问题上的差距。另外，庞丽娟等（2020）以乡村教师为切入点，认为应当健全乡村教师的社会保障政策、住房政策、子女教育政策，同时改革教师编制政策制度。龚维斌（2018）、张国胜和聂其辉（2019）、蔡继明和李新恺（2019）分别从历史维度、双向改革和城乡融合发展的角度研究了乡村振兴背景下的户籍改革制度。

第四，关于乡村振兴水平的测度。自乡村振兴战略实施以来，学界对于战略成效进行了广泛探索并予以量化。在代理指标选取方面，《乡村振兴战略规划（2018—2022）》明晰了指标评价体系（表 1 - 6），但因其可获得性问题，仅一级指标（分类）成为测度研究的共识，即“产业兴旺”“生态宜居”“乡风文明”“治理有效”“生活富裕”。而在二级指标的选择上则各有千秋，有些学者会选择放弃数据缺失严重的指标或者选择平替指标。其中，徐雪和王永瑜（2022）在指标处理上比较全面，对二级指标也进行了细致的分类。较为遗憾的是，目前鲜有文献很好地取得刻画“农业科技进步贡献率”的指标。

表 1-6　《乡村振兴战略规划（2018—2022 年）》指标评价体系

分类	序号	主要指标	单位
产业兴旺	1	粮食综合生产能力	亿吨
	2	农业科技进步贡献率	%
	3	农业劳动生产率	万元/人
	4	农产品加工产值与农业总产值比	–
	5	休闲农业与乡村旅游接待人次	亿人次
生态宜居	6	畜禽粪污综合利用率	%
	7	村庄绿化覆盖率	%
	8	对生活垃圾进行处理的村占比	%
	9	农村卫生厕所普及率	%
乡风文明	10	村综合性文化服务中心覆盖率	%
	11	县级以上文明村和乡镇占比	%
	12	农村义务教育学校专任教师本科以上学历比例	%
	13	农村居民教育文化娱乐支出占比	%
治理有效	14	村庄规划管理覆盖率	%
	15	建有综合服务站的村占比	%
	16	村党组织书记兼任村委会主任的村占比	%
	17	有村规民约的村占比	%
	18	集体经济强村比重	%
生活富裕	19	农村居民恩格尔系数	%
	20	城乡居民收入比	–
	21	农村自来水普及率	%
	22	具备条件的建制村通硬化路比例	%

总体而言，随着乡村振兴战略的全面铺开，相关的学术成果也日渐丰富。一方面，学理上的阐释和辨析已基本形成成熟的理论体系；另一方面，基于实证方法的量化测度和机制讨论的研究空白也逐渐被填补。现阶段，结合新的时代背景，在明确具体有效的推进机制的前提下，关注多路

径的协同推进和具体成效的相关研究仍有待补充。

（二）关于新型城镇化发展的研究

第一，关于新型城镇化的内涵，如图 1 – 7 所示，陈明星等（2019）解读了新型城镇化认知与建构四方面的理论内涵，即人本性、协同性、包容性和可持续性实现从结构主义到人本主义转变下从“人口城镇化”到“人的城镇化”转变”①，为构建中国特色的新型城镇化理论内涵认知框架提供了有益借鉴。其中，人本主义是新型城镇化相关理论研究的关注重点，魏后凯（2016）指出，以人为核心的新型城镇化是针对过去旧型城镇化凸显以物为本、“重物轻人”的观念提出来的。从以物为本到以人为本，从“重物轻人”到以人为核心，充分体现了以人民为中心的发展思想和城镇化理念的进步②。这一观点阐明了新型城镇化与旧型城镇化的区别。不难发现，新型城镇化具有坚持人民至上、坚持以人民为中心的本质特征。

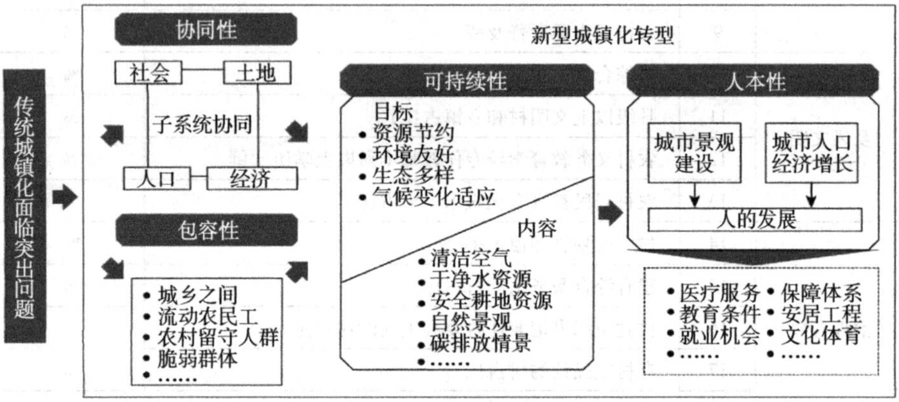

图 1 – 7　新型城镇化的内涵

资料来源：陈明星，叶超，陆大道，等．中国特色新型城镇化理论内涵的认知与建构［J］．地理学报，2019，74（04）：633 – 647.

关于城镇化，须注意到其不仅是一个空间过程，也是一个经济过程。在传统城镇化语境下，学者们探讨了城镇化与经济增长的关系（Turok 和

① 陈明星，叶超，陆大道，等．中国特色新型城镇化理论内涵的认知与建构［J］．地理学报，2019，74（04）：633 – 647.

② 魏后凯．坚持以人为核心推进新型城镇化［J］．中国农村经济，2016（10）：11 – 14.

Mcgranahan, 2013; Arouri 等, 2014)、城镇化与工业发展的关系、城镇化过程中的能源消耗问题(Gollin 等, 2016; Sadorsky, 2013)以及城镇化与贫困问题的关系(Liddle, 2017)。区别于以往西方的城镇化研究，具体到我国实际，姜安印和杨志良(2020)利用双重差分法识别出了新型城镇化建设显著促进城市经济高质量增长，并且这种政策效应随着时间的推移逐渐增强的因果机制。类似的，张云辉和汪洋(2021)通过构建准自然实验，发现新型城镇化试点政策能够有效达成推动高质量发展的政策预期，对稳就业、增加居民收入、提升交通效率、优化宜居环境、提高教育质量有一定的促进作用。尤其在推动共同富裕的时代方向下，孙学涛等(2022)指出新型城镇化对共同富裕及其各维度产生显著的促进作用，并且更能够提升贫困地区的共同富裕水平。不难发现，新型城镇化战略的实施在经济增长速度、发展质量和社会整体福利等方面均具有显著的积极意义。

第二，关于新型城镇化战略的推进思路，已有研究多着眼于“人”“地”等方面。其中，有关对“人”的研究，倪鹏飞(2013)从多个角度剖析了新型城镇化的道路，指出应妥善处理城镇化过程中以农民到市民职业转换后的居住问题，注重空间上的公平效率问题和产城互动问题等。杨静(2014)则认为应当加快户籍制度的改革，逐步实现人口自由流动，合理规划，改变发展模式等。而关于“地”的研究，刘彦随和乔陆印(2014)提出应当形成“全要素”的耕地保护制度，并开创性地建立了耕地保留价值补偿机制，进一步健全了耕地的占补平衡机制。曹飞(2015)认为应构建全面、对称的针对相关各主体的激励—约束机制，全面重视并统筹土地利用和耕地保护中的数量因素、质量因素和生态因素。柴铎等(2016)更是直接阐明应将耕地保护视为新型城镇化的辅助性约束手段而非阻碍，应根据地区间耕地价值产出和结构的差异制定差别化耕地保护导向，采取数量与质量并重的保护措施，并建立耕地保护经济补偿机制以改善耕保制度的公平性。

第三，在政策制度和发展模式方面。张玉泽和任建兰(2017)从人口城市化和土地资源城镇化统筹推进的角度，给出了中国新型城镇化的主要优化方向：创新经济的发展模式、创新城镇的结构、创新政府的观念以及生态文化。税制体系也是许多学者关注的对象，张飞（2017）认为应该摒弃许多地方围绕土地做文章的城镇化模式，从改革地方税收体制入手，帮助中国实现经济和社会的长期稳定发展。郑良海（2020）对中国新型城镇化发展和税收制度的关系展开了研究，指出应从提高财政支出效率、培育地方主体税种、创新融资品种和完善税收优惠政策几方面来完善新型城镇化的财税政策。

第四，对新型城镇化水平测度的研究。截至目前，新型城镇化水平测度的指标体系已经比较完善。根据《国家新型城镇化规划（2014—2022）》指标选取思路，从城镇化水平、基本公共服务、基础设施、资源环境四个系统出发，提供了18个二级指标，大多数研究以此为重要参考。在此基础上，许多研究进行了更深入的拓展，王新越等（2014）建立了人口、经济、空间、社会、生态环境、生活方式、自然环境、城市一体化、技术创新和开发等子系统，对中国新型城市化水平进行了衡量。戴一鑫和卢泓宇（2022）在原有人口、土地、经济、社会、生活城镇化五个一级指标基础上增加了城乡统筹和能源集约两个一级指标，使新型城镇化的测度更加完善全面，陆保一等（2022）则进一步增加了城乡一体化一级指标。

整体来看，新型城镇化战略相关研究已相对成熟，在其内涵阐释、推进机制、现状测度等方面已形成较丰富的成果。随着我国经济发展进入新的阶段，城乡关系表现出新的特征，关于新型城镇化战略如何在此背景下进一步产生积极效应的研究仍有待继续补充。

（三）关于乡村振兴和新型城镇化关系及其融合发展的研究

在讨论乡村振兴和新型城镇化战略的关系前，有必要先梳理涉及城乡关系的研究。社会科学家们很早就注意到城乡之间的特殊关联，正因为如此，对“城”“乡”在理论上进行区分是必要的。Pryor（1968）对“城乡边缘区（rural – urban fringe）”进行了概念解释，即“城乡边缘区是一个过渡区，其特征是土地使用、社会和人口特征的转变，该区域位于以下两者之间：其一是连续建设的中心城市的城市与郊区地区；其二是农村腹地。其特点是几乎没有非农住宅、非农职业、非农土地利用以及缺少明确的城乡社会倾向；城市公用服务的范围和渗透不完全；不协调的区划或规划要求；虽然与中心城市的政治边界相毗邻，但面积扩张超出了该边界；在当前人口密度高于周围的农村区域但低于中心城市的情况下表现出人口密度的实际和潜在增长。这些特征可能在区域上有所不同，且会随着时间的推移而发生变化。”随着社会发展和城市化进程加快，城乡关系也会随之呈现新的特征，Henderson 和 Wang（2005）提供了一个理解城市化和农村—城市转型的经济学视角，指出城乡的空间转型驱动因素包括内生技术变革、经济增长以及人口的增长和流动。同时强调了内生技术变革和经济增长是城市化的重要推动力，它们促使农村经济向城市经济转型。人口增长和流动也是城市化的关键因素，农村居民通过流动迁徙到城市，导致城市人口的增加。这些驱动因素相互作用，共同推动了农村向城市的空间转型。这一结论为城乡关系研究提供了一个较为宏观且系统的分析框架。

首先，乡村振兴和新型城镇化战略中都着重提及了人口问题，而城乡人口流动一直是城乡关系研究的重点之一。具体到我国实际，在不同的经济发展阶段，我国的城乡人口流动表现出了不同的特征。Zhang 和 Song（2003）指出，上世纪末的农村—城市迁移对中国城市人口增长作出了主导贡献，尽管此过程与中国经济一起增长，但因果关系是从经济增长到农村人口迁移，而不是相反，背后的原因在于省际移民受到农村—城市收入差距的鼓励，但也存在地理距离的阻碍，呈现出省内移民数量与该省农村—城市收入差距和城市人口呈正相关的特征。进入 21 世纪以来，我国的城乡人口迁移在特征上整体表现得更加复杂。陆希刚和张立（2021）利用“六普”数据发现：尽管沿着经济梯度向上迁移被广泛认可，聚落层级中的沿城乡梯度向上迁移同样具有主导作用；经济梯度和城乡梯度的双重作用及多样化组合，共同决定了多样化的流动人口迁移空间模式，发展水平对迁入和短途迁出具有促进作用，但对长途迁出关系具有抑制作用。[1] 可以发现随着我国城市化进程的加速，传统城镇化路径不再适合我国现实国

① 陆希刚，张立．区域差异和城乡梯度双重视角下的中国流动人口迁移空间模式［J］．城市规划学刊，2021（5）：66－73.

情，新型城镇化战略的出台为我国加速实现社会主义现代化提供了新的动能。

其次，对于两大战略的系统关系，学界已经建立了“乡村振兴”与“新型城镇化”之间存在互促互进关系的共识。具体而言，二者在逻辑上存在着密不可分的关联与共性，是存在对立统一关系的矛盾有机体（宋芳晓，2022）。杨嵘均（2019）指出，新型城镇化发展战略和乡村振兴目标间的结合，不是非此即彼，而是互建互促。韩俊（2018）则指出虽然乡村振兴与新型城镇化是合作共促的伙伴关系，但是二者在明确提出时机、发展战略、发展核心、总体设计条件、目标及其侧重心和具体内容上略有不同。而在二者关系的实证研究上，大部分学者以研究二者的耦合协调性为主（谢天成等，2022；李斌和贾敬全，2022；周夏青，2022；武爱彬等，2022）；此外，也有一些学者根据流域（唐健雄和蔡超岳，2022；蔡紫薇，2022）、民族地区（许忠裕等，2022）的异质性展开区域研究。

最后，城乡融合与城乡一体化发展也是两大战略的重要目标。有一些学者从政治经济学角度出发，研究马克思主义的城乡融合思想（吴学凡，2008；叶昌友和张量，2009；费利群和滕翠华，2010；郭彩琴，2010）。也有相当一部分学者对城乡融合发展的路径、实现机制进行了相关探讨。如张晖（2018）认为，新时代促进城乡融合发展，必须强力推动乡村振兴和新型农村城市化发展，全面推动城乡融合发展动力。蔡继明（2018）指出，乡村振兴离不开新型城镇化的发展，农村发展战略应与新型城市化发展战略同时推动。刘彦随（2018）、许彩铃和李建建（2019）认为，农村的振兴要与新型城镇化结合，才能促进城乡融合发展。魏后凯（2017）研究了落实农村发展战略和地区协同发展战略推动问题。王静和姚展鹏（2019）则认为必须建立新型城镇化发展战略和传统乡村振兴之间的耦合关系，为促进农村发展与城市化之间的协调治理创造了必要条件。姜凌（2019）还指出，要努力打破阻碍供给要素在城乡之间、行业之间自由流转的障碍，促进产业整合和互动，促进城市复兴和新型城市化建设的协调推进。文丰安（2020）对乡村振兴及新型城镇化融合发展的经验进行了总结，指出了难点并提供了新思路。在城乡一体化发展方面，早在1997年，杨荣南便从政治、经济等六个维度对城乡一体化发展的指标进行了研究，随后其他学者也对构建城乡一体化发展的指标体系进行了研究（顾益康和许勇军，2004；完世伟，2008；焦必方等，2011；高波和孔令池，2017；董光龙和张红旗，2016；倪鹏飞等，2016；吕连菊和阚大学，2021）。经过学者们的不懈探索，指标体系日渐完善。

（四）小结

综观已有研究，城乡问题研究一直受到国内外学术界的广泛关注。首先，前人对乡村振兴与新型城镇化战略内涵和外延作了系统阐释，并指明了两大战略在不同经济发展阶段所具备的不同的积极意义。其次，在对战略实施成效的测度上，基于出台的战略文件，不同的学者均提出了不同的测度指标体系，基于经验数据基本确认了我国实施乡村振兴与新型城镇化战略为社会发展带来的正向作用。最后，在城乡融合发展语境下，两大战略的理论关系与实际价值也得到了系统性厘清。

现有涉及乡村振兴与新型城镇化战略的成果多为理论探讨或现状测度，鲜有文献深入战略内涵和社会实际综合研究两大战略的耦合协同推进机制。在前人研究的基础上，本课题潜在的边际贡献包括：第一，从战略的具体内涵出发，挖掘了乡村振兴与新型城镇化战略的多维耦合机制和协同发展路径；第二，对战略实施现状和耦合协调情况作了综合的测度，在人文地理学视角上讨论了其潜在的影响因素；第三，结合既往经济建设过程中的现实案例对协同发展路径展开分析，为乡村振兴和新型城镇化战略的推进注入新的时代性。

第三节 研究框架

一、乡村振兴与新型城镇化的内涵阐释及相关理论基础

首先，根据党的十九大报告提出乡村振兴战略的总体要求，从产业兴

旺、生态宜居、乡风文明、治理有效、生活富裕五个方面深入阐释乡村振兴的具体内涵。其次，根据党的十八大报告对新型城镇化的任务和要求，从城乡统筹、城乡一体、产业互动、节约集约、生态宜居以及和谐发展等方面进行诠释，并将新型城镇化归纳为产业城镇化、绿色城镇化、社会城镇化、空间城镇化和经济城镇化五个维度。最后，展开对乡村振兴与新型城镇化战略耦合的相关理论分析。

二、乡村振兴与新型城镇化的关系研究

在深刻认识乡村振兴与新型城镇化内涵的基础上，探讨两者的内在逻辑关联性，系统分析乡村振兴与新型城镇化的互促共进关系，具体包括：第一，乡村振兴与新型城镇化的目标一致，城乡融合发展是必然趋势。乡村振兴与新型城镇化的战略目标一致，均是要缩小城乡差距，是互促共进、协调同步的，最终实现城乡融合发展。第二，新型城镇化是乡村振兴的助推器。新型城镇化以人口城镇化为核心要求，强化农民在乡村振兴中的主体地位；新型城镇化以就近城镇化为主要模式，是优化乡村结构和布局形态的重要途径；新型城镇化以“绿色发展”为发展理念，为乡村可持续发展提供保障；新型城镇化以“四化同步”为动力机制，为乡村全面复兴提供持续动力。第三，乡村振兴战略为新型城镇化发展注入新动力。乡村振兴有利于化解大城市发展中城市病的问题；乡村振兴有助于推进农村就近就地城镇化；乡村振兴以提供生态空间支撑满足绿色城镇化的内在之需；乡村振兴以坚持城乡融合发展之路实现平等城镇化的目标。

三、乡村振兴与新型城镇化耦合的制度障碍分析

着重探讨乡村振兴与新型城镇化耦合的制度障碍。第一，城乡二元户籍制度是根源。城乡户籍制度的二元性特点是制约城乡融合发展和乡村振兴与新型城镇化耦合发展的重要制度性因素，并衍生出城乡二元资本投入体制、城乡二元土地制度、城乡工业化分离体制、城乡二元公共服务和社

会治理制度。第二，城乡二元资本投入制度障碍。财政投入制度的弊端导致乡村振兴整体资金投入不足，“社会资本”供给不足导致乡村发展缺少稳定的资金来源，金融资本投入机制缺位导致乡村振兴处于“融资难”和“融资贵”的双重困境，个体自有资本差异扩大了城乡收入差距。第三，城乡二元土地制度障碍。城乡二元土地制度通过土地财政问题、土地的增值收益分配问题、土地规模化程度问题、城乡土地权能差异问题四个层面制约乡村振兴与新型城镇化的耦合发展。第四，城乡工业化分离体制障碍。城乡工业化分离体制是制约城乡产业发展活力、阻碍城乡融合的重要制度性因素，其对乡村振兴与新型城镇化耦合发展产生多方面的阻碍作用。第五，城乡二元公共服务制度障碍。从城乡社会基本公共服务、城乡社会非基本公共服务两方面阐述分析其对乡村振兴与新型城镇化耦合发展产生的障碍作用。第六，城乡二元社会治理制度障碍。城乡二元社会治理制度的巨大差异和新的特殊社区面临的社会治理制度难题严重制约着城乡社会治理一体化进程，阻碍了乡村振兴与新型城镇化的耦合发展。

四、乡村振兴与新型城镇化多维耦合机理分析

重点探讨乡村振兴与新型城镇化的耦合机理和实现条件，并对两大战略的耦合“点”进行重点分析。根据乡村振兴与新型城镇化的目标、任务，阐释城乡产业、土地、资本、技术、信息和人口等要素在耦合中的媒介作用，揭示乡村振兴和新型城镇化之间的耦合机理。第一，产业兴旺与产业城镇化耦合。乡村产业兴旺为产业城镇化发展提供要素支撑。产业城镇化通过产业结构的调整、产业发展的可持续度和产业的外向性延伸来促进乡村产业兴旺。第二，生态宜居与绿色城镇化耦合。生态宜居是绿色城镇化建设的内在之需。绿色城镇化为乡村生态宜居提供保障。第三，乡风文明与社会城镇化耦合。乡风文明是社会城镇化延续发展的内核。社会城镇化为乡风文明建设提供依托。第四，治理有效与空间城镇化耦合。治理有效为空间城镇化提供基本方向。空间城镇化是治理有效的载体。第五，生活富裕与经济城镇化耦合。生活富裕是经济城镇化的目标导向。经济城

镇化是实现乡村生活富裕的根本路径。

五、乡村振兴与新型城镇化耦合机理实证研究

通过熵值法、耦合协调度模型、主成分分析法、核密度估计法、包括全局与局域空间相关性分析与地理探测器在内的探索性空间数据分析、普通最小二乘法估计、面板数据模型估计以及空间计量模型估计等研究方法，基于2010—2020年的数据对我国30个地区的乡村振兴与新型城镇化的耦合机理展开深入的实证分析。具体内容包括：其一，乡村振兴与新型城镇化及其耦合协调的测度与分析；其二，乡村振兴与新型城镇化耦合协调的空间相关性分析；其三，新型城镇化与乡村振兴耦合协调性的空间格局分异探测；其四，基于空间计量的乡村振兴与新型城镇化耦合协调的影响因素分析。

六、乡村振兴与新型城镇化协同推进机制构建

从空间一体、要素流动、支农方式和产业互动四个维度，构建乡村振兴与新型城镇化协同推进机制的整体性框架，具体包括：其一，城乡基础设施一体化发展机制。将城市与乡村、城镇居民与农村居民作为一个整体纳入全面建成小康社会和现代化建设的全过程中，重新构建城乡产业互补链接、生态环境共建共治、空间布局统筹融合、基础设施互联互通、公共服务平等均等、社会文明与社会治理协同建设等“一体化”发展。其二，城乡要素双向流动机制。打通城乡生产要素双向自由流动的制度性通道，促进城乡要素融合和协同发展。使农村人口愿意留下来建设家乡，也能够吸引城市人口愿意“走进来”建设农村；积极引导城镇工商资本进入农村农业领域，确保实施乡村振兴对资金的需求；深化土地制度改革，统一城乡土地市场，使广大农民的合法权益得到合理的价值体现。其三，新型反哺“三农”机制。重构系统科学、分层细化的反哺“三农”机制，既要实行工商业对农业、城镇对乡村、城市居民对农村居民精准对口支援；又要从人力物力、物资资金、信息技术等方面，全面具体支援；还要根据实

际，打破行政区划，按照经济发展规律科学高效支援，构建新型反哺“三农”的机制。其四，城乡产业互动协同机制。坚持城乡融合发展，用产业互动破解发展难题。搭建城乡产业协同发展平台，突破城乡的空间鸿沟，建立科学的产业体系，实现现代农业与其他产业的互动。创建一批城乡融合发展典型项目，实现城乡生产要素的跨界流动和高效配置。

七、乡村振兴与新型城镇化耦合协调发展路径

归纳提炼适合我国国情需要的乡村振兴与新型城镇化协同发展路径，包括五个“推进”：第一，推进城乡产业融合发展。把乡村产业纳入城乡产业发展的大格局之中，逐步实现城乡产业的对接错位互补发展，为乡村振兴提供强有力的支撑。用工业的理念发展农业，以城市经济发展模式推进农村经济转型升级。农村产业主动对接城市经济的辐射，拓展农业产业链价值链，加快农业发展由数量扩张向质量提升转变。第二，推进城乡要素市场一体化。健全市场一体化发展机制，促进各类要素合理流动和高效集聚，促进城乡之间各种资源要素按照市场价值规律进行合理配置，为乡村振兴的实施创造公平的市场条件和有利的发展环境，进而实现新型城镇化与乡村振兴的良性互动和协调发展。第三，推进城乡基础设施互联互通。推动城乡基础设施统一规划、统一建设、统一管护，构建分级分类投入机制，明确投入主体和产权归属。对生产性基础设施、生活性基础设施，力求做到“无缝对接”、互联互通，让城乡居民共享现代文明的成果。第四，推进城乡公共服务均等化。深化城乡合作机制，优化城乡互助机制，努力实现基本公共服务均等化。推动城镇公共服务体系向农村延伸。第五，推进城乡生态环境共建共治。牢固树立和践行“绿水青山就是金山银山”的理念，运用现代科技和管理手段，着力为社会提供更多更好的绿色生态产品和服务，促进生态和经济良性循环，筑牢新型城镇化与乡村振兴协调发展的生态屏障。

八、乡村振兴与新型城镇化耦合协调发展的政策研究

第一，深化户籍制度改革，建立城乡有序流动的人口迁徙制度。进一

步深化户籍制度改革，推进劳动力的自由流动。全面放开放宽除个别超大城市外的城市落户限制，健全农业转移人口市民化成本分担机制。建立人才加入乡村制度，允许符合条件的返乡就业创业人员在原籍地或就业创业地落户。第二，改革完善土地制度，建立农村集体经营性建设用地入市制度。建立进城落户农民依法自愿有偿转让退出农村权益制度；建立农村集体经营性建设用地入市制度。第三，建立城乡普惠的金融服务体系，完善农村产权抵押担保权能。改革财政资金投入机制；推进农村金融体系产权多元化；建立农村金融风险防范系统，完善农村产权抵押担保权能，推进农村集体经营性建设用地使用权、集体林权等抵押融资以及承包地经营权、集体资产股权等担保融资。第四，整合城乡一体化社会保障体系，健全农民持续增收体制机制。劳动力在市场配置资源的机制作用下自由流动是其发挥最大效用的前提，要保证其自由流动，就要破除劳动力身后的一系列地域束缚，社会保障必须摆脱城乡限制，实现无差别服务。推动农民工与城镇职工平等就业，健全农民工输出输入地劳务对接机制。第五，统筹分配公共服务资源，建立科技成果入乡转化机制。公共资源城乡统筹分配，营造无差别社会氛围；改革财政、税收政策，促使社会资本注入相关领域，在资源投入时寻找政府投入与市场化之间有效的平衡点；赋予科研人员科技成果所有权，探索公益性和经营性农技推广融合发展机制。

第四节　主要特色与创新

一、研究视角的创新

以区域协调发展为主线，串起乡村振兴战略和国家新型城镇化战略。明确提出了新时期“耦合协同推进乡村振兴和新型城镇化发展”的总体框架思路，这一研究思路契合了时代要求，具有一定的前瞻性和现实针对性。在理论上系统论述了乡村振兴和新型城镇化发展之间的内在逻辑，阐述二者之间的互促共进关系。把新型城镇化五大维度与乡村振兴战略五大领域进行“点”对“点”耦合。运用计量方法深入研究其相互耦合机制，在此基础上构建出乡村振兴战略与新型城镇化耦合协同推进机制、路径及政策思考，拓展了乡村振兴与新型城镇化耦合协同推进的研究视角和思路，为城乡融合领域的理论研究作出有益尝试。

二、研究方法的创新

综合运用了理论分析与实证检验方法。本研究通过熵值法、耦合协调度模型、主成分分析法、核密度估计法、包括全局与局域空间相关性分析与地理探测器在内的探索性空间数据分析、普通最小二乘法估计、面板数据模型估计以及空间计量模型估计等研究方法，基于2010—2020年的数据对我国30个省（区、市）乡村振兴与新型城镇化的耦合机理展开了深入的实证分析。对乡村振兴与新型城镇化的综合评价指标体系方面进行了全面的拓展，以共计50个指标对其展开系统性评价，以全面反映其战略内涵及发展成效；对乡村振兴、新型城镇化及其耦合协调度的时空演化特征进行了探索；设定了四个空间权重矩阵，即修正的0—1邻接矩阵、反距离矩阵、经济距离矩阵以及嵌套矩阵，对乡村振兴、新型城镇化及其耦合协调度的全局空间相关性以及局部空间相关关系进行了测度；基于经验数据进行模型估计，普通最小二乘法与面板数据模型估计结果发现城乡服务均等化、地方创新能力、城乡共同富裕、人口市民化、城乡空间开发与城乡信息畅通对乡村振兴与新型城镇化耦合协调度具有促进作用。

三、研究内容的创新

一是深刻揭示乡村振兴与新型城镇化耦合协同发展的制度障碍。乡村振兴与新型城镇化耦合主要受到城乡二元户籍制度、由户籍制度衍生出的要素投入和社会发展制度、城乡二元行政体制等制度约束。

二是将新型城镇化五个维度与乡村振兴五个方面进行匹配耦合，探索其耦合机理，在此基础上构建出乡村振兴与新型城镇化耦合协同推进的整体性理论框架，从五个维度阐释了乡村振兴与新型城镇化之间的耦合动态关系。产业兴旺与产业城镇化耦合的内容包括：产业兴旺为产业城镇化提供要素支撑，产业城镇化能通过产业拉动促进产业兴旺。生态宜居与绿色城镇化耦合的内容包括：生态宜居是绿色城镇化的内在之需，绿色城镇化是生态宜居的发展保障。乡风文明与社会城镇化耦合的内容包括：乡风文明是社会城镇化的精神内核，社会城镇化为乡风文明提供建设依托。治理有效与空间城镇化耦合的内容包括：治理有效为空间城镇化提供基本方向，空间城镇化能为治理有效提供支撑载体。生活富裕与经济城镇化耦合的内容包括：生活富裕是经济城镇化的目标导向，经济城镇化是生活富裕的根本途径。

三是从时间和空间维度较系统地构建了乡村振兴与新型城镇化协同推进机制框架。具体包括城乡基础设施一体化机制、城乡要素双向流动机制、新型反哺“三农”机制、城乡产业互动协同机制。四大机制之间相互联系、彼此促进。城乡基础设施一体化为乡村振兴与新型城镇化协同推进的基础，城乡要素双向流动为协同推进的实现动力，新型反哺“三农”为协同推进的核心要义，城乡产业互动协同为协同推进的重要载体。

四是归纳提炼出适合我国国情需要的乡村振兴与新型城镇化协同发展路径，包括五个“推进”。第一，推进城乡产业融合发展。把乡村产业纳入城乡产业发展的大格局之中，逐步实现城乡产业的对接错位互补发展，为乡村振兴提供强有力的支撑。第二，推进城乡要素市场一体化。健全市场一体化发展机制，促进各类要素合理流动和高效集聚，促进城乡之间各种资源要素按照市场价值规律进行合理配置。第三，推进城乡基础设施互联互通。推动城乡基础设施统一规划、统一建设、统一管护，构建分级分类投入机制，明确投入主体和产权归属。第四，推进城乡公共服务均等化。深化城乡合作机制，优化城乡互助机制，推动城镇公共服务体系向农村延伸。第五，推进城乡生态环境共建共治。

第二章　乡村振兴与新型城镇化内涵阐释及相关理论基础

改革开放以来，我国经济发展迅速，城市化进程快速推进。但粗放型发展模式已不符合我国对高质量发展的新要求，城乡发展差距过大，生产要素流动壁垒高筑。党的十八大、十九大分别提出了新型城镇化战略和乡村振兴战略。两大战略耦合协同，旨在着力解决农村发展不充分、城乡发展不平衡问题，为实现城乡共同富裕、协同推进社会主义现代化建设指明了方向和路径。本章旨在对乡村振兴与新型城镇化两大战略的内涵进行阐释，并探寻乡村振兴与新型城镇化耦合协调发展的理论基础。

第一节　乡村振兴战略的内涵阐释

“产业兴旺、生态宜居、乡风文明、治理有效、生活富裕”是新时代实施我国乡村振兴战略的总体要求（《乡村振兴战略规划（2018—2022年）》）。该要求不仅是对新农村建设要求的进一步升级，更是源自党中央对当前经济发展形势的精准把握和对社会主要矛盾发生转变的清楚认识。与新农村建设要求相比较，党的十九大提出的乡村振兴“二十个字”总要求不仅体现在字面调整之上，更重要的是深化了其中的内涵（叶兴庆，2018）。乡村振兴战略是未来我国农村经济发展的总战略，是“农业、农村、农民”问题的解决方案，也是“三农”工作的总抓手。习近平总书记强调："没有农业现代化，没有农村繁荣富强，没有农民安居乐业，国家现代化是不完整、不全面、不牢固的。"①

"二十个字"总要求从不同视角的不同维度，对我国当前如何解决乡村问题指明了新的方向（图2-1）。总体要求以产业兴旺作为开始基本点，到生活富裕为目标结局，构成了一个相辅相成的有机整体，缺一不可，这是一个完整的目标体系（张建伟和图登克珠，2020）。

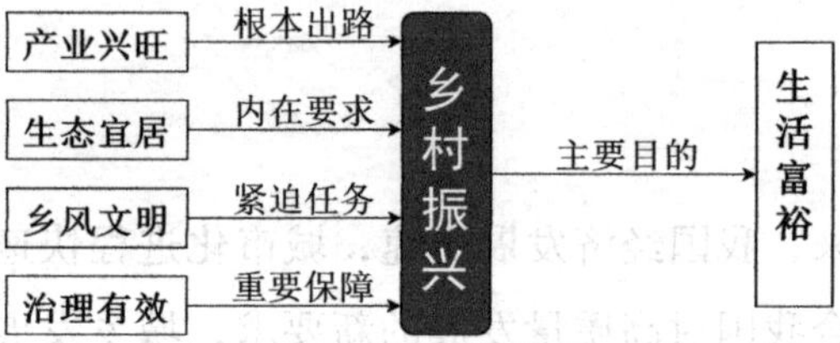

图2-1 乡村振兴"二十个字"总要求的内涵逻辑关系

资料来源：张建伟，图登克珠．乡村振兴战略的理论、内涵与路径研究［J］．农业经济，2020（7）：22-24.

一、产业兴旺

无论是新农村建设要求中的"产业发展"，还是乡村振兴战略要求的"产业兴旺"，都在时刻强调着这一基本事实——产业旺、乡村兴。无论是城市建设，还是乡村振兴，产业兴旺永远都是发展重点之一。

首先，产业兴旺注重产业间的融合发展。产业兴旺既非单一产业的离群发展，也非企业之中的一家独大，在此过程中还需要注重防范化解三次产业结构失衡的重大风险。相比于城市发展，在乡村振兴战略的推进过程中，产业兴旺要求注重农村地区第一产业的发展。具体而言，在农村的三次产业关系中，应以第一产业发展为基础，依托于第一产业，发展第二、三产业，并将第一、二、三产业有机结合，形成诸如特色农业、高效畜牧

① "农民日报·中国农网评论员．中国现代化为什么离不开农业农村？［N］．农民日报，2022-03-03（1）．"

业、农畜产品深加工业、农作物流通业、当地特色产业、农业观光旅游业等多种产业形式共存的宽领域、多层次产业生态。农村各产业融合发展不仅有助于农林牧渔业纵向发展和农业产业链的深化，挖掘当地农业发展潜力，巩固农村发展之基，而且使农业能够向外延伸，与工业、服务业部门进行结合，互惠共生，交相促进。

在数字化浪潮下，地方农业部门在开发当地特色的基础上，基于互联网技术构建数字乡村优势，利用电子商务和直播等具体的技术应用落地，打造当地农产品的地方特色名片，同时通过嵌入当地自然风光与人文民俗，充分发挥基于互联网平台的范围经济效应。一方面，此举有益于带动农村农产品零售、物流和地方旅游等行业的发展，提升农村地区综合效益和竞争力；另一方面，当地方农产品加工产业链达到一定规模后，可通过第二、三产业的高投资效应反哺农业，进而拉长农业生产链，促进规模经济效应的形成，并最终形成三次产业的协调发展。

其次，产业兴旺以人才兴旺为支撑。乡村振兴须坚持以人民为中心的核心思想，以人为本，切实发挥农民在乡村振兴中的主体作用。落实乡村振兴为农民而兴、乡村建设为农民而建的要求。已有研究表明，人力资本的进步有助于经济的高质量发展以及产业结构转型（王昕阳等，2022；张红霞等，2022）。更重要的是，在这个过程中，人力资本的进步能够通过地区创新途径，提升农村地区的经济韧性，有利于预防全体返贫现象的出现，对于推进城乡共同富裕具有积极意义。

最后，乡村振兴也对我国广大农民群体的技术素质有了更高的要求。随着乡村振兴战略的稳步推进，乡村地区产业也越来越需要能够适应现代化技术的高素质、高技能人才，人才需求结构表现出新的特征。党的十九大报告中“培育新型农业经营主体”的相关要求也同样体现了人才兴旺在产业兴旺中的重要地位。在未来的发展过程中，应注重充分释放人才红利。通过内部培养、外部引进、志愿帮扶等多种渠道，扶持懂农业、爱农村、爱农民的“三农”人才回归农村，鼓励专家学者、政府官员、社会企业等各方主体参与乡村振兴，优化乡村人口结构，建立起一支有想法、有能力、有干劲的工作队伍（刘润秋和黄志兵，2018）。

二、生态宜居

生态宜居是乡村振兴的重要体现和支撑，更是新时代中国特色社会主义生态文明建设的应有之义。拥有生态宜居的现代化农村，是推动农业进步和高质量发展的现实需要（包晓斌，2021）。良好的生态环境是农村地区相比较城市区域的最大优势和宝贵财富，坚持人与自然和谐共生的原则，走乡村绿色、可持续发展的道路，给农民一个干净整洁的生活环境，促进农村生产、生活、生态协调发展，让美好生态成为乡村振兴发展的又一重要支撑。

首先，生态宜居的内涵包括自然环境的良好面貌。我国大部分农村地区的共同点之一，便是拥有良好的生态环境，绿水青山和新鲜空气是我国农村地区的代名词。各种自然资源已然组成了一个有机的共同体，这是寓居其上的人民群众赖以生活的自然环境。而近年来，存在部分盲目使用城市规划来改造农村布局，假借现代化之名，肆意破坏当地生态环境的情况，这既有违“绿水青山就是金山银山”的发展理念，也使人民群众距离乡村美好生态环境的愿景越来越远（卜亚妮，2019）。

其次，生态宜居也应当是自然环境与人居环境的和谐一致（李周，2019）。要使乡村生态宜居，就不应该为了城镇化而追求一模一样，甚至使农民远离土地。偏离因地制宜的同质性规划会丧失农村生态宜居的原本价值，也违背了乡村振兴计划的初衷。因地制宜地打造生活环境，给农民一个干干净净的生产、生活场景，打造美好乡村，实现农村人居环境的整治提升，是全面推进农业农村现代化的必然要求。

最后，生态宜居须贯彻习近平生态文明思想。如果发展以牺牲生态环境为代价，那么这种发展也是空中楼阁，难以持续，脱离了高质量发展的本质要求。因此，需要培育农民的生态环境保护意识。对于地方政府而言，使农村地区的产业结构和人文、自然地理禀赋相匹配，布局符合功能区定位，从而推动乡村自然资本的增值，吸引城市投资。将乡村自然资源禀赋优势转化为地方经济发展的优势，是未来建设高质量新农村的发展方向。

三、乡风文明

乡村振兴既要发展，又要“铸魂”。文化是一个国家和地区的“根”和“灵魂”，是一个民族赖以生存的基础，更是乡村发展和传承的精神内核。乡风文明是乡村振兴战略的迫切任务之一，是实现我国居民生活富裕的精神支撑。作为一种非正式制度的乡风文明，是乡村良好风气、生活习惯、居民思维观念和行为体系等的总和（王燕娟，2020），其内容来自思想和文化层面，是农村地区软实力的综合体现，为乡村振兴、产业发展、农村治理、环境保护提供强大的精神保障和思想支持，并随着时代的发展而不断变化，带有很深的历史烙印。作为乡村振兴战略的要求之一，“乡风文明”在新时代下同样具有新的内涵与独特价值，在建设美丽乡村过程中，对农业农村发展与乡村振兴发挥着重要的作用。

乡风文明是乡村真正得以振兴的精神保障。如果说乡村振兴明面上在于产业是否发展，农民生活是否富裕，生态是否宜居，那么乡风文明便是乡村真正振兴的灵魂所在。一个国家是否有美好的未来，在于其国民的精神面貌是否焕然一新；乡村是否繁荣，在于其乡民和乡风是否淳朴、高尚。乡风文明脱胎于地区传统文化，优秀传统文化对当下问题的解决仍然具有积极作用。乡村文化风貌的振兴，既是乡村优秀传统文化承前的延续，又是启后的振兴。

首先，乡风文明要求完善文化基础设施。乡村文化基础设施是传承乡村传统文化的重要载体，也是宣传我国地区优秀文化的主要阵地之一。“十四五”规划明确提出，我国未来区域经济高质量发展的重要动力就在于数字化社会建设，而公共文化基础设施作为数字化的重要物理载体，能为中国特色社会主义市场经济发展提供信息资源支撑和平台支持。《中国图书馆学会“十四五”发展规划纲要（2021—2025年）》也同样指出，积极促进我国图书馆事业发展，以此推动区域经济达到新阶段。已有研究表明，公共文化基础设施的建设有助于地区经济的协调发展，有助于加强地区居民的文化资本积累（罗富政和贺小龙，2022）。可见文化设施对经济的促进作用已成为学术界的共识。然而，对乡风文明基础设施的建设，各地方政府明显重视不够。在很多农村地区，乡村文化基础设施建设滞后，使乡风文明建设成为空中楼阁，有些地方政府甚至对当地传统文化活动及风俗习惯采取禁止措施。习近平总书记强调："优秀的传统文化是一个国家发展，一个民族伫立于世界的根本，如果丢掉了，那便是割掉了精神命脉"[①]。一个国家（地区）的文明是范围广大的文化实体，各市、县、乡都在文化异质性的不同层次上创造了独特的文化。从现实来看，培育文明乡风应当从地区优秀传统文化中寻根溯源，并且通过基础文化建设这一有效载体，继往开来，去粗存精，打造地方特色文化风貌。其中较为优秀的地方案例为宁波市龙山镇政府以"弘扬乡风文化"为目的，建设了农村社区学院，对各村志村史进行搜索，挖掘相关优秀古人古迹，宣传传统优秀文化，开展文化实践活动，发挥宗祠的文化涵养功能，传播乡风文明，成功地将其纳入农村居民的日常生活当中。因此，提升乡风文明，宜将乡村文化基础设施建设放在重要的位置，并且通过文化广场、图书馆等设施载体，进一步弘扬社会主义核心价值观，提高农民的思想道德素质。

其次，乡风文明也包括良好的社会风气（王燕娟，2020）。社会风气是乡风文明的重要组成部分，属于非正式制度之一。制度经济学认为，一个国家良好的制度环境会对经济发展有着强大的推动作用，为地区经济保驾护航，对微观主体有着强大的激励作用。而在正式制度发展不完善的地方，非正式制度对其予以补充，进而对经济建设产生预期作用。历史经验表明，社会风气转变所带来的影响更为深远。近年来，随着市场经济不断发展，农民的生活质量也在逐步提高，但是总体精神风貌和文化水平却未能同步跟上经济发展的速度，具体表现为部分农村地区赌博现象严重，社会风气欠佳。健康向上的乡风文化在规范乡民行为、治理乡村问题上起着不可或缺的作用。

最后，乡风文明的核心在于农民健康的精神风貌。当地农民的精神面貌是农村乡风的风向标，按照马列主义的文化观念解释，积极向上、科学

① 中共中央宣传部．习近平总书记系列重要讲话读本［M］．北京：学习出版社，人民出版社．2016：202.

求是、追求民主的先进文化是现代文明的要素。健康的精神面貌的关键在于激发农民的主人翁意识，努力发掘自身的创造能力，在自己的勤奋劳动下，建设美好的幸福生活（周迎春，2018）。同样，健康的精神面貌也要求农民有信仰，信仰是人类特有的精神活动和最高层次的精神追求，也是支配人的行为的精神力量。乡风文明，就是要不断提高农民群众的思想道德水平，坚定中国特色社会主义信念，重建农村精神家园，形成有信仰、有追求的美丽画卷。

如果说乡风文明的外在表现集中在乡村图书馆、文化活动的开展和建设之上，那么其内在灵魂便是农民的精神面貌。因此，乡风文明不只是完善健全的文化基础设施供给，还应当是农村地区有着一群高素质、具有开拓精神的新型居民群体。他们崇尚乡村的传统文化，同时也时刻向社会传达着科学文明的观念，践行符合新时代特色的进步思想，他们身上继承了优秀传统文化，并以此为荣，将文化发扬光大[①]。农村地区乡风文明建设事业的发展进步是新时代中国特色社会主义精神文明建设事业的集中体现。

四、治理有效

治理有效是乡村振兴的基础和保障。要使县乡治理有效，需要对我国传统治理思路进行变革。界定和厘清不同层级政府、不同治理部门之间的权责对应关系，将对县乡治理能否有一个好的结果产生实质性影响（赵树凯，2013）。乡村治，百姓安，国家稳。自古以来，因为存在信息不对称和治理成本过高等问题，乡村治理始终是国家的难题。原有农村治理体系无法适应当前快速变化的社会，乡村社会治理的综合性越来越强，原有治理体系对于正确解决乡村治理难题愈发无力，甚至存在激化矛盾的可能（陈亮和李元，2018；周飞舟，2006）。总而言之，乡村治理体系亟待优化。

我国幅员辽阔，各地区发展水平差异较大，文化背景也大不相同，因

---

① 《乡村振兴战略规划（2018—2022 年）》中也提到："坚持以社会主义核心价值观为引领，以传承发展中华优秀传统文化为核心，以乡村公共文化服务体系建设为载体，培育文明乡风、良好家风、淳朴民风，推动乡村振兴，建设邻里守望、诚信重礼、勤俭节约的文明乡村。"

为上下信息不对称现象的普遍存在，若采取同质性的治理措施，无法实现地方治理问题的因地制宜；然而，若让政府采取一地一策并展开有效深入的调研，那么治理成本会陡然上升，国家社会及乡村治理问题难免顾此失彼。而这其中尤以乡村治理问题最为严重，在过去，人们对乡村地区存在“脏、乱、差”的刻板印象，乡民们给大众的印象也存在素质欠佳、不讲公德等消极且失实的情况。这一粗劣的印象自然源于历史上我国对农村地区的治理不佳。

首先，从过程上看，治理有效不仅是一整套规则和结果，更是一个协调、互动的过程，尤其体现在有效治理体系的构筑上。好的农村治理体系能够为乡村地区发展长久保驾护航，而如何建立起一个有为治理体系，首当其冲的问题便是明确在乡村治理体系中谁是治理主体。按照传统，乡村治理的主体以及县以下的政策执行主体主要是当地士绅和宗族，即乡村自治（费孝通和吴晗，2013）。作为乡村社会建设主体力量，村民角色目前正处于缺位状态，从既往各类乡村治理问题中可以看到，我国部分相关企业与居民主体的互动参与不足。乡村治理难以取得有效成果，主要是因为乡村治理难题容易跨越我国行政组织的传统管辖区域，甚至越过了公共部门与私人部门之间的明确界限。一旦超出公共边界，便会出现明显的上下级信息不对称问题，甚至上下级出现合谋现象，导致政府治理成本过高，收益变窄，从而使政府职员治理积极性不高。如果只让私人部门来治理的话，尽管不会有上述问题，也会将私人置于大量的“搭便车者”环境之中，自然没有动机促使他们去解决相关问题，积极性问题同样严重。出于对这些方面的考量，党的十九大报告指出：“完善党委领导、政府负责、社会协同、公众参与、法治保障的社会治理体制。”因此，为了构建治理体系，不应采取单一主体负责制，应该以建立和完善党的基层政府职能为核心，将政府、乡民、法制融为一体，实现“法治、自治、德治”三治合一。在法治的基础之上，合理安排自治的边界，在“尊重农民主体愿景”的基础上实现乡村问题的有效治理，实现乡村治理水平的总体提升。

其次，治理有效也体现在治理主体能力的提升上。由于中国城乡发展差距大，东、中、西部三大经济板块的农村地区内部发展差异十分明显，自然禀赋资源也存在显著不同，尤其在文化资源方面，就语言文化领域的方言来说，便有“十里不同音”的说法，这对我国体制内成员治理能力提出了要求。而国家公共权力部门中部分工作人员思想观念仍然存在历史性的路径依赖，一时还难以从传统观念向现代观念转变，这一变化也未经过实践的检验；另外，随着社会转型的不断加快，乡村社会从封闭的状态解脱出来，不断加大开放力度，治理需求越来越差异化和多元化，对此局面，治理能力已呈现落后趋势，单一的治理手段也无力支撑（左停和李卓，2019）。因此，乡村治理主体能力的进步、基层党建群体思想觉悟的提高是治理有效的必要条件。公权部门要以求真务实的态度、与时俱进的创新精神，不断改进自身在乡村治理问题上的不足，提高治理能力，将积极回应、切实应对农村居民的新期待作为以后工作的主要目标，乡村治理主体的思想若还是停留在以前，那么治理有效的局面迟早会消失。

五、生活富裕

生活富裕是检验乡村振兴最后发展成果的主要指标，同样也是乡村振兴战略的根本目标（朱泽，2017）。党的十九大报告里已明确提出“从二〇三五到本世纪中叶，在基本实现现代化的基础上，再奋斗十五年，把我国建成富强民主文明和谐美丽的社会主义现代化强国”。理论和现实均表明，我国社会发展的短板在农村，农村人民的物质生活水平问题如果无法解决，那么也无法谈论起现代化强国。进入21世纪以来，我国对“三农”问题日益关注，同时也取得了长足的进步。但中国农村生活水平质量问题依旧显著，“农民苦、农村穷、农业弱”的问题在局部地区相当突出。在此基础上，明确提出生活富裕的战略要求，就是要从根本上解决“三农”问题。乡民是乡村振兴战略的主体，农村不再从属于城市。在此背景下，国家通过一系列政策手段，使农村全面发展起来。最后发展的结果就是要村民富裕，口袋有钱，农民生活美好。农民“就业”“创业”“营业”机会得以增加，收入得到提升，满足村民的衣食住行等基本物质要求，使村民的精神日益充实，思想随之丰富，生活多姿多彩，从而实现乡村的整体脱贫，走向共同富裕，人民拥有幸福感。

乡村振兴战略的根本目的，就在于使农村居民们的生活富裕起来，这已是题中应有之义。同样，检验乡村振兴是否成功，也在于农村居民的生活条件是否明显改善。只有广大乡村居民的生活水平整体提高，我们才可以说乡村振兴战略实施成功，农民们的生活水平成为乡村振兴战略的“试金石”。从图2－2中可以看到，自战略实施以来，我国乡村振兴战略初显成效，农村常住居民人均可支配收入稳步上涨。就上涨幅度来看，全国范围内，农村人均可支配收入上涨了接近一倍。从人均消费支出数据中也能够看出，农村居民的消费支出在逐年上升，生活开始富裕起来，幸福感得以增强。乡村振兴战略的核心对象是农民，因此真正的受益人群也应当是广大农村居民。根据“激励理论”原理，将“生活富裕”作为乡村振兴战略的目标和最后结果，对于带动农民的劳动积极性，使乡民们主动性得以发挥，将创造性潜能激发出来，从而加快乡村振兴战略的实现进程，促进乡村振兴的全面发展具有重要意义。

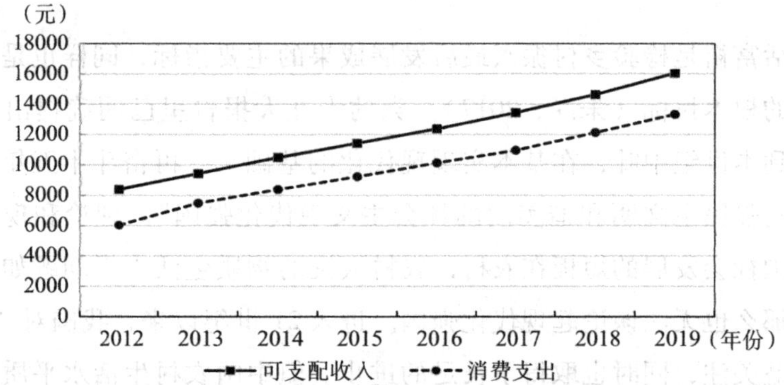

图2－2　2012—2019年农村常住居民人均收支情况

资料来源：中华人民共和国国家统计局《中国统计年鉴—2021》。

客观物质生活和主观精神生活的富足是生活富裕的一体两面。首先，最基本的生活富裕是指客观物质生活上的富裕，是生活富裕的基本要求。“三农”问题中，提高农民的收入水平位居首要地位，共同富裕的实现，需要乡村富裕作为压舱石。随着农业生产的进步，农民收入逐步增加，农民的生活条件得以改善，但仍需注意返贫的可能性以及“农村空心化”“农业边缘化”和“农民老龄化”的“新三农”问题（廖彩荣和陈美球，2017）。因此，生活富裕不只是当下的口袋有钱，更加重要的是杜绝再度贫困的可能。实现乡村人们的生活富裕，需通过多种途径帮助农民创造收益，借助各种城镇化发展工具打好乡村向上发展的基础，以此有效地提高乡村整体发展水平，以期彻底解决农民的生活贫困问题。

其次，生活富裕还表现为农民主观精神生活上的富裕。贫困不仅局限于物质匮乏、收入不足上，还体现在社会层面和文化层面。根据马斯洛的八阶需求理论，以生理的需要（physiological needs）为主的物质需求只是其中的低级需要，在此基础上，安全需要（safety needs）、归属和爱的需要（belongingness and love needs）、尊重的需要（esteem needs）、认知需求（cognitive needs）、审美需求（aesthetic needs）、自我实现的需要（self - actualization needs）以及超越需要（transcendence needs）成为了精神生活富裕的主要构件（Maslow，1954）。随着经济发展的加快，传统文化节庆、集体实践活动、传统手艺、庙会等传统文化在社会活动中的存在感及作用逐渐淡化，伴随着质量参差不齐的短视频平台的兴起，乡村人民的精神生活日渐脱离客观实际与社会生活。此外，留守儿童问题、空巢老人问题层出不穷。近年来农村留守群体身患抑郁和自杀案件更是屡见报端（和图登克珠，2020）。因此应当加大农村文化建设，增强农民群众安全感、幸福感，提高自我实现的效能，实现精神富裕。

最后，从宏观角度来看，生活富裕要消除收入分配上的不合理现象，解决城乡发展不平衡、收入差距加大等矛盾。乡村振兴战略中的生活富裕目标不是少部分人的生活富裕，而是全体范围、不漏一人的共同富裕。“不患寡而患不均，不患贫而患不安。”在我国收入分配中，应当坚持平等公正原则。一个人的富裕并不是富裕（刘培林等，2021）。《中华人民共和国2021年国民经济和社会发展统计公报》显示，城镇常住居民的人均可支配收入为47412元。反观农村，常住人口人均可支配收入仅为18731元，前者是后者的2.5倍左右，城乡收入差距如此之大。据相关人员估算，我国2020年基尼系数为0.468（唐仟伍和许传通，2022）。0.4为国际公认的警戒线，我国城乡收入差距已超出这一标准。随着我国社会主要矛盾发生转变，不仅是城乡发展差距扩大，乡村内部收入不平等问题也同样严重。乡村与城市发展的差距不只体现在收入水平之上，还体现在各项公共服务中。长期以来，城乡二元体制的存在，使大量的优质服务和公共产品停留在各大城市之中。破解城乡发展不平衡、农村内部发展不充分的矛盾，根本做法就是坚决贯彻党中央的决策，坚持农业农村优先发展，加快推进农业和农村现代化，拉长农业这条“四化同步”的短腿，补齐农村这块全面小康的短板，为实现“两个一百年”奋斗目标和中华民族伟大复兴的中国梦奠定坚实基础。

第二节　新型城镇化战略的维度阐释

工业化发展给人们带来先进的技术、设备和商品，是农业社会通往工业社会的必经之路，工业化极大地促进了经济发展和人民生活水平的提高，从而推动城镇化的进一步发展。与此同时，城镇化还伴随着非农产业的集聚和人口向城镇转移，是经济社会发展到一定阶段的产物，此外，城镇化水平也代表了一个国家的现代化发展程度。我国的城镇化是多方位的城镇化，不仅包括产业结构的优化和升级、农业农村问题的解决，还包括社会资源的合理利用与城乡的系统发展，是推动我国社会主义现代化建设、实现中华民族伟大复兴中国梦的重要途径。

我国传统城镇化至新型城镇化的转型以《国家新型城镇化规划(2014—2020年)》的出台为标志，表明我国城镇化发展迈向新的历史征程。党的十八大报告中对新型城镇化的任务和要求作出了明确的指示，并将新型城镇化划分为产业城镇化、绿色城镇化、社会城镇化、空间城镇化和经济城镇化五个维度，全方位阐述了新型城镇化战略的发展要义和目标方向。各维度之间相辅相成（图2－3），共同助力新型城镇化发展。

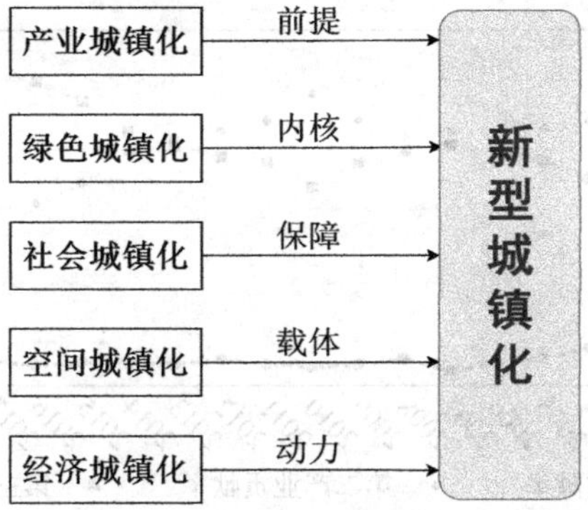

图2-3　新型城镇化“五维度”的内涵逻辑关系

一、产业城镇化

产业城镇化是新型城镇化的前提。城镇化过程必须以产业的发展为起始点，产业是经济持续发展的重要支柱，是社会生产力水平不断提升的核心途径，也是实现城镇化发展目标的助推器①。

我国已进入产业城镇化的提升发展阶段，产业结构发生新变化（图2-4），本世纪以来，第一产业贡献率基本不变，维持在5%左右；第二、三产业贡献率在2014年以前存在波动，但整体仍然是以第二产业为主，以2014年为转折点，第三产业对国内生产总值的贡献率（49.91%）超过第二产业（45.57%），我国产业结构优化进程产生显著性变化。

伴随着产业结构的变化，我国已进入工业化的后期阶段。国家在调整产业发展方向上也做了新尝试：产业发展政策向基础性产业倾斜；加大对知识密集型和技术密集型产业的投资力度；推动对传统产业的改造等。由图2-5可知，虽然规模以上工业企业中有R&D活动企业所占比重上升速度较快，但截至2020年，该比重仅为36.74%，不足一半，企业创新活动仍存在较大上升空间，国家科技发展仍存在巨大潜能。

---

① 张敬岳．中国产业城镇化演进及特征分析［J］．财会月刊，2021（14）：131-139.

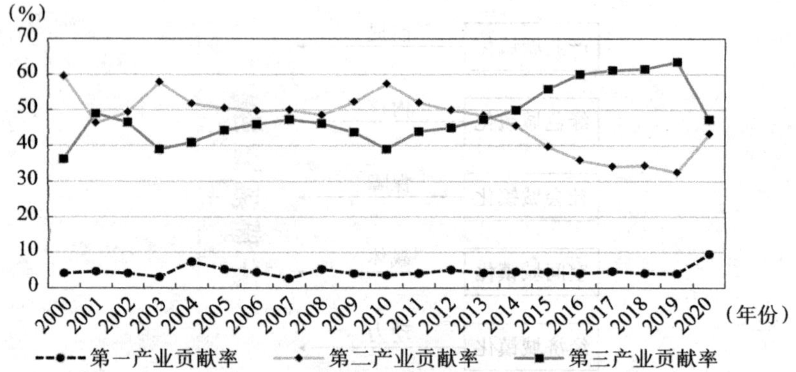

图 2-4　2000—2020 年我国三次产业贡献率演变

资料来源：中华人民共和国国家统计局《中国统计年鉴—2021》。

图 2-5　2000—2020 年规模以上工业企业中有 R&D 活动企业占比

资料来源：中华人民共和国国家统计局《中国统计年鉴—2021》。

首先，产业城镇化强调产业结构的合理发展。资金大量涌向股市和房地产行业，挤占其他产业的发展资源与机会，造成产业空心化和经济泡沫化。产业城镇化不是产业上的厚此薄彼，而是应该各行各业共同发展，充分协调各产业之间的比例结构，构建完善的产业体系网络，实现产业要素改进。产业结构的调整关键在于把产业结构合理化置于中心位置，各产业协调发展。产业结构合理化是一个动态过程，当经济发展到一定阶段，根据消费者的偏好和资源禀赋，产业结构实现动态调整。三次产业的比例并不是各地统一，而是根据城市定位和区位因素，设定适合本地区的产业结构比例。

其次，产业城镇化更加依托人力资源与科学技术。我国产业主要依靠低端产品生产，靠投资拉动经济增长，中国制造仍然是低水平的产品复制与加工，过度依靠投资拉动经济，会导致我国现代化水平处于中下游，核心技术受到他国限制，在全球经济中缺乏话语权。一味地模仿已经不能适应我国的大国地位，产业城镇化被赋予突破我国技术瓶颈的重任，新时代产业竞争力早已转向人力资源和科学技术的角逐。产业与现代信息相结合，提高技术密集度，加快产业变革，向低碳绿色转型，强化城市产业支撑作用，推动城市创新驱动发展。

最后，产业城镇化不可忽视实体经济的发展。实体经济是一国立身之本，财富之源。过度依靠虚拟经济会增加经济发展的风险，甚至会出现泡沫化，降低国民信心。产业城镇化必须把重点放在实体经济上，促进先进制造业和现代化服务业的深度融合，强化经济支撑能力，构建现代化产业体系。

二、绿色城镇化

绿色城镇化是新型城镇化的内核。推进绿色城镇化建设，符合我国实现高质量发展的核心要义，也是改革创新的重要保证，对于建设美丽中国起着指引作用。近年来，我国经济发展所引发的一系列生态环境问题逐渐得到重视，环境保护机制与相应政策法规逐渐健全，城镇生态环境质量呈现持续向好态势。2020 年 7 月，生态环境部组织编制了《中国公民生态环境与健康素养》，引导公民正确认识人与自然的关系，提高生态环境保护意识，增强健康知识储备。中共中央、国务院在《关于加快推进生态文明建设的意见》（2015）中首次提出“大力推进绿色城镇化”的新要求；党的十八届五中全会进一步指出，实现“十三五”发展目标，必须牢固树立“创新、协调、绿色、开放、共享”发展的五大理念。相关部门对城市生态环境予以高度重视，环境治理取得显著成效，2020 年城市污水处理率达 97.5%，城市生活垃圾无害化处理率达 99.7%。但是，中国城镇化粗放扩张，高投入与高消耗带来的是对城市生态环境自净能力的破坏，大大加剧环境污染问题发生的概率①。环境保护成效不显著，容易反弹②。近十年来，城市人口激增，城市污染不断增强，城市生态系统更加脆弱。由图2-6可知，尽管原煤和原油在能源总消费的比重中有所下降，但两者消费量占比之和至今仍超过60%，我国依然主要以不可再生的一次能源消费为主，不利于绿色城市的建设。

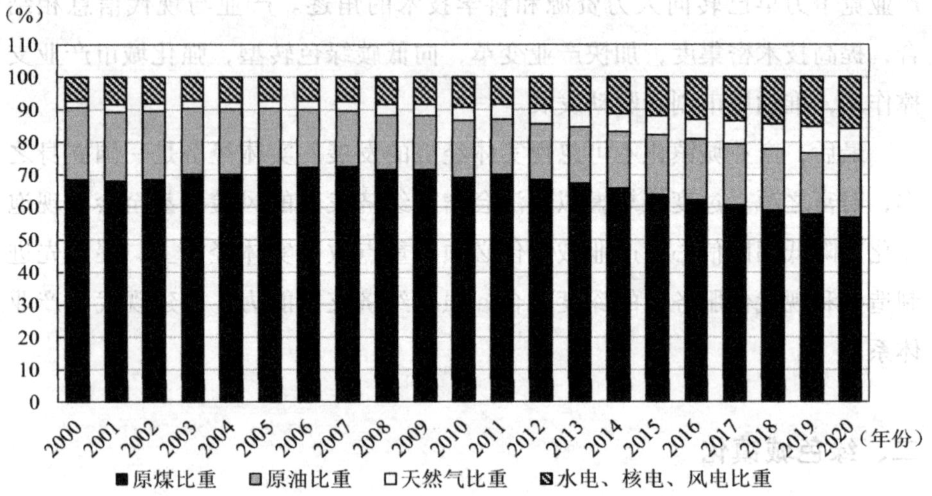

图2-6 2000—2020年各类能源消费量占能源总消费量的比重

资料来源：中华人民共和国国家统计局《中国统计年鉴—2021》。

首先，绿色城镇化是城镇化发展目标的转变。自改革开放以来，中国的经济发展一直以国内生产总值（GDP）为主要指标，但追求唯GDP至上的经济效益最大化会导致资源的过度开发利用，环境污染问题加剧，生态系统的自净能力遭到破坏。随着全球性的资源短缺与环境恶化，国家地区的真实发展和进步逐渐转变为更加合理、科学的指标。绿色城镇化追求绿色GDP的综合效益最大化，将生态文明建设放在城镇化的突出位置，综合

① 任杲，赵蕊．中国新型城镇化内涵演进机理、制约因素及政策建议［J］．区域经济评论，2022（3）：57-65.

② 时朋飞，李星明，邓志伟．长江经济带绿色城镇化与旅游业互动协同关系研究［J］．江淮论坛，2022（1）：73-79.

考虑经济福利和社会福利两个方面，秉承着可持续发展的原则，合理开发资源，减少环境污染。

其次，绿色城镇化包括绿色生产方式。推动资源耗竭型与高排放型行业转型升级，实施企业排放标准与污染防治，加大环境管理力度，实行生产全过程监测。绿色城镇化还必须降低对石油、煤炭等类污染型能源的消耗，提高可再生能源在能源结构中的比例，突破技术瓶颈，推动太阳能、地热能、风能等清洁能源的规模化应用。同时，绿色生产方式的实现离不开政府的管控与监督，污染防治管控方案与法律法规体系的不完善，政府人员的监督不到位，容易让不法企业有机可乘，产生环境违法行为。

最后，绿色城镇化追求绿色生活方式。生活方式是人们一切生活状态的总和，包括生活条件、生活习惯、生活态度等内容。人民群众对于新鲜空气与优质生态环境的美好需求日益迫切，必须顺应时代的发展和人民群众的期待，推行绿色低碳生活方式。绿色城镇化需要依靠每一位居民在生活中坚持节约优先和保护优先的原则，以建立人与自然和谐共处的模式，从源头着手，转变消费理念与消费模式，加大对公共交通设施的投入与使用，避免过度消费和铺张浪费行为。环境污染防治是当下政府工作的重要组成部分，政府应大力实施相关法律法规政策，开展地区联防联控联治①。

三、社会城镇化

社会城镇化是新型城镇化的保障。新型城镇化的核心是以人为本，追求人的全面发展与全体公民共同享有建设成果，以人为最高价值取向。

随着经济和城镇化水平的发展，社会保障能力逐步加强，社会参保人数不断增加，受益面不断扩大，2021 年末全国参加城镇职工基本养老保险人数为 48074 万人，比上年末增加 2453 万人。基础设施建设全面提速推进，由表 2 - 1 可知，自 2014 年出台《国家新型城镇化规划（2014—2020 年）》以来，我国城市基础设施呈现良好发展态势，人均城市道路面积、

---

① 何娟．社会主义生态文明视域下的绿色生活方式［J］．哈尔滨工业大学学报（社会科学版），2019，21（4）：119 - 125.

人均公园绿地面积和每万人拥有公共厕所数量分别比 2014 年增加 17.60%、13% 和 10.04%，但每万人拥有公共交通车辆却比 2014 年的 12.99 标台低。但是，我国人口城镇化率（53.7%）远低于发达国家 80% 的平均水平，仍存在较大发展空间。在高速城镇化过程中，大批农民涌入城市，但多就职于工作条件差、居住环境简陋、医疗保险社会保障低的非正规部门，这些农村转移人口并没有实现市民化，即所谓“半城市化”[①]。另外，交通拥堵问题严重，公共安全事件频发，在一定程度上限制了城市服务管理水平的提高，城市病凸显。

表 2-1　　全国城市基础设施情况

年份	每万人拥有公共交通车辆（标台）	人均城市道路面积（平方米）	人均公园绿地面积（平方米/人）	每万人拥有公共厕所（座）
2014	12.99	15.34	13.08	2.79
2015	12.24	15.60	13.35	2.75
2016	13.84	15.80	13.70	2.72
2017	14.73	16.05	14.01	2.77
2018	13.09	16.70	14.11	2.88
2019	13.13	17.36	14.36	2.93
2020	12.88	18.04	14.78	3.07

资料来源：中华人民共和国国家统计局《中国统计年鉴—2021》。

首先，社会城镇化应保留中华民族传统美德。中国五千年历史流传至今的优秀道德品质，是中华民族崇高的民族气节，具有调节人际关系、规范人们行为的作用，有利于共建美好社会。传统文化遗产遭到破坏、民族风俗习惯难以传承、城市排外心理严重等不良现象频发。在追求经济发展的同时，更应强调道德的约束，培育和践行社会主义核心价值观，完善文化保护与传承机制，引导公民和谐共处，弘扬社会正能量。

其次，社会城镇化还要求公共服务均等化。在就业、教育和医疗等方面的公共服务上，城镇人口享受着绝对优势，教育不公平会导致收入不平

① 陆大道，陈明星. 关于“国家新型城镇化规划（2014—2020 年）”编制大背景的几点认识［J］. 地理学报，2015，70（2）：179-185.

等，从而使城乡间差距日益增大。社会城镇化要求人人都有享受公共产品与服务的权利，并且这种权利对于所有人来说是平等的。公共服务的不均等分配，本质在于公共体系的不完善与公共产品的不完全供给，政府是提供公共产品的主体，应在其中发挥建设与引导作用，坚持经济体制改革，建设服务型政府。

最后，社会城镇化不仅是户籍城镇化，更是人口市民化。我国的户籍制度极大限制了农村劳动力的流动，也阻碍了农村人口享受医疗、教育等公共服务的权利，使农村劳动力无法真正融入城市。社会城镇化必须深化户籍制度改革，有序推进农村转移人口市民化，健全配套措施。关键在于坚持以人为本，优化产业和城市的布局，建设良好生态环境文明，保护传统文化，促进社会居民的和谐发展，使更多人民群众可以享受城市生活。城市对农村的歧视现象普遍，应正确引导城乡人文交流互鉴，增进理解信任，提高农村居民在城市中的幸福感与归属感，实现精神层面的城乡融合。

四、空间城镇化

空间城镇化是新型城镇化的地理表征。城市群建设有利于成本共担、利益共享与风险分散，通过分工协作与优势互补，打造协调发展空间。

20 世纪 90 年代中期以来，我国城市郊区土地征用面积大幅度增加[①]，城市中心规模增大，同时也吸引了城市人口向郊区和农村转移[②]。近年来，政府实施了一系列法律和政策措施，通过调控城市的规划建设和调整土地功能，并在基础设施事业上扩大投入，从而逐步建成完善的基础设施网络：一是城市群主体形态全面确立，各领域合作格局迎来新变化；二是都市圈建设步伐加快，交通、研发、政务等网络逐步形成；三是城镇规模结构持续优化；四是综合交通运输网络支撑作用不断增强。但是，中心城市

---

① 陶然，曹广忠．“空间城镇化”“人口城镇化”的不匹配与政策组合应对［J］．改革，2008（10）：83－88.

② 陈晓彤，杨雪冬．空间、城镇化与治理变革［J］．探索与争鸣，2013（11）：51－55.

对周围城镇的辐射作用仍存在较大提升空间，大城市的虹吸效应对其扩散效应形成遮掩，资源要素与人才大规模向大城市转移，导致大城市产业分布过于密集，资源环境约束趋紧，生态承载力大幅度减弱。同时小城镇的农村人口流失严重，发展潜力没有得到充分发挥，服务功能弱，资源开发力度不足，加剧城乡差距。

首先，空间城镇化在空间结构上应保证合理。城镇空间盲目扩张，导致“土地城镇化”快于“人口城镇化”，引起建设用地粗放低效等问题。空间城镇化一方面要求节约用地、集约用地，在充分考虑环境承载能力的基础上，统筹规划城镇用地，形成生产、生活、生态空间的合理结构；另一方面要求合理减少工业用地，适当增加生活用地，大力提高城镇土地利用效率和建设用地集约化程度。

其次，空间城镇化要求构建良好的空间合作机制。在人才和要素资源上向大城市过度倾斜的现象不符合中国特色社会主义所追求的互促共进精神，导致城乡差距进一步扩大。在此基础上，空间城镇化的重点在于优化城镇规模结构，建立良好的合作机制，增强大城市的辐射带动作用，有重点地发展小城镇和农村，形成大、中、小城市之间分工协作、功能完善的城镇化空间格局。

最后，空间城镇化还必须规划厘清各级城市的经济功能定位。我国城镇同质化发展现象突出，“千城一面”困境难以解决，具有地区特色的城市无法有效发挥自身优势。存在各城市建设目标趋同、功能重复、形象单一，传统文化古迹遭到破坏，而人造景区不具地方特色等问题。因此，空间城镇化需要各级政府提出本地区的建设方向、路径和措施，传统文化与现代化服务业相结合，产业布局与空间优势相促进，因地制宜铸造特色城市。

五、经济城镇化

经济城镇化是新型城镇化持续推进的动力。经济的高质量发展是人民生活水平的保障，也是实现中华民族伟大复兴中国梦和共同富裕的坚实基础。

我国经济由高速增长阶段转变为高质量发展阶段，一跃成为“世界工厂”和世界第二大经济体，不断涌现新技术、新模式和新业态。在此过程中，城镇化发展吸收了大量来自农村的转移劳动力，城乡生产要素配置效率提高，国民经济快速发展，城乡居民生活水平提高，城镇化效果显著。但是，受到建国以来“工农剪刀差”的影响，我国农业根基不稳，现代化水平低下，产业结构不合理，要素向城镇大规模流动导致农村空心化严重，农村居民对美好生活的需求无法得到满足。由表2－2可知，2014年至今，城乡生活水平均显著提高，但人均消费支出增幅比人均可支配收入增幅更大，说明居民收入水平滞后于消费升级。2021年，农村居民人均可支配收入为18931元，仅为城镇居民人均可支配收入的39.93%，农村居民人均消费支出为15915.6元，为城镇居民人均消费支出的52.51%。

表2－2　城乡居民人均可支配收入和消费支出比较

年份	城镇居民人均可支配收入（元）	农村居民人均可支配收入（元）	城镇居民人均消费支出（元）	农村居民人均消费支出（元）
2014	28844	10489	19968	8383
2015	31195	11422	21392	9223
2016	33616	12363	23079	10130
2017	36396	13432	24445	10955
2018	39251	14617	26112	12124
2019	42359	16021	28063	13328
2020	43834	17131	27007	13713
2021	47412	18931	30307	15916

资料来源：中华人民共和国国家统计局《中国统计年鉴—2021》。

首先，经济城镇化是可持续的发展。长期粗放的经济发展方式，引起高成本、低效益问题突出，还会造成资源枯竭。经济城镇化包含人的发展、城乡互动与自然生态三个方面。人的发展是指人的全面发展和各层次需求的满足；城乡互动指的是城乡资源要素的合理分配与流动，二者具有公平的发展机会，共同享有城镇化成果；自然生态指的是自然资源的合理利用、生态系统的平衡稳定。经济城镇化以可持续发展理念为指导，提升自主创新能力，优化产业结构，走资源节约、环境友好的新型城镇化道路，尽量减少对自然资源的消耗，尊重生物多样性。

其次，经济城镇化是全体居民生活水平的提高。生活富裕是广大人民的共同诉求，也是城镇化发展的最终目标。生活富裕不仅是城镇和农村居民收入水平的提高，更重要的是收入结构合理，落实以按劳分配为主体，多种分配方式并存的分配制度，杜绝不合理收入，充分体现社会主义制度的基本特征。收入还需兼顾公平，实现权益和权利分配的合理化，充分发挥劳动者的主观能动性和创造性。经济城镇化还要求就业及创业环境得到改善，严格控制城乡失业率，在医疗、养老、教育等方面保障水平不断提高，切实改善居民生活质量。

最后，在数字化浪潮下，经济城镇化还需依托于建设智慧型城市。新时代发展离不开物质资源、信息资源和智力资源的综合利用，物联网、大数据、云计算等新一代信息技术创新已融入生产与生活的方方面面，信息网络将世界各地联系起来，实现跨区域信息技术的交流与共享。城市管理、教育、房地产、公共事业等与现代技术与创新相结合，打造快捷便利的城市生活。例如区块链技术通过提供整个区域网络内部的信息储存空间和算法支持，实现数据传输和访问安全。

第三节　乡村振兴与新型城镇化耦合发展的理论基础

一、马克思恩格斯城乡融合理论

中国城乡和谐发展理论是马克思恩格斯城乡融合理论的现实写照。马克思和恩格斯在辩证唯物主义和历史唯物主义方法论的基础上，结合生产力和生产关系相互作用的结果，分析城乡发展的变化历程。一方面，城市的快速发展驱使生产力提高，而农村生产力仍然相对滞后，从而导致城乡分离，其外在形态表现为社会分工变迁，农业与工业严重割裂；另一方面，私有制生产关系是导致城乡关系由分离走向对立的重要因素，随之而来的是城乡矛盾激化，严重影响当地的生产、就业与社会稳定。

马克思和恩格斯将城乡关系分为“从属—对立—融合”三个阶段。第一个阶段发生在第一次工业革命之前，人们大多从事落后的农业活动，此时城乡之间尚未形成明确的社会分工。伴随着生产力的进步和农村剩余资料的积累，城乡关系进入第二阶段，即工业的迅猛发展，大机器生产成为主流。城乡之间高度分工，大量资金、劳动力等生产要素流向城市，城市经济迅速发展，规模不断扩张。但生产要素的单向流动使城乡分割和对立格局显现，同时也导致“城市病”，包括要素价格高、交通拥堵、环境污染以及生存空间被挤占等问题。城乡关系的第三阶段依赖于经济社会的高度发展，城乡分离与对立会阻碍社会生产力的发展，垄断因素日益凸显，资源集聚现象严重，城乡矛盾逐渐激化，社会畸形发展，因此，需要将城乡对立转变为城乡融合，在相互依存的区域范围中寻求协调发展与和谐共生，城乡互助成为基本动力，城乡共享胜利果实是城乡融合的最终归宿。

二、非均衡发展理论

改革开放初期，我国根据“让一部分人、一部分地区先富起来，以带动和帮助落后的地区”的指导思想选择了非均衡的发展路径。在当时以经济体量为目标导向的历史背景下，城市成为了我国经济社会发展的重心和引擎，创造了中国的经济增长奇迹，但也留下了城乡二元割裂的历史问题。随着建党一百年时第一个百年奋斗目标的完成和第二个百年奋斗目标新征程的开启，“先富”带动以乡村地区为代表的“后富”，全面实现共同富裕，成为了新时代下的核心任务之一。作为发展中国家之一，传统的均衡发展理论的静态分析方法偏离了客观经济现象，显然无益于解释我国的经济发展历程。与之相对的，以“缪尔达尔—赫希曼模型”为代表的非均衡发展理论在解释我国城乡经济的区域性差异问题上具有一定的优势。

缪尔达尔—赫希曼模型由缪尔达尔提出的回波、扩散效应（Myrdal，1968）和赫希曼提出的极化、涓滴效应（Hirschman，1988）组成。回波效应和极化效应本质上体现了同一种思想，即生产要素等经济资源由低发展水平地区流向高发展水平地区，这是造成我国早期城乡发展差距拉大、二元结构问题突出的核心原因之一。同理，扩散效应和涓滴效应也表达了同一概念，即高发展水平地区通过经济资源的“向下”渗透惠及周边低发展水平地区，推动区域内的城乡融合，这是现阶段推动城乡融合的有效路径之一。

三、耦合协同理论

（一）耦合协同的基本内涵

耦合协同理念是在空间粘性的基础上发展而来的。生产要素和生产活动发生空间位移时会产生成本，即空间粘性。空间粘性的大小由两个因素决定：第一，生产活动主体或要素对位移距离的敏感程度，对距离越敏感的要素空间粘性越高，反之则越低；第二，生产要素的复杂程度，要素越复杂则空间粘性越高，反之则越低。空间粘性存在四种尺度之分：一是设备和生产的沉没成本的内部尺度；二是因占地面积大，对区域资源依赖性高而形成产业集群的本地尺度；三是生产活动对市场、人才、制度等依赖的区域尺度；四是对全球生产网络、国家宏观政治经济环境与贸易壁垒依赖的国家尺度乃至更大的尺度。在中国制度背景下，区域影响要素的“空间粘性”不仅来源于集聚效应、节约跨区域交易成本等经济驱动力，还受到地方政府权力、管辖结构、政策制度等方面的影响①。

耦合协同理论由两个部分组成：耦合论和协同论。“耦合”的概念来源于物理学，指的是两个或多个系统之间相互作用的关系，后被应用于社会科学的研究中。耦合度是耦合的测量指标，测度不同系统之间由混乱到有序的内生动力，耦合度越小，说明系统的相互作用越弱，系统越接近无

---

① 施帆．演化经济地理视角下的中国城市创业活动时空动态及影响因素研究［D］．杭州：浙江大学，2021.

序状态；耦合度越大，说明系统的相互作用越强，系统越接近有序和耦合的状态。“协同”这一名词最初由德国物理学家哈肯提出（Haken，1984）。“协同”指自然界中各个系统之间具有相互作用、相互合作的关系，这种相互影响关系可以使系统间由无序到有序、从相对不平衡到相对平衡。“协同”强调系统内部各元素的共同作用，拉动整体功能提升，是一种两个或多个系统或要素共同合作以达到某一目的的过程。而“耦合”虽然也是各子系统之间的磨合协调，但往往处在外部干预与冲击之中，可以通过外部力量或优化各子系统而产生，从而达到协同有序状态。耦合后的系统，其运行效率与产出水平大幅提高，系统整体效益得到增强。

（二）耦合协同模式

根据空间粘性和区位优势的大小，可以将耦合协同归纳为四种模式：依附式耦合、吸收式耦合、反哺式耦合和互惠式耦合。

第一，依附式耦合。当某一地区的区位优势较小、议价能力较低而拟流入的要素空间粘性较小时，就会发生基于成本优势的依附式耦合。在经济欠发达地区或大城市辐射不到的农村地区往往出现依附式耦合模式。在政府的引导下，推动城市的人力、资本和基础设施向农村地区转移，推动农村地区的建设与发展。一方面，加强地区综合服务能力，完善相应教育、医疗、养老和交通设施，不仅要吸引人才，更重要的是留住人才；另一方面，企业要充分发挥政府的引导作用，利用城市的配套设施，有效应对外部环境的变化。

第二，吸收式耦合。吸收式耦合模式多发生于具有地方特色的农村地区，存在发展本地特色产业的潜力，需要政府加以适当引导与社会资金投入。一方面，农村应充分发挥地区特色资源优势，找准行业定位；另一方面，充分发挥市场活力，吸引技术人才和资本振兴农村，培育乡村新型经营主体。例如，浙江安吉利用生态资源环境的区位优势，将当地农业与旅游业和文化产业相结合，发展乡村旅游业，吸引了大量城市的资本、人才和技术，不仅实现了可持续发展，还大幅度提高本地经济社会效益。

第三，反哺式耦合。我国很长一段时间的发展都是牺牲农业以发展工业，为快速工业化积累要素，“工农剪刀差”使农村发展滞后，现如今我国进入工业化的后期，城市已具备能力反哺农村。在非农化程度较高的城中村和城市边缘地区多出现反哺式耦合模式。这些地区存在较大开发价值，可转化为建设用地。一方面，促进城市和这些地区融合，解决广大农民就业问题，大力推进现代化建设，实现工业与农业、城市与乡村的结合，形成以城带乡的发展格局；另一方面，引导城市企业下乡，有效缓解城市资源拥挤、产能过剩、土地价格飙升等问题。投资于农村可解决农村就业问题，实现农民增收。深圳改革开放四十多年以来的飞速发展，离不开乡村这个强大的“蓄水池”，源源不断为其输送能量，如今大量投资成功的企业家加入反哺农村的行列，为农村地区分享创业经验，实现共赢发展。

第四，互惠式耦合。在经济较为发达的农村地区及在大城市辐射范围内的郊区会出现互惠式耦合模式，这些地区的农业现代化水平较高，产业体系较为成熟，产品市场较为庞大，具有独特的区位优势，城乡要素双向流动阻碍较小，可以共建基础设施网络和产业体系，共同发展生态环境保护事业，城乡是相互促进的关系。一方面，创新合作机制，不能一味地将高排放、高污染的产业向农村转移，应从根本上提高生产技术，缓解产业发展引起的环境压力。城乡利用自身优势，在产业链的不同环节有序合作。另一方面，应扎根县域，促进农村发展具有高附加值的产业，增强县域的综合服务能力。

第四节　本章小结

乡村振兴和新型城镇化战略是全面建设社会主义现代化强国的重大历史任务。本章从产业兴旺、生态宜居、乡风文明、治理有效和生活富裕五个维度阐述乡村振兴战略的政策内涵，这“二十个字”方针为我国解决“三农”问题提出新的思路。从产业城镇化、绿色城镇化、社会城镇化、空间城镇化和经济城镇化五个方面阐述新型城镇化战略的内涵，提出多维度协同推进新型城镇化的现实路径。乡村振兴与新型城镇化战略共同助力我国城乡建设，为解决我国城乡问题开拓新途径。两大战略相互作用，在促进资源要素流动、合理配置，引导人才、资本和技术向农村转移等方面起到“联合助推器”的作用。协同推进乡村振兴与新型城镇化战略，一方面有助于乡村建设，补足农村经济发展的短板①，另一方面可以解决“城市病”和环境保护等现实困境。

马克思主义的城乡融合理论和耦合协同理论，为乡村振兴和新型城镇化耦合协同发展提供了理论基础。在中国特色社会主义实践中，乡村振兴战略和新型城镇化战略是两个相辅相成的战略体系，二者相互影响、相互作用，在中国经济社会发展过程中形成了耦合协同关系。

---

① 王静，姚展鹏．新型城镇化与乡村振兴的战略耦合机制研究［J］．现代农业研究，2019（9）：14－17.

第三章　乡村振兴与新型城镇化的关系研究

乡村振兴与新型城镇化战略是我国为实现社会主义现代化而实施的重大战略，也是新时代推动经济社会高质量发展的强大引擎。乡村振兴和新型城镇化作为乡村和城镇发展的两大抓手，协同致力于我国实现城乡融合发展和建成社会主义现代化强国的目标之中，是国家现代化的重要标志。在深刻认识乡村振兴战略与新型城镇化战略的内涵的基础上，深入探讨两者之间的内在逻辑关联，是研究乡村振兴与新型城镇化耦合协调发展的必要条件。

第一节　乡村振兴与新型城镇化的内生逻辑

新时代中国社会主要矛盾为人民日益增长的美好生活需要和不平衡不充分的发展之间的矛盾，城乡发展不平衡则是“不平衡”的主要表现之一。在一个国家或地区，城市和乡村具有不同的定位，承担着不同的职责并各具特色，但不可否认的是二者都为国家的现代化发展作出了巨大的贡献，从平等的角度出发，应贯彻“共享”的发展理念，促进城乡共享经济发展成果，实现共同富裕。乡村振兴与新型城镇化之间存在“共生”关系，两者在内容和目标上有交叉和重合之处，本质上相辅相成、互联互动①。

① 叶超，于洁．迈向城乡融合：新型城镇化与乡村振兴结合研究的关键与趋势［J］．地理科学，2020，40（4）：528－534.

一、乡村与城镇的关系

乡村与城镇分别是乡村振兴与新型城镇化的载体，明确这两者之间的关系是分析乡村振兴与新型城镇化之间关系的前提。城乡关系理论的演变可以根据其总体特征和影响力，大致分为早期、二元结构范式时期、20世纪80年代后三个阶段（叶超和于洁，2020）。

早期的经济学家强调城乡关联发展。斯密认为，城乡是相互依存、互惠互利的，而且良性的城乡关系需要遵循自然顺序并保持一定比例。以圣西门的城乡社会平等观，欧文的“理性的社会制度”与共产主义“新村”为代表的空想社会主义学说从不同侧面体现了城乡一体发展的原始构想（Claude－Henri de Rouvroy，1979；Robert Owen，1979）。马克思、恩格斯从生产力和社会分工的角度出发，分析了城乡关系运动发展的历史规律，认为城乡关系大致可以分为混沌一体、分离对立、融合发展三个阶段，而且认为城乡融合发展是生产力水平高度发达的必然结果[①]。

城乡关系研究的转折点是刘易斯二元结构理论的提出。根据发展中国家的现代部门与传统部门并存的经济结构，刘易斯提出了“二元结构”的概念和分析方法，并在此基础上建立了两部门经济发展模型，奠定了劳动力无限供给条件下二元经济结构理论的基础（Arthur，1989）。后经拉尼斯和费景汉的发展深化，“刘易斯—拉尼斯—费景汉”模型形成，据之得出的政策一般是将农村农业的剩余劳动力转移到城市的工业部门，支持城市地区工业与现代化发展，该理论认为城市掠夺农村以劳动力为代表的生产要素是理所当然的（Ranis & Fitz－Henley，1992）。增长极理论由普劳克斯最早提出，后经布德维尔、缪尔达尔和弗里德曼等学者发展完善（阎小培等，1994），该理论认为无法在现实中实现平衡发展，应选定特定地理空间为增长极，以增长极的发展带动整体经济。增长极理论得出的政策一般是重点发展大城市或地区中心，并预期大城市或地区中心的经济成果能对

---

① 许彩玲，李建建．城乡融合发展的科学内涵与实现路径——基于马克思主义城乡关系理论的思考［J］．经济学家，2019（1）：96－103.

乡村地区产生正向的带动作用，且不回避核心地区的受益是以牺牲外围作为代价的事实，带有明显的城市偏向性。

随着学者们对发展中国家的关注，城乡分割和偏重城市的理论倾向被质疑。20世纪末期，麦基对亚洲国家进行了长期研究，发现在亚洲发展中国家或地区出现了一种城乡界限模糊、非农业与农业活动紧密联系的空间形态，并将这种形态命名为“desakota”，也即“城乡一体化”（Mcgee，1991）。区域网络模型认为乡村的结构变化和发展通过人、生产、商品、资金和信息五种“流”与城市的功能和作用相联系，这些“流”体现出不同的空间联系模式和多样的利益趋向特点（Douglass，1998）。

随着社会经济的发展以及人类认知能力和水平的逐步提高，城乡关系的主流理论观点经过了从联系到分离，再回归联系的过程。目前城乡关系主流理论认为，城乡之间具有复杂的、密切的联系，必须将城乡作为一个整体看待。

二、乡村振兴与新型城镇化战略的耦合关系

2018年国务院印发的《乡村振兴战略规划（2018—2022年）》描述了乡村发展的远景：“到2035年，乡村振兴取得决定性进展，农业农村现代化基本实现。”这可进一步阐述为“共同富裕迈出坚实步伐，城乡基本公共服务均等化基本实现，乡村治理体系更加完善，生态宜居的美丽乡村基本实现[①]。”随着城镇化快速推进，城乡差距不断扩大，乡村振兴战略正是基于“三农”和城乡差距的现实情况，为进一步实现现代化与城乡协调发展提出的。

2022年3月，国家发改委印发的《2022年新型城镇化和城乡融合发展重点任务》将“促进城乡融合发展”作为重点强调，并指出要“以县域为基本单元推动城乡融合发展，推进城镇基础设施向乡村延伸、公共服务和

① 中华人民共和国中央人民政府．乡村振兴战略规划（2018—2022年）［EB/OL］．（2018－09－26）［2022－07－20］．http：//www.gov.cn/zhengce/2018－09/26/content_5325534.htm?trs＝1.

社会事业向乡村覆盖[①]”。2022 年 7 月，国家发改委印发的《“十四五”新型城镇化实施方案》则再次强调“坚持以工补农、以城带乡，以县域为基本单元、以国家城乡融合发展试验区为突破口，促进城乡要素自由流动和公共资源合理配置，逐步健全城乡融合发展体制机制和政策体系，推进城乡融合发展[②]”。以高质量发展为导向的新型城镇化则以城市为主体，强调城市对农村的带动作用。

新型城镇化战略与乡村振兴战略在提出时间上有先后，侧重点分别是城镇与农村，但两者的目标是一致的，均是要缩小城乡差距，最终实现城乡融合发展。乡村振兴与新型城镇化战略的耦合关系见图 3-1。

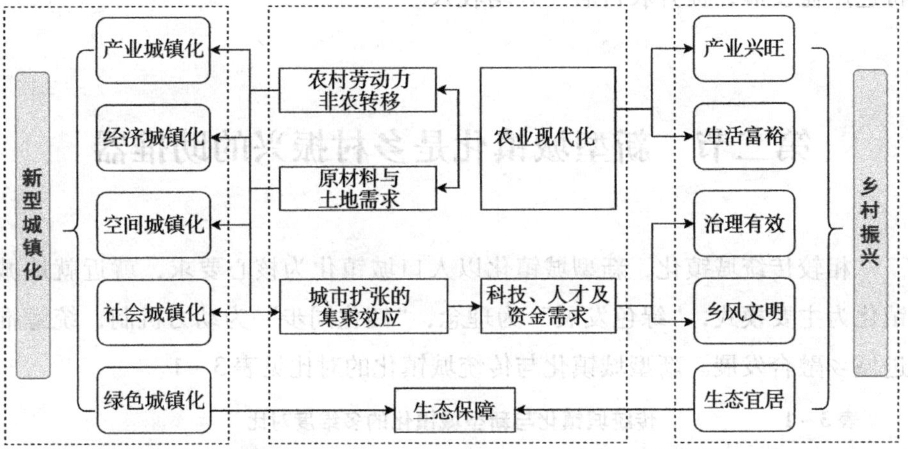

图 3-1 乡村振兴与新型城镇化的耦合关系

农村地区能够提供城镇化发展需要的劳动力、土地与原材料。新型城镇化需要大量的农村人口的非农转化，以农民市民化实现城镇化水平提升；需要大量的高质量产业生产原材料，支持非农产业的繁荣发展，实现经济城镇化；需要可供扩张的土地，适当扩张城镇区域并合理规划城镇功

① 中华人民共和国国家发展和改革委员会 .2022 年新型城镇化和城乡融合发展重点任务[EB/OL].（2022-03-17）[2022-07-20]. https://www.ndrc.gov.cn/xwdt/ztzl/xxczhjs/ghzc/202203/t20220317_1319461.html?code=&state=123.

② 中华人民共和国国家发展和改革委员会 .“十四五”新型城镇化实施方案[EB/OL].（2022-07-28）[2022-08-03]. https://www.ndrc.gov.cn/fggz/fzzlgh/gjjzxgh/202207/t20220728_1332050.html?code=&state=123.

能分区，实现空间城镇化。

从乡村振兴内涵的五个方面来看，乡村地区的发展需要城镇地区配合以及提供人才、技术、资金要素支持。产业兴旺要求增加科技与资本在农业生产中的贡献率，改变传统的以人力主导的农业劳动生产方式，促进农业现代化发展；生态宜居要求保护农村生态环境，需要转变城市经济发展方式，贯彻“绿色发展”理念；乡风文明要求增加农村科教文娱资金投入，培育农村居民的精神文明；治理有效要求增加农村治理资金投入，吸纳治理型人才，提升农村治理水平；生活富裕要求促进农村资源优化配置，提高农村各生产要素的收益，合理规划农村土地功能，加快推动农村特色产业发展，提升农村居民人均收入。

第二节　新型城镇化是乡村振兴的助推器

相较传统城镇化，新型城镇化以人口城镇化为核心要求，就近就地城镇化为主要模式，“绿色发展”为理念，“四化同步”为动力机制，统筹推进城乡融合发展。新型城镇化与传统城镇化的对比见表 3－1。

表 3－1　　传统城镇化与新型城镇化的多维度对比

比较方面	传统城镇化	新型城镇化
关注重点	土地城镇化	人口城镇化
发展侧重	城市数量与人口增加、规模扩大，城镇化率快速提升	追求城镇化的发展质量以及城乡经济、社会、环境的协调发展
产业发展	城镇化发展过分依赖工业化	新型城镇化、工业化、信息化与农业现代化同步发展
资源与环境	严重消耗自然资源、以环境恶化为代价	坚持可持续发展理念，保证城镇化与资源环境的承载力相适应
城乡关系	二元结构明显，城镇主导，农村依附	城乡协调发展，推进城乡一体化
推进主体	各级政府主导并调控	坚持各级政府引导与调控，促进企业、个人等多主体参与
人与自然关系	人凌驾于自然之上	和谐共处

一、新型城镇化强化农民在乡村振兴中的主体地位

以人口为核心的新型城镇化要求合理引导人口流动，提高农民市民化质量，稳步推进城镇基本公共服务常住人口全覆盖，不断提高人口素质，促进人的全面发展和社会公平正义，使全体居民共享现代化建设成果①。

从图 3 - 2 中可以看出，2001—2020 年，中国城镇人口数量在稳步增长，城镇化率也稳定上升。到 2020 年，中国城镇常住人口已超九亿，约占总人口的 63. 89% 。

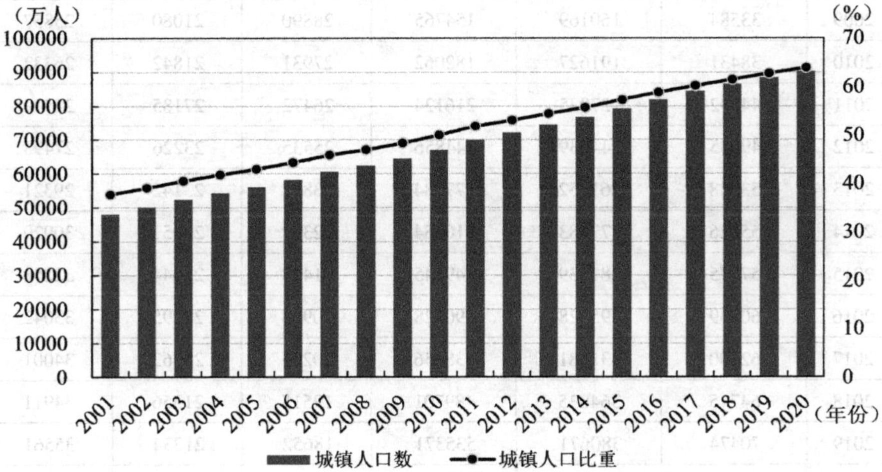

图 3 - 2　2001—2020 年我国城镇人口数及其占比

资料来源：中华人民共和国国家统计局《中国统计年鉴—2021》。

根据 2021 年统计年鉴相关数据，整理得到表 3 - 2，可以看出，在 GDP 增加值方面，2001—2020 年三次产业的 GDP 增加值都是不断上升的，其中，第一产业增加值相较于第二、第三产业增加值增速较慢。

---

① 张金庆. 协调推进新型城镇化的治理模式研究 [D]. 武汉：华中师范大学，2017.

表3-2　　2001—2020年三次产业GDP增加值及就业人数

年份	第一产业GDP增加值（亿元）	第二产业GDP增加值（亿元）	第三产业GDP增加值（亿元）	第一产业就业人数（万人）	第二产业就业人数（万人）	第三产业就业人数（万人）
2001	15503	49659	45701	36399	16234	20165
2002	16190	54104	51423	36640	15682	20958
2003	16970	62696	57756	36204	15927	21605
2004	20904	74285	66651	34830	16709	22725
2005	21807	88082	77430	33442	17766	23439
2006	23317	104359	91762	31941	18894	24143
2007	27674	126631	115788	30731	20186	24404
2008	32464	149953	136828	29923	20553	25087
2009	33584	160169	154765	28890	21080	25857
2010	38431	191627	182062	27931	21842	26332
2011	44782	227035	216124	26472	27185	22539
2012	49085	244639	244856	25535	23226	27493
2013	53028	261952	277984	23838	23142	29321
2014	55626	277283	310654	22372	23057	30920
2015	57775	281339	349745	21418	22644	32258
2016	60139	295428	390828	20908	22295	33042
2017	62100	331581	438356	20295	21762	34001
2018	64745	364835	489701	19515	21356	34911
2019	70474	380671	535371	18652	21234	35561
2020	77754	384255	553977	17715	21543	35806

资料来源：中华人民共和国国家统计局《中国统计年鉴—2021》。

在三次产业就业量方面，从图3-3可以看出，第一产业就业人员数量明显呈逐年递减趋势，由2001年的36399万人降低到2020年的17715万人，减少18684万人，降低51.33%；第二产业就业人员数量则呈逐年递增趋势，由2001年的16234万人到2020年的21543万人，增加5309万人，增长32.7%；第三产业就业人员数明显呈递增趋势，由2001年的20165万人到2020年的35806万人，增加15641万人，增长77.57%。第一产业就业人员减少数大致与第二、三产业就业人数相当，可以说明农业劳动力向非农产业进行了转移，即第二、第三产业有效吸纳了农村劳动力。此外，城市建成区面积伴随城镇化不断扩大，能够容纳更多的农业转移人口。从图 3－4 可以看出，城镇人口数量与城市建成区面积的增长是大致同步的；通过统计分析可得，城镇人口数量与城市建成区面积之间的相关系数达到了 99.92%，这说明城市扩张对农民人口市民化具有正向影响。

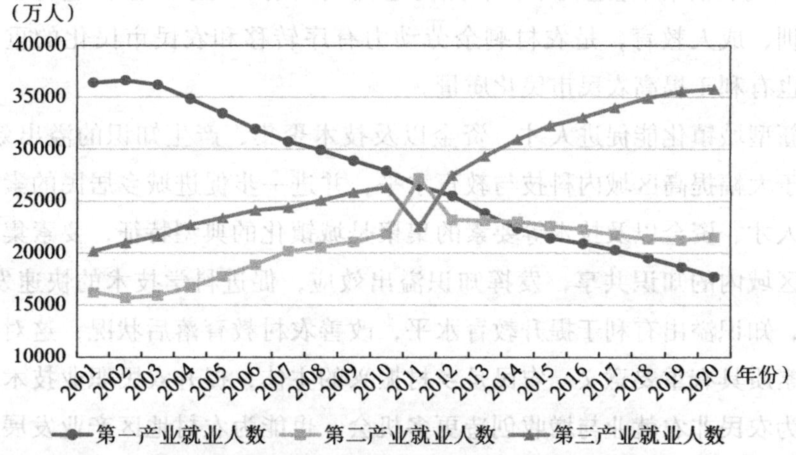

图 3－3　2001—2020 年中国三次产业就业人数

资料来源：中华人民共和国国家统计局《中国统计年鉴—2021》。

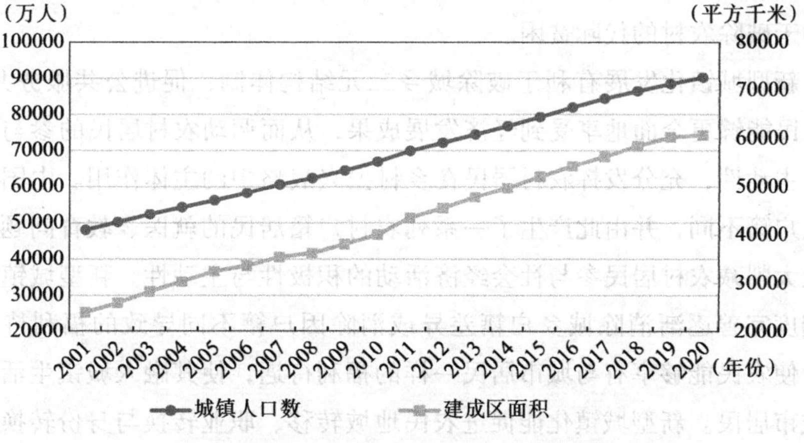

图 3－4　2001—2020 年中国城镇人口数与建成区面积

资料来源：中华人民共和国国家统计局《中国统计年鉴—2021》。

新型城镇化推动了农民市民化进程。新型城镇化的有序推进能促进非农产业发展，大量吸纳农业转移人口，促进农村劳动力向城市转移，推动农民市民化进程。虽然乡村振兴的目的是促进农村地区发展，但这并不意味着强行把农民束缚在农村地区，而是对农村劳动力进行科学培训，合理引导剩余劳动力向城镇转移，通过发展农村地区特色产业实现振兴乡村的目标①。新型城镇化过程中，农民为适应城镇地区的生产生活进行各种就业培训、成人教育，是农村剩余劳动力有序转移和农民市民化的重要步骤，也有利于提高农民市民化质量。

新型城镇化能促进人才、资金以及技术聚集，产生知识的溢出效应，有利于大幅提高区域内科技与教育水平，并进一步促进城乡居民的素质提升。人才、资金以及技术等要素的集聚是城镇化的典型特征，要素集聚有利于区域内的知识共享，发挥知识溢出效应，促进科学技术的快速发展。而且，知识溢出有利于提升教育水平，改善农村教育落后状况，这对提高农民素质具有重要意义。农民是乡村振兴的主体，提升农民职业技术能力能够为农民非农就业与增收创造更多机会，也能为农村地区产业发展储备更多的人才；提升农民的主体意识、平等意识和参与能力，能为农民更好进行居民自治提供条件，从而为实现农村地区有效治理奠定基础；农民本身的素质提升能为农村地区积蓄力量，对下一代农村居民产生积极影响，有助于破除农村的代际贫困。

新型城镇化发展有利于破除城乡二元结构体制，促进公共服务共享，让农民能够更全面地享受到经济发展成果，从而调动农村居民的参与积极性、主动性，充分发挥农村居民在乡村振兴战略中的主体作用。中国城乡居民户籍不同，并由此产生了一系列农村户籍居民的就医、教育问题，这会大大削减农村居民参与社会经济活动的积极性与主动性。新型城镇化通过制度完善逐渐消除城乡户籍差异或消除因户籍不同导致的福利待遇差异，使农民能够享有与城市居民一样的福利待遇，使其融入城镇生活，成为城市居民。新型城镇化能促进农民地域转移、职业转换与身份转换。新

① 李梦娜．新型城镇化与乡村振兴的战略耦合机制研究［J］．当代经济管理，2019，41（5）：10–15.

型城镇化过程是伴随着农业人口身份转移的一系列经济、社会权利的实现以及生产方式的改变过程。

二、新型城镇化优化乡村结构和布局形态

传统城镇化以异地城镇化为主导，主要是中西部地区的农村剩余劳动力向东部沿海等经济发达地区流动①，其中“农民工”是异地城镇化的主体人群②。从图 3－5 可以看出，从 2013—2019 年全国外出农民工规模一直在增加，2019 年达到最大值 17452 万人；疫情的暴发对经济形成了较大的冲击，2020 年外出农民工数量出现了大幅度下降；随着疫情的控制，2021 年的外出农民工规模出现回升，这说明外出务工仍吸引着农村居民，需要加快培育就近就地城镇化的经济社会土壤。

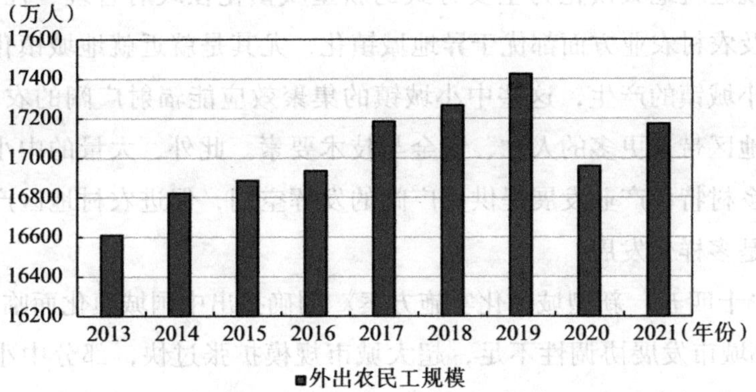

图 3－5 2013—2021 年中国外出农民工规模

资料来源：中华人民共和国国家统计局。

传统城镇化以异地城镇化为主要方式，对流动人口以及迁出地会产生许多负面影响。相较异地城镇化，在原居住地一定空间半径内，依托小城

① 廖永伦．就地就近城镇化：新型城镇化的现实路径选择［J］．贵州社会科学，2015（11）：123－127.

② 黄亚平，陈瞻，谢来荣．新型城镇化背景下异地城镇化的特征及趋势［J］．城市发展研究，2011，18（8）：11－16.

镇和新型农村社区实现的就地就近城镇化能在更大的范围内对农村地区产生积极影响①，异地城镇化与就近就地城镇化的对比见表3－3。

表3－3　异地城镇化与就近城镇化对比

比较方面	异地城镇化	就近就地城镇化
人口流动	长距离、跨省流动	短距离、市县内流动
政府管理	大量人口带来的财政压力限制了农民工户籍变化	引导农村居民有序定居城市
社会保障	社会保障统筹层次低，农民工跨省流动损失较大，参保比例低	有利于社会保障衔接，城乡资产权利置换
住房问题	城市中农民工居住条件差，农村地区则“空心化”明显	使用现有的农村住房或通过宅基地换房进城
农村问题	空心村与粮食安全问题	农业兼业化与职业化

以就近就地城镇化为主要方式的新型城镇化在政府管理、社会保障、住房以及农村农业方面都优于异地城镇化，尤其是就近就地城镇化会促进大量中小城镇的产生，这些中小城镇的集聚效应能辐射广阔的农村地区，为农村地区带来更多的人才、资金与技术要素。此外，大量的中小城镇还能够为乡村特色产业发展提供更广阔的发挥空间，促进农村地区产业的差异化或是多样化发展。

《“十四五”新型城镇化实施方案》明确指出中国城镇化面临的问题，“大中小城市发展协调性不足，超大城市规模扩张过快，部分中小城市及小城镇面临经济和人口规模减少”②，提出要“增强小城市发展活力”，并“推进以县城为重要载体的城镇化建设”。如表3－4所示，中国城市人口数量超500万人的特大城市有21个，城市人口数量超1000万人的超大城市有7个，第一位的上海市城市人口数量更是接近2000万人，说明中国城市极化问题明显。在中国城镇化的过程中，人主要向大城市集中，导致作为异地城镇化载体的超大城市、特大城市与大城市面临严峻的城市问题。

① 马庆斌．就地城镇化值得研究与推广［J］．宏观经济管理，2011（11）：25－26.

② 《“十四五”新型城镇化实施方案》，中华人民共和国发展与改革委员会官网，https：//www.ndrc.gov.cn/fggz/fzzlgh/gjjzxgh/202207/t20220728_1332050.html?code＝&state＝123.

表 3-4　　第七次全国人口普查超大、特大城人口基本情况

城市	人口数（万人）	其中：城市人口数（万人）	其中：城市人口数排名
上海市	2487	1987	1
北京市	2189	1775	2
深圳市	1749	1744	3
重庆市	3205	1634	4
广州市	1868	1488	5
成都市	2094	1334	6
天津市	1387	1093	7
武汉市	1245	995	8
东莞市	1047	956	9
西安市	1218	928	10
杭州市	1194	874	11
佛山市	950	854	12
南京市	931	791	13
沈阳市	907	707	14
青岛市	1007	601	15
济南市	920	588	16
长沙市	1005	555	17
哈尔滨市	1001	550	18
郑州市	1260	534	19
昆明市	846	534	20
大连市	745	521	21

资料来源：中华人民共和国国家统计局。

通过提高农村居民收入和生活质量，就近就地城镇化能够将农村流动人口留在中小城市，缓解农村劳动力数量不足，改善农村地区人口结构问题。就近就地城镇化对于促进农民增收具有重要作用。就近城镇化能够通过整合区域内资源，推动土地规模化经营以及二、三产业的发展，增加农业转移人口就近就业创业的机会；就近城镇化能够使集体资产增值带动农民收益增加，也能通过土地承包权转让为农民带来更稳定的财产性收入。就近就地城镇化能够增加农村居民生活的便利性。周边便利的生活配套设

施、先进的教育条件以及完备的医疗服务等社会保障必然伴随着就近城镇化过程发展，这使农村居民拥有绿色健康的农产品、水资源与空气的同时，也能享受城市生活的便利，提升农村居民生活质量。

一方面，就近就地城镇化能通过各小城镇加强农村地区与城市的联系，有利于农村地区更好地享受城市经济发展的红利，增强该地区的经济活力，吸引农民回流，改善农村的人口结构。基于城乡空间协调发展理念的就近城镇化注重区域整合、资源共享，促进各县、各乡镇之间实现协作共赢，促进多层次产业在区域内协调发展，推动公共设施和服务在较大的行政区域内规划建设运行，避免低水平重复建设①。另一方面，就近就地城镇化要求在村庄内部进行科学规划，通过合理规划乡村建设用地与农业生产布局、统筹基础设施建设和公共服务供给，不仅能改善农村居民居住环境，提高资源集约利用水平，还能为农村地区的管理提供便利。通过城乡之间功能区的地理衔接，不仅能够充分发挥城市公共服务与基础设施的作用，优化农村地区空间布局，还能减少城乡之间的各种障碍，促进实现城乡协调发展。

三、新型城镇化为乡村可持续发展提供保障

耗能高、效益低以及污染重是传统粗放型城镇化的典型特征，传统城镇化片面追求经济总量的增长，忽视生态环境保护，带来了一系列环境恶化问题。在部分生态环境脆弱的贫困地区，传统的唯经济发展观使当地农民采取自然资源掠夺式发展，破坏生态平衡，致使环境恶化，令当地陷入“贫困—掠夺式发展—环境问题严重—污染致病—返贫甚至贫困加重”的恶性循环，这也是农村贫困顽固化、代际化的重要原因②。新型城镇化的“绿色发展”理念与乡村振兴战略中的“生态宜居”契合，要求推进城镇

---

① 李强，陈振华，张莹．就近城镇化模式研究［J］．广东社会科学，2017（4）：179－190，256.

② 黄开腾．新型城镇化推进精准扶贫：内在逻辑及实现途径［J］．西部论坛，2018，28（1）：29－37.

地区绿色产业发展，并与农村地区生态农业衔接，形成城乡一体的生态产业链，为乡村可持续发展提供保障。

传统城镇化产生的高污染产业对环境伤害极大，与新型城镇化的“绿色发展”理念相悖，为了实现绿色城镇化，减少对环境伤害极大的污染物排放，必须要淘汰落后的高污染产业，全面治理被污染的生态环境，并推动高污染生产方式向绿色生产方式转变。坚持绿色发展的新型城镇化之路使乡村发展更具生命力和可持续性。根据图 3 - 6，2011—2020 年，中国城市污水处理率、生活垃圾无害化处理率以及建成区绿化覆盖率呈上升趋势；从表 3 - 5 可以看出，2001—2020 年中国城镇的环境基础设施建设投资额、园林绿化建设投资额、市容环境卫生建设投资额、工业污染源治理投资额也呈上升趋势，可以看出“绿色发展”理念在大范围地传播与实践。

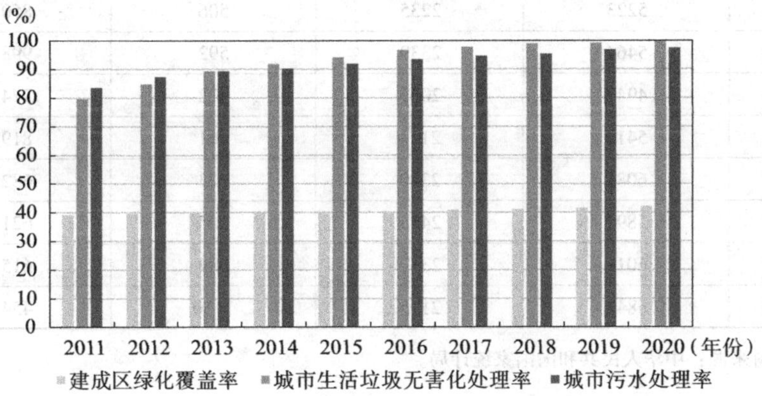

图 3 - 6　2011—2020 年中国建成区绿化覆盖率城市生活垃圾无害化处理率和城市污水处理状况

资料来源：中华人民共和国国家统计局。

表 3 - 5　2001—2020 年中国城镇环境污染治理投资情况

年份	环境基础设施建设投资额（亿元）	园林绿化建设投资额（亿元）	市容环境卫生建设投资额（亿元）	工业污染源治理投资额（亿元）
2001	596	163	51	175
2002	789	240	65	188

续表

年份	环境基础设施建设投资额（亿元）	园林绿化建设投资额（亿元）	市容环境卫生建设投资额（亿元）	工业污染源治理投资额（亿元）
2003	1072	322	96	222
2004	1141	359	108	308
2005	1290	411	148	458
2006	1315	429	176	484
2007	1468	526	142	552
2008	2248	824	259	543
2009	3245	1138	411	443
2010	5182	2671	424	397
2011	4557	1992	556	444
2012	5063	2380	399	500
2013	5223	2235	506	850
2014	5464	2339	592	998
2015	4947	2075	472	774
2016	5412	2171	561	819
2017	6086	2390	623	682
2018	5893	2413	605	621
2019	6018	2327	684	615
2020	6842	2195	1130	454

资料来源：中华人民共和国国家统计局。

高质量的农村生产生活以健康的生态系统为前提。重污染行业造成的生态环境恶化会妨碍农业生产，降低农田作物的产量和质量，甚至导致农田绝收；更重要的是，环境污染对农民的生活质量有严重的负面影响，比如部分化学物质对人体具有伤害，不仅会影响农村居民的身体健康，还会对下一代造成极大的威胁。因此，重视环境污染治理并尽力恢复地区的生态，对作为城镇地区生态屏障的农村地区十分重要，是农村农民生活质量与农业生产质量提升的重要保障。

新型城镇化的“绿色发展”理念全方位贯彻于城镇地区。作为城镇基础的交通、建筑以及空间以绿色为导向是浅层次的，更深层次的是从城市空间格局和运行机制上实现绿色化。以绿色交通为例，浅层的绿色交通以“低碳出行”为代表，而深层的绿色交通则是改变城市的空间格局，促进功能融合，实现职住一体，从根源减少排放。绿色城镇化要求的合理规划城市功能分区以及公共资源的合理配置也能够在更大的范围内实现与农村地区的功能分区衔接，优化农村地区功能区布局，支持乡村可持续发展。

四、新型城镇化为乡村全面复兴提供持续动力

党的十九大从战略全局的角度对新型城镇化进行部署，强调“推动新型工业化、信息化、城镇化、农业现代化同步发展”。“四化”作为一个不可分割的整体系统，彼此相互关联。工业化是一个国家城镇化发展的根本动力，在供给端发力；城镇化作为现代化发展的重要方面，能够创造需求，承载农业现代化发展；第一产业是二、三产业发展的基础，所以农业现代化能支持并保障工业化和城镇化；信息化是科学技术快速进步的表现，主要为其他三化提供重要的发展手段①。“四化”同步发展明确了中国经济未来的发展，能为农村地区的发展提供全面持久的动力，四化同步作用机制见图 3-7。

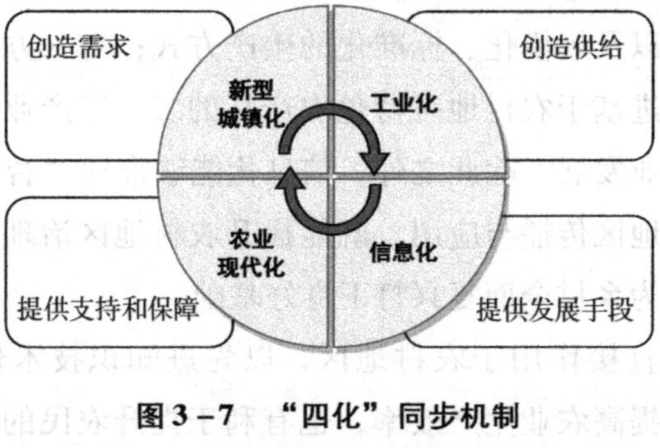

图 3-7 “四化”同步机制

① 孙德中，吴一平．“四化同步”发展的科学内涵及实现路径［J］．中州学刊，2015（11）：37-41.

城镇化是发展现代农业不可或缺的基本条件[①]。第一，城镇化水平伴随着向城市聚集的大量人口，这些转移人口从农业生产者转化为非农业生产者，会产生大量的农产品需求，需求的增加必然导致供给增加，旺盛的农产品需求会吸引资金与技术进入农业生产过程，促进农业发展，提高农民收入。第二，城镇化意味着人才、资金、技术、信息等生产要素的高度集聚，要素集聚对带动周边农村领域发展具有重要的作用。第三，中国存在着大部分农业劳动力，而无限供给的劳动力会制约现代农业技术的应用和推进。推进新型城镇化、工业化，直接吸纳农村过剩的劳动力，减少农业从业人员的数量，能够促进农业资源整合，通过扩大农地经营规模、增加资金技术投入等提升农民收入。

工业化发展会产生农业原材料需求，这些需求能够促使资金和技术进入经济作物生产中，增加农村生产能力和农民收入。更重要的是，工业化发展能促进科学技术的发展并降低农业机械的价格，为农业现代化提供技术与物质支持。农业生产由以人力为主导转向以技术设备为主导，能够推动乡村企业的建立与发展，提高乡村经济综合实力，为乡村振兴打下坚实的经济基础。

信息化对于农业生产效率、流通效率以及农村治理水平的提升具有重要意义。促进信息技术与农业生产、加工与流通等环节结合，一方面有助于农民获得低价高质的生产要素，降低农业的生产成本，推动农村产业吸收新型经营思路以及规模化、标准化的生产方式；另一方面有助于延长农村产业链条，促进基于农村地区特色农产品的二、三产业发展，推动农村地区高附加值产业发展。除此之外，信息化能够推动“智慧城市”等新型治理方式向农村地区传播与应用，既能提升农村地区治理效率，也能推动城乡制度融合，为乡村全面复兴打下良好基础。

农业现代化直接作用于农村地区，以先进知识技术传播与使用为特征，不仅能大幅提高农业生产效率，也有利于提升农民的综合素质。现代农业以产业化、市场化、规模化、集约化、科技化为特征，因此，大力推

---

① 赵胜轩，李扬副．健全城乡发展一体化体制机制 新型城镇化研究报告［M］．北京：中国社会科学出版社，2015.

进现代农业一方面可以大大提高农民收入，增强农民的消费信心和消费能力，提升农村居民的生活水平；另一方面，因为现代农业发展必然伴随着先进知识技术的传播，现代化知识的传播有利于提高农民的整体素质，培育新型农民。此外，相较于传统农业，现代农业不仅需要有经验的农民，还需要有专业特长的农业生产技术人才和经营管理人才，这为城市的高学历人才提供了新的就业渠道，也是促进人才向农村地区流动的重要方式。农业现代化有利于农村产业发展与农村人口素质提升，是全面振兴乡村的重要方式。

第三节　乡村振兴为新型城镇化发展注入新动力

乡村振兴战略实施既能培育高素质农村劳动力，也能促进绿色农产品原料、绿色能源的产出，为城镇产业结构优化升级提供保障；乡村振兴还能开拓广阔农村地区的消费潜力、优化乡村功能区布局，有利于扩大城镇产业消费市场、推动城乡功能对接。

一、乡村振兴有利于化解大城市发展中的城市病问题

乡村振兴战略既能引导人才下乡以及农民工回乡，也能吸引技术、资金等生产要素向农村回流，有助于缓解城市的人口与经济压力。城市病是指伴随着城市发展，出现在城市内部的一系列问题，涵盖经济、社会以及环境等方面。城市病是人口过度向大城市聚集导致的不经济现象，即有限的空间范围无法承载高密度的人口以及高强度的经济活动，主要表现为人口膨胀、交通拥挤、城市贫困、资源短缺、环境污染等。中国城市病的分类、主要表现及原因见表3-6。城市病会加重城市负担、降低市民生活质量，从而抑制城镇化进程，因此，城镇化进程的推进和城镇化质量的提高需要乡村地区的多方面支持。

表3-6　　中国城市病分类、主要表现及原因

分类	主要表现	主要原因
城市社会病	城市人口过度膨胀 交通拥挤 人情冷漠 就业难 医疗与教育问题	城市基础设施建设滞后于经济建设
城市经济病	城市贫困 高房价	社会保障机制滞后，资源配置失衡
城市生态病	环境污染问题 高耗能	粗放的经济增长方式，资源的低价分配方式

乡村振兴战略能引导人才下乡以及农民工回乡。乡村产业发展能够就地吸纳农村剩余劳动力，而且随着农村产业的多样化与高级化发展，能创造更多就业岗位，吸引人才下乡。此外，乡村振兴战略作为国家战略，具有政策信号作用，能提振农村居民对于本地发展的信心，带动农民工回流，减少人口继续盲目地大规模流向城市，也能吸引人才向农村流动。乡村地区为城市区域内高人口密度带来的交通拥挤和资源短缺压力等问题提供了缓冲的区域，也为重新合理规划城市功能分区、优化城乡整体空间布局提供了保障。

乡村振兴战略能吸引技术、资金等生产要素向农村回流。根据乡村振兴战略，政府除了出台政策直接引导城市各类生产要素流向农村地区之外，也重视农村地区的基础设施建设、基本保障制度等，为资源要素整合和配置利用提供良好的环境。乡村振兴战略有利于激发农村地区的发展潜力，提高农村地区的投资回报率，使资本等生产要素出于追逐高回报的本能流向乡村，既能缓解农村发展所面临的生产要素短缺的困境，又能释放城镇区域的压力。乡村振兴能够承载城镇地区的转移产业，既能促进新型城镇化过程中传统产业的更新，也能让周边农村地区分担过于集中的城市功能，优化城市布局和城市生活环境。

二、乡村振兴有助于推进农村就近就地城镇化

乡村振兴战略关注农村地区的发展、农业现代化以及农民的生活质量

与福利保障，这是农村就近就地城镇化、城镇化持续发展的重要支撑；就近就地城镇化是农民离土不离乡、就业不离家、就地市民化的城镇化[①]。中国2001—2020年乡村人口数及乡村人口占比见表3-7。纵向来看，随着中国城镇化的快速发展，中国乡村人口数以及乡村人口占比一直在降低。中国广大的农村地区仍有近5亿的人口。大规模人口转移的异地城镇化是传统城镇化的主要方式，推动了中国的城镇化进程，但也造成一系列负面影响，使城镇化进程进入了瓶颈期。

表3-7　　2001—2020年乡村人口数以及乡村人口占比

年份	乡村人口数（万人）	乡村人口占比（%）
2001	79563	62
2002	78241	61
2003	76851	59
2004	75705	58
2005	74544	57
2006	73160	56
2007	71496	54
2008	70399	53
2009	68938	52
2010	67113	50
2011	64989	48
2012	63747	47
2013	62224	46
2014	60908	44
2015	59024	43
2016	57308	41
2017	55668	40
2018	54108	38
2019	52582	37
2020	50992	36
2021	49835	35

资料来源：中华人民共和国国家统计局。

① 闫世伟．就近城镇化应把握的着力点［J］．理论探索，2014（4）：106-107.

产业振兴是乡村全面振兴的基础和关键[①]，也是支撑就近就地城镇化的关键因素。产业兴旺强调农业和以农业为基础的一系列特色产业的发展，通过特色化、多样化的产业开发，不仅能带动农业生产与组织现代化，也能为农业劳动力就业提供更多选择，促进农村居民收入增加。乡村的特色产业伴随着农村地区的企业发展，成本更低的生产要素以及更多倾斜性政策会吸引资金与技术向农村地区集聚，为农村劳动力提供更多的就业机会，也为就近城镇化创造更坚固的物质基础条件。因此，乡村地区产业发展既能促进农业转移人口就业，也能以产业发展前景吸引资金、技术等生产要素的集聚，推动就近就地城镇化进程。

治理有效与生态宜居是乡村振兴战略的重要方面，对于提升居民集中居住意愿具有重要作用。就地城镇化意味着集中居住的农村新社区的产生，但农村新社区的治理仍是原本的水平，一时间难以适应新制度，容易出现教育质量无法保证、社区医疗资源欠缺以及养老保障水平较低等问题。治理有效关注农村地区的基础服务，能够促进农村地区教育系统的发展、基础自治组织的能力提升以及基础服务的完善。乡村振兴的过程也是农村基层组织作用发挥的过程，农村基层组织的凝聚力、战斗力和执行力将会得到极大提升，出于推动基层治理的便利性以及稳固基层组织的需要，农村基层组织也会推动就地城镇化进程。

乡村振兴要求优先发展农业农村，缩小城乡之间差距，推动城乡一体化，实现区域协调发展。就近就地城镇化的核心也在于推动公共服务与基础设施城乡一体化，二者在发展目标上是一致的。优先发展农业农村，科学规划农村内部结构，加强城乡联系，从城乡空间布局整体优化角度重新定位农村，形成城乡一体化发展态势。农村地区、中小城镇与大城市形成多层次结构的多元化的城市空间网络结构，各层次主体之间特色鲜明、相辅相成。就近就地城镇化形成的中小城镇是农村地区与大城市之间的联系通道，农村农业发展从经济上支持就近就地城镇化，农民市民化则为就近就地城镇化提供了主体城镇居民。

---

① 河北日报．产业振兴是乡村振兴的重中之重［N/OL］．（2021－09－03）［2022－07－20］．http：//www. moa. gov. cn/xw/qg/202109/t20210903_6375598. htmt20210903_6375598. htm.

三、乡村振兴以提供生态空间支撑满足绿色城镇化的内在之需

乡村振兴战略中的“生态宜居”对改善农村整体环境提出了要求，不仅要对农村生态环境进行修复与保护，还要提升农村居民的生活环境。从表3－8可以看出，中国农业柴油使用量、农药使用量以及农用塑料薄膜使用量呈先增长后下降的趋势，其中农用柴油使用量在2015年达到最大值2197.68万吨，农药使用量在2013年达到最大值180.77万吨，农用塑料薄膜使用量在2015年达到最大值260.36万吨。“十三五”期间，“绿色”作为五大发展理念之一写入五年规划，中国农业柴油使用量、农药使用量以及农用塑料薄膜使用量在2015年前后出现了转折，说明中国农业较好地贯彻落实了“绿色发展”理念。

表3－8　2001—2019年中国农用柴油使用量、农药使用量和农用塑料薄膜使用量　　单位：万吨

年份	农用柴油使用量	农药使用量	农用塑料薄膜使用量
2001	1485.25	127.48	144.93
2002	1507.47	131.13	153.08
2003	1574.63	132.52	159.17
2004	1819.47	138.60	168.00
2005	1902.66	145.99	176.23
2006	1922.78	153.71	184.55
2007	2020.81	162.28	193.75
2008	1887.85	167.23	200.69
2009	1959.89	170.90	207.97
2010	2023.12	175.82	217.30
2011	2057.44	178.70	229.45
2012	2107.65	180.61	238.30
2013	2154.94	180.77	249.32
2014	2176.32	180.33	258.02

续表

年份	农用柴油使用量	农药使用量	农用塑料薄膜使用量
2015	2197.68	178.30	260.36
2016	2117.08	174.05	260.26
2017	2095.11	165.51	252.84
2018	2003.39	150.36	246.68
2019	1934.00	139.17	240.77

资料来源：中华人民共和国国家统计局。

城乡之间的生态关系见表 3-9。城市与农村都是整体生态系统的部分，从维持整体生态平衡角度来看，中国城市的可持续发展需要农村提供的绿色空间与生态支撑。根据自然资源部 2021 年 8 月 25 日发布的第三次全国国土调查主要数据公报，农村地区的耕地、林地、草地面积占中国土地的大部分，远超城镇村及工矿用地面积，所以保护整体生态环境要以农村地区的生态为重点。城市建设以硬化地面和楼群为主，虽然也有城市绿化区域，但面积非常有限，这样的城市建筑状况破坏了区域内原本的循环系统，改变了能量流动的自然规律。而且人口集聚产生的城市以高人口密度为典型特征，城市内的绿色空间发展受限制，直接导致城市产生的废水废气等排放难以解决。农林牧副渔业是农村土地的主要用途，这让农村土地能够保有氧气生产、土壤保持等自然生态系统功能，在整体生态环境中发挥修复和调节功能。

表 3-9　　城乡生态关系

大类	小类	内容	流向
生态调节净化	净化功能	水、土壤、大气净化	乡村—城市
	调节功能	气体与气候调节、水分调节、热量调节等	
	保持功能	水源涵养、土壤保持、生物多样性保持等	
	储存功能	废弃物卫生填埋等	
生态产品供给	农产品供给	粮食、蔬菜、水果、肉、奶等	
	自然资源供给	水、土地、矿产、林木等	
	生态空间供给	休闲娱乐、农业观光、采摘、避难场所等	

续表

大类	小类	内容	流向
生态文化服务	生态科学发展	生态学、生态经济等	城市—乡村
	自然风险防范	生态建设、环境保护项目	
	生态科技服务	科技下乡	
	生态文化营造	宣传、培训	
生态危害影响	面源污染	农田农药、化肥施放污染	乡村—城市
	污染物排放	废水、废气、固体废弃物	城市—乡村
	生态用地挤占	城市化扩张	

乡村生态农业发展能够为城市提供多功能产品供给。乡村生态农业包括在生产阶段减少化肥滥用并推广生物杀虫等生态防治技术，在商品交易阶段增加生态农产品检测以及建立健全生态农产品价格保护机制等，通过优化生产与流通两个环节，提升农村产业的生态经济优势，并为城市提供农产品、自然资源等生态产品供给。

乡村振兴在生态文明理念的引领下推进，除了推动农村生活环境的优化与生态产业的发展，还能逐渐传播生态保护的思想，使农村居民加入生态环境保护的行列，引导农村居民从高污染、高能耗转向可持续的生产生活方式。

四、乡村振兴以坚持城乡融合发展之路实现平等城镇化的目标

乡村振兴战略要求破除城乡分割的制度藩篱，推进农村土地制度、户籍制度、住房制度、社会保障制度与劳动力就业制度改革等①，并通过制度改革推动城乡融合，实现平等城镇化。平等城镇化本质在于统筹与一体，是通过构建城乡融合的体制机制，创新户籍制度、土地制度等制度改革，实现农民工市民化和城乡公共服务一体化②。

① 熊小林．聚焦乡村振兴战略 探究农业农村现代化方略——“乡村振兴战略研讨会”会议综述［J］．中国农村经济，2018（1）：138－143．

② 单卓然，黄亚平．“新型城镇化”概念内涵、目标内容、规划策略及认知误区解析［J］．城市规划学刊，2013（2）：16－22．

表3－10是2001—2020年中国的城乡居民可支配收入、人均消费支出与以及恩格尔系数。纵向来看，城乡居民的人均可支配收入和人均消费支出一直在增加，恩格尔系数一直在降低，说明我国城乡居民的生活水平在2001—2020年一直在提高。将城镇与农村的居民人均可支配收入进行比较，2001年，城镇居民人均可支配收入约为农村地区的2.8倍，2020年约为2.5倍；2001年城镇居民人均消费支出约为农村居民人均消费支出的2.9倍，2020年城镇居民人均消费支出约为农村居民人均消费支出的1.9倍，这说明即使城乡居民的生活水平都在提高，城乡居民之间的差距也一直存在，尤其是城乡居民人均可支配收入的差距，并没有随着经济快速发展出现较大幅度的缩小。

表3－10　2001—2020年中国城乡居民可支配收入、人均消费支出以及恩格尔系数比较

年份	城镇居民人均可支配收入（元）	农村居民人均可支配收入（元）	城镇居民人均消费支出（元）	农村居民人均消费支出（元）	城镇居民恩格尔系数（%）	农村居民恩格尔系数（%）
2001	6824	2407	1803	5350	40.50	37.00
2002	7652	2529	1917	6089	39.20	36.40
2003	8406	2690	2050	6587	38.10	35.50
2004	9335	3027	2326	7280	38.80	35.80
2005	10382	3370	2749	8068	37.30	34.50
2006	11620	3731	3072	8851	35.50	33.30
2007	13603	4327	3536	10196	35.60	33.60
2008	15549	4999	4054	11489	36.30	34.50
2009	16901	5435	4464	12558	34.30	32.90
2010	18779	6272	4945	13821	33.40	31.90
2011	21427	7394	5892	15554	33.60	32.30
2012	24127	8389	6667	17107	33.00	32.00
2013	26467	9430	7485	18488	31.20	30.10
2014	28844	10489	8383	19968	31.00	30.00
2015	31195	11422	9223	21392	30.60	29.70
2016	33616	12363	10130	23079	30.10	29.30

续表

年份	城镇居民人均可支配收入（元）	农村居民人均可支配收入（元）	城镇居民人均消费支出（元）	农村居民人均消费支出（元）	城镇居民恩格尔系数（%）	农村居民恩格尔系数（%）
2017	36396	13432	10955	24445	29.30	28.60
2018	39251	14617	12124	26112	28.40	27.70
2019	42359	16021	13328	28063	28.20	27.60
2020	43834	17131	13713	27007	30.20	29.20

资料来源：中华人民共和国国家统计局。

城乡居民生活差距被视为中国城乡二元结构的结果，因为城乡二元结构使农村地区在土地、劳动力、资金以及公共资源配置等多个方面处于次要地位，导致农村地区在发展的过程中无法与城市地区在平等的地位上分享经济成果。乡村振兴战略要求转变城乡发展思路，重塑城乡关系，推动城乡要素融合，使农村地区更好地享有经济发展成果。

乡村振兴推动城乡融合体制机制以及政策体系的建立健全，促进城乡资源配置优化，调整城乡经济结构，推动农村产业发展，为城乡一体化提供经济支持。相较于城市，农村地区的生产要素在城乡要素流动中因为各种原因受到了不平等对待。在现行土地制度框架下，农村土地与城市土地所有制性质不同，城市土地是国有，农村土地则是集体所有；而且农村土地的发展权、流转权以及物权都受到不同程度的限制，使农村居民难以享受由土地要素所产生的增值收益。城乡二元户籍制度则阻碍了农民工平等进城就业，造成农民工就业机会、社会保障以及合同保障不平等，不利于城乡就业市场一体化。乡村振兴应关注“三农”问题，建立完善城乡要素融合机制，推动城乡要素市场一体化，让农村地区的生产要素尤其是劳动力在城镇化进程中受到平等的对待，能够平等地获得报酬和社会保障，拥有稳定的经济基础。

乡村振兴应引导资金流向农业农村，并推动农村地区公共服务建设。城乡抵押权利、资金价格以及金融服务不平等是城乡之间金融制度安排差异的主要体现，这导致了资金要素在城乡之间的配置失衡。而农民难以享受均等化的公共服务不仅因为公共服务在城市客观存在集聚效应和规模效益，还因为财力保障机制建设滞后，城乡公共产品供给制度设计不利于农村地区。客观来看，资金要素和公共服务在城镇的利用效率大于农村地区，但农村地区的发展离不开资金与基础的公共服务，所以乡村振兴战略引导资金向农村流动，并推动农村地区的公共服务水平的提升。优先发展农业农村，政策引导各类生产要素流向农村地区是城乡一体化的必然要求。

第四节　本章小结

基于上一章对乡村振兴战略与新型城镇化战略内涵的解读，本章进一步分析了乡村振兴与新型城镇化的互动关系和乡村振兴与新型城镇化之间的内生逻辑。本章从城乡关系理论研究出发，整体阐述了乡村振兴战略与新型城镇化战略之间存在的相辅相成、互生互动的“共生”关系。新型城镇化对乡村振兴的推动作用包括：人口城镇化的核心要求有助于城镇科学合理地承接农村劳动力转移；就近就地城镇化的发展模式有利于优化乡村形态与布局；“绿色”的发展理念对乡村的生态环境有重要意义；“四化”同步的动力机制有助于乡村地区的全面发展。与此同时，乡村振兴为新型城镇化注入新动力。乡村振兴战略重视乡村地区的经济状况、生态环境、生活质量等全方面的发展，这能吸引人口回流，有利于缓解城镇地区因人口过度聚集带来的城市病，就近就地城镇化发展，也能给城镇提供绿色的生态空间支撑，并为推动平等城镇化作出贡献。

乡村与城镇是相互联系、不可分割的，要用联系而非孤立的眼光看待城乡关系。新型城镇化有利于广大农村地区的现代化发展，乡村振兴则为城镇化进一步发展提供了条件。两者相辅相成，是促进全体民众共享经济发展成果，缓解新时代中国主要矛盾的手段，也是中华民族实现伟大复兴的必经之路。

第四章　乡村振兴与新型城镇化耦合的制度障碍分析

城乡二元的制度安排通过直接地或间接地作用于要素流动、产业发展、社会福利分配等城乡经济社会的不同层面，在城乡之间形成了一道无形的制度性壁垒，导致城乡差距、城乡矛盾。城乡二元制度严重制约着乡村振兴与新型城镇化的耦合发展，而二元制度的根源是城乡二元户籍制度。影响乡村振兴与新型城镇化耦合发展的制度因素，就是城乡二元户籍制度及其衍生出来的城乡二元资本投入体制、城乡二元土地制度、城乡工业化分离体制、城乡二元公共服务制度和城乡二元社会治理制度（图4－1）。

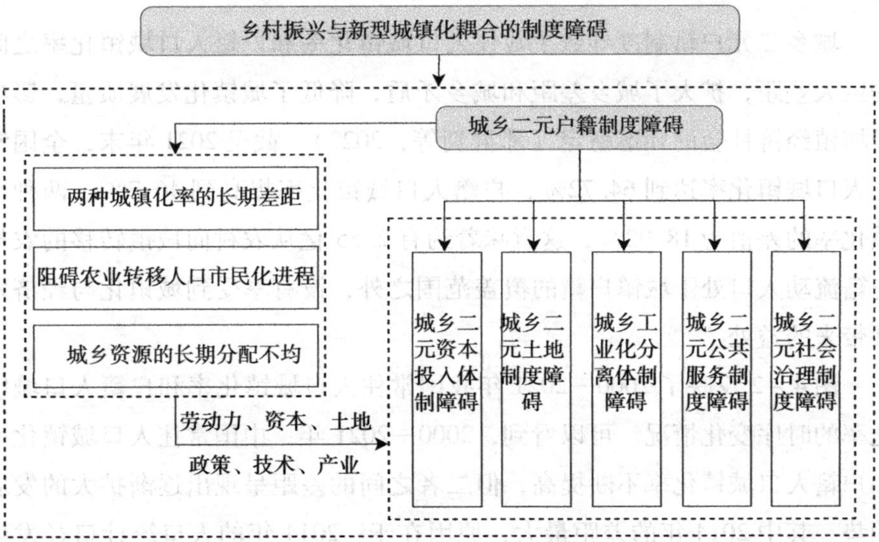

图4－1　乡村振兴与新型城镇化耦合的制度障碍

第一节　乡村振兴与新型城镇化耦合发展制度障碍的根源

城乡户籍制度的二元性特点是制约城乡一体化发展和乡村振兴与新型城镇化耦合发展的重要制度性因素。由于制度的路径依赖性，加上城乡二元户籍制度改革的严重滞后性，城乡二元户籍制度所造成的两种城镇化率的长期差距、农业转移人口市民化进程缓慢、城乡资源分配不均等城乡对立问题在短期内难以得到彻底解决，因而衍生出城乡二元资本投入体制、城乡二元土地制度、城乡工业化分离体制、城乡二元公共服务和社会治理制度。这些二元体制机制是制约乡村振兴与新型城镇化的耦合发展的关键制度性因素，严重阻碍着城乡融合发展。

一、城乡二元户籍制度导致两种城镇化率之间的巨大差距

城乡二元户籍制度导致了常住人口城镇化率和户籍人口城镇化率之间的巨大差距，扩大了城乡差距和城乡矛盾，降低了城镇化发展质量，影响了城镇经济社会的和谐稳定（邓群钊等，2022）。截至 2021 年末，全国常住人口城镇化率达到 64.72%，户籍人口城镇化率提高到 46.7%。两种城镇化率的差值为 18.02%，这意味着约有 2.55 亿从农村向城镇转移的农村户籍流动人口处于城镇户籍的覆盖范围之外，没有享受到城镇化与经济发展带来的益处。

图 4-2 反映了 2000—2021 年我国常住人口城镇化率和户籍人口城镇化率的时序变化情况。可以看到，2000—2021 年，中国常住人口城镇化率和户籍人口城镇化率不断提高，但二者之间的差距呈现出逐渐扩大的发展趋势。其中 2014 年的差距最大，原因在于：2014 年的人口统计口径发生

了变化①，即不再统计非农业人口，而按照户籍制度进行人口统计。这使原先非农人口中属于农村户籍的人口被分离出去，因此户籍人口城镇化率低于预期水平。两种城镇化率之间的差距反映了被统计为城镇常住人口，但却没能享受到城镇公共服务资源的流动人口数量。随着两种城镇化率差距不断扩大，城乡差距不断扩大，城镇生产、生活、生态空间人均占有量遭到不断压缩；城镇资源环境承载力也不断遭受破坏，导致城镇发展质量下降，对人才的吸引力降低，经济社会发展不稳定因素增加。缺少了城镇的支撑和带动，乡村的发展也受到严重制约，城乡融合发展也就成了“无本之木”。

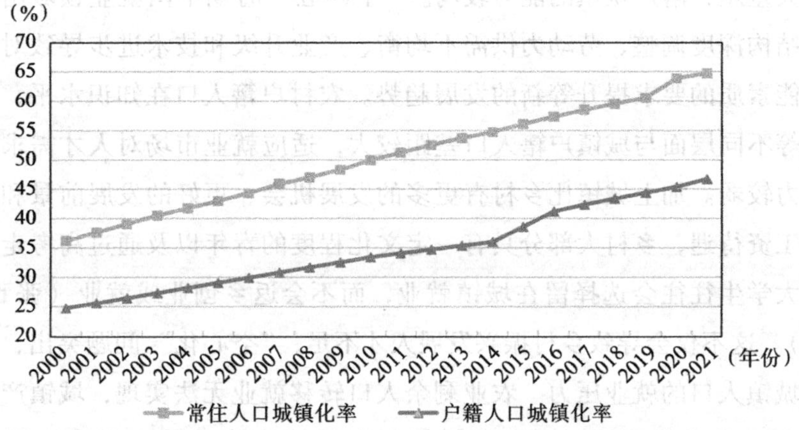

图 4-2 2000—2021 年中国常住人口城镇化率和户籍人口城镇化率

资料来源：《中国统计年鉴》第五次、第六次和第七次全国人口普查数据，缺失数据采用时间序列插值法进行补齐。

二、城乡二元户籍制度减缓了农业转移人口市民化进程

城乡二元户籍制度减缓了农业转移人口市民化进程，阻碍了城乡人口

① 2014 年，国务院印发的《关于进一步推进户籍制度改革的意见》中明确指出“取消农业户口与非农业户口性质区分和由此衍生的蓝印户口等户口类型，统一登记为居民户口，体现户籍制度的人口登记管理功能”。

的自由流动，扩大了城乡差距。

首先，城乡二元户籍制度背后的福利分配机制提高了城镇落户门槛，增加了农业转移人口在城镇落户的难度（肖倩，2016）。城乡户籍的不同导致了城乡所享有的教育、医疗、社会保障等福利分配的不平等。这种隐藏在户籍背后的福利分配机制使城镇户籍人口所享有的社会福利远高于乡村户籍人口。传统固有观念中，城镇户籍的价值远高于乡村，这提高了城镇落户门槛，导致只有少数农业转移人口能成功落户城镇。

其次，城乡二元户籍制度导致了城乡人口就业知识、技能和能力的巨大差异，进而造成农业转移人口在就业的层次、数量和质量上与城镇人口的巨大差距，落户城镇的能力较弱。“十四五”时期中国就业领域出现了人口结构深度调整、劳动力供需不均衡、产业升级和技术进步导致对劳动者技能素质的要求提升等新的发展趋势。农村户籍人口在知识水平、技能水平等不同层面与城镇户籍人口差距较大，适应就业市场对人才需求变化的能力较弱。加上城镇比乡村有更多的发展机会、更好的发展前景和更优厚的工资待遇，乡村大部分具有一定文化程度的青年以及通过高考走出乡村的大学生往往会选择留在城镇就业，而不会返乡创业或就业（张雅光，2021）。这不仅会导致乡村振兴发展人才不足，“空心化”问题突出，也会增加城镇人口的就业压力。农业剩余人口转移就业无法实现，城镇产业转型的人才需求得不到满足，乡村振兴和城镇化建设无法形成协同发展之势。

最后，城乡二元户籍制度带来的户籍歧视、同工不同酬、工资拖欠、劳动权益维护难等就业公平性缺失问题使农业转移人口被逐渐边缘化，导致其对城镇的归属感和认同感较低（肖倩，2016），落户城镇的意愿不足。由于对农业转移人口的关注不足，目前城镇法律制度缺乏专门针对农业转移人口劳动权益保障的条文规定，农业人口转移就业的劳动权益得不到保障。城镇中农业转移人口呈现出一种“半城镇化”特征，即这部分人群虽然生活在城镇，在城镇就业，但就业层次仅限于次级劳动市场，大多数从事非正规工作，且有限地参与城市的劳动分工，劳动强度大且收入不稳定；他们并未真正融入城镇，更未融入城镇的社会、制度和文化之中（王春光，2006）。户籍制度引致的这种就业不公平问题不仅扩大了城镇不同户籍人口之间、城乡不同户籍人口之间的收入差距，也加剧了整个社会的收入不平等程度。2014—2020 年，中国居民人均可支配收入基尼系数一直保持在 0.4—0.5；2020 年末，中国居民人均可支配收入基尼系数为 0.468，比 2003 年（0.479）仅降低了 0.11。根据基尼系数衡量收入分配不平等程度的标准①可知，目前中国的收入分配不平等程度过大，居民收入贫富差距仍较大。收入不平等拉大了城乡发展差距，加剧了城镇落户难、乡村发展慢等问题，增大了城乡融合发展面临的阻力。

三、城乡二元户籍制度导致城乡资源配置不均

城乡二元户籍制度与资源、利益和权利的配置相嵌套，导致城乡资源配置不均，城乡发展差距不断扩大。城乡资源配置不均体现在以下两个方面：其一，城乡地域人口之间的资源配置不均衡。城乡二元户籍制度不仅从身份上将城镇和乡村人口进行了界限划分，而且也对二者的生产生活地域空间进行了划分。城镇优先发展政策使城镇比乡村享有更多的资金、技术、人才、扶持政策等资源。同时，城镇化的快速发展逐渐扩大了城乡在政治、经济、社会、文化等不同层面的差距。其二，城镇常住人口中城镇户籍人口与农业转移人口之间的资源配置不均衡。这两部分群体均为政府税收作出贡献，但二者所配置的社会资源却存在十分明显的差异。城镇户籍人口能享受到教育、补贴、劳保福利、社会保障以及医疗、教育、住房和失业保障等各方面的优厚待遇，而农业转移人口却仅仅因为户籍原因被排除在外，自然享受不到这部分益处。

在这种城乡二元结构下，城乡资源的配置并非通过市场手段来完成，而是由政府根据户籍的性质即城乡分割的性质来进行分配。从经济学的角度来看，这种资源配置方式是无效率的，不是帕累托最优的。城镇对资源要素的单向虹吸效应导致乡村空心化、老龄化问题突出，乡村对要素的吸

① 基尼系数衡量收入分配不平等程度标准：基尼系数小于 0.2 时，居民收入过于平均，0.2—0.3 时较为平均，0.3—0.4 时比较合理，0.4—0.5 时差距过大，大于 0.5 时差距悬殊。

引能力不足，乡村全面建设和发展缺乏资金、技术和人才的支持。

第二节 城乡二元资本投入体制障碍

目前，乡村全面振兴的资金需求缺口仍较大，乡村振兴相关项目建设资金的供需矛盾日益突出。与城镇相比，乡村吸引资本的能力较弱，在融资上处于“融资难、融资贵和融资慢”的现实困境中。城乡资本投入体制的巨大差异制约着乡村全面振兴和城乡融合发展。

一、财政投入制度的弊端导致乡村振兴整体资金投入不足

由于财政投入资金监管机制的缺失和不完善、地方财政投入制度的城镇偏向性、“乡财县管”的财政支出集中制度导致的“财政资金错配”等弊端的存在，用于助力“三农”发展和乡村振兴的财政资金投入不足，乡村产业发展、生态环境治理等乡村建设工作因缺少资金保障而难以持续开展。

一是财政投入资金监管制度的缺失和不完善导致乡村振兴的政策支持资金落实不到位。2021 年，财政部审计工作报告显示，19 个县巩固“两不愁三保障”的力度有所放松，共涉及 7.37 万名群众。住房保障上，个别基层搞面子工程，未进行实质性加固，450.26 万元帮扶资金实质浪费。行政体系庞杂是监管体系不完善和监管措施实施不到位的重要原因，加上不同层级政府间的勾结和腐败行为的存在，资金使用监管缺失、项目资金未落到实处的现实乱象屡有发生。

二是偏向城镇的地方财政投入机制使用于乡村建设和发展的财政投入资金比例较低，支撑和保障乡村全面振兴的力度不够。地方政府为了实现地区经济增长和政治晋升，往往会制定和实施城镇偏向的财政支持政策，导致城镇的财政投入占比偏大（靳涛等，2014），支持“三农”发展的财

政投入占比偏小。城镇偏向的财政政策扩大了城乡收入差距，严重阻碍城乡融合发展进程（苏春红等，2022）。

三是“乡财县管”的财政支出集中制度导致乡村建设资金支出结构不合理。在“乡财县管”的财政支出集权制度下，地方政府统筹用于乡村建设的资金安排。政府绩效考核评估的压力使地方政府偏重对基础设施建设的财政投入，而忽视对人力资本和社会保障的财政支持。这种“财政资金错配”行为间接导致了地方财政支出对地方民生性支出的“挤出效应”（姚鹏等，2022）。地方民生性财政支出捉襟见肘，乡村全面建设和发展也难以为继。

二、“社会资本”供给不足导致乡村发展缺少稳定的资金来源

“社会资本”能为乡村建设带来丰富的生产要素和先进的生产方式，有利于提高农民组织化程度，是全面推进乡村振兴，加快农业农村现代化的重要支撑力量。引导“社会资本”合理有序地参与乡村振兴 13 个重点产业和领域①的投资建设对于实现城乡融合发展至关重要。目前，“社会资本”参与乡村建设的程度较低，乡村的建设和发展对资金的巨大需求尚未得到满足，乡村富民产业、农业科技创新等乡村重点产业和领域的发展也因此受到制约。乡村的“社会资本”供给不足导致乡村的全面建设缺少稳定的资本投入，无法实现与城镇化发展的有效衔接，阻碍了乡村振兴与新型城镇化的耦合发展。乡村“社会资本”供给不足的体制机制障碍主要体现在：

一是“社会资本”在乡村的市场化运行机制尚未建立。由于资本的逐利性和风险规避性，“社会资本”缺乏下乡发展的内源驱动力；而政府的

---

① 乡村振兴 13 个重点产业和领域指：（1）现代种养业；（2）现代种业；（3）乡村富民产业；（4）农产品加工流通业；（5）乡村新型服务业；（6）农业农村绿色发展；（7）农业科技创新；（8）农业农村人才培养；（9）农业农村基础设施建设；（10）数字乡村和智慧农业建设；（11）农村创业创新；（12）农村人居环境整治；（13）农业对外合作。（资料来源：农业农村部计划财务司．社会资本投资农业农村指引（2022 年）［EB/OL］．（2022－04－02）［2022－08－20］．http：//www.moa.gov.cn/govpublic/CWS/202205/t20220516_6399367.htm.）

支持力度不足使“社会资本”缺少向乡村发展延伸的外在驱动力。由于内外驱动力的缺乏，“社会资本”的主体参与乡村建设和发展的积极性较低，导致乡村“社会资本”供给不足，且市场化运行机制难以建立。缺少了市场化运行机制，乡村振兴无法得到“社会资本”的有效支持。

二是“社会资本”面临的违约风险高。与城镇人口相比，农村的人口素质相对较低，守信精神和契约精神不强，加上乡村法律体制的不完善和乡村信任规范体制机制的不健全，“社会资本”无法规避农村居民的违约风险。

三是“社会资本”投融资渠道不畅通。目前，乡村的全面建设和发展主要集中在基础设施和乡村产业上。对于乡村基础设施的建设项目，“社会资本”面临的投资门槛较高，导致“社会资本”参与主体的数量较少。对于乡村产业发展的项目投资，由于耕地红线、投资生产规模不经济、建设用地指标限制等综合因素的影响，“社会资本”投资回报的长期性和稳定性较低，其对乡村产业发展的投资动力不足。同时，“社会资本”的信贷支持力度不够，中小企业面临的融资约束较大，导致“社会资本”下乡发展面临“融资难、融资贵”的现实难题。

四是“社会资本”与政府、农民之间互利共赢的合作机制有待建立和完善。土地流转和征用不合规、利益分配不公平等问题导致“社会资本”与政府无法形成合作共赢机制。受到信息不对称、农民信息获取能力和谈判能力不足等因素的影响，农民在资本市场处于弱势地位，加上“社会资本”的逐利性，“社会资本”不合理使用和掠夺式开发土地资源的现象层出不穷，导致土地硬化、退化等问题（席月民，2022），损害了农民的利益。“社会资本”与农民之间矛盾突出，纠纷事件屡有发生，二者合作、互信、共赢的体制机制无法建立，乡村发展缺乏内源驱动力。协调政府、“社会资本”和农民三方形成良性互动、合作共赢的体制机制是未来提高乡村发展可持续性和城乡衔接有效性的重点工作。

三、金融资本投入机制缺位导致乡村振兴“融资难”“融资贵”

多地在乡村振兴政策实施过程中均出现资金缺口大、资金投入单一等问题，因此仅靠政府的财政支出不足以满足乡村振兴项目建设的资金需求。乡村是金融行业发展的“蓝海”市场，具有值得深入挖掘的潜在价值，实现金融资本和乡村振兴项目的有效衔接是一种双赢的发展策略。然而，城乡二元经济结构使金融行业的发展在城乡间也表现出二元性特点（王少国等，2014），且金融发展表现出明显的城市偏向性，城乡间金融机构的数量以及金融服务的质量和效率差异较大。目前，金融资本在乡村振兴战略实施过程中主要面临“输出难”和“申请难和贵”两个问题。首先是“输出难”的问题。由于资本的逐利性和乡村金融市场的低收益高风险特征，很大比例的金融机构不会主动向乡村提供丰富的融资服务和投放大量的信贷资源，而更倾向于将这些金融服务和资源投入到城镇化的建设和发展中。金融资本的这种选择偏向性导致乡村金融产品的供给不足，金融资本输出困难，城乡融合发展受阻。其次是“申请难和贵”的问题。金融借贷成功与否主要取决于是否有产权明晰的物质资产抵押物和借贷人的征信情况这两个方面。乡村住房不属于商品房，因此不能作为抵押品进行借贷；同时，很多农户和小微企业的诚信意识不强，导致金融机构面临不确定性风险。与城镇相比，乡村金融借贷的期限较短，借贷利率较高，因此乡村金融的借贷成本高，加剧了“贷不了、不想贷”现象的发生。规模小但数量庞大的小微企业是乡村振兴的重要力量，融资难和融资贵的问题会增加小微经营者对未来发展的悲观预期，进而降低其投资意愿和投资规模，阻碍城乡融合发展（侯宝锋等，2022）。

四、个体自有资本差异扩大了城乡收入差距

城乡户籍人口的个体自有资本是乡村振兴项目建设资金来源之一。然而，由于城乡户籍人口在资本原始积累、受教育程度、获取信息和处理信息的能力、资本管理能力和意识等不同层面的差异，城乡户籍人口在项目投资上的行为和结果差异巨大。很大比例的城镇户籍人口具有一定的资本积累，具备一定的投资知识和资本管理能力，因而会积极投资于乡村振兴建设项目以获得经济回报。城镇户籍人口所带来的投资资本远高于乡村，

且投资方向多为乡村的短期新基建建设项目。这种短期的投资行为目的在于获取短期回报，投资资金会随着项目的结束而被撤走，导致了城镇对乡村资源的间接夺取，不能为乡村全面建设提供长期、稳定的资金来源。乡村绝大部分的户籍人口，由于资本积累程度低，资本管理意识薄弱，也不具备投资知识和能力，因而往往不关注项目投资，也不敢将自有资金投资于乡村振兴建设项目中，进而无法共享乡村全面振兴的建设成果。城乡个体自有资本的巨大差异和城镇自有资本的投资偏向性导致乡村全面建设无法形成自有资本“投资—收益—再投资”的良性循环，城乡收入差距被进一步拉大。

第三节　城乡二元土地制度障碍

中国城乡二元土地制度是指中国城镇土地国有制和农村土地集体所有制并存的土地所有权制度，《中华人民共和国宪法》（1982 年）对城乡土地归属作出明确规定①，形成了两种不同的土地使用权交易市场。1982 年至今，中国土地制度经历了家庭联产承包责任制改革，农村“三权分置”的土地制度改革，农村土地征收、集体经营性建设用地入市、宅基地制度改革以及农村土地产权流转交易制度改革等不同历史阶段的土地制度改革（韩长赋，2019）。城乡二元土地制度通过土地财政问题、土地的增值收益分配问题、土地规模化程度问题、城乡土地权能差异问题四个层面制约乡村振兴与新型城镇化的耦合发展。

① 《中华人民共和国宪法》（1982 年）中对城乡土地归属的规定：城市以及矿藏、水流、海域、森林、山岭、草原、荒地、滩涂等自然资源属于国家所有，除法律规定属于国家所有以外的农村和城市郊区土地、宅基地和自留地、自留山以及法律规定归集体所有的土地和森林、山岭、草原、荒地、滩涂，属于集体所有。

一、土地财政问题

土地财政指地方政府通过流转土地使用权获得财政收入并将其用于财政支出的行为。2021 年，我国地方财政收入为 111077 亿元，同比增长 10.9%，其中土地财政收入为 87051 亿元（占比 78.37%），同比增长 3.5%。图 4－3 显示了 2012—2021 年中国土地财政收入及其占地方财政收入比例变化情况。可以看到，中国土地出让收入呈逐年上升的发展态势，其占财政收入的比例整体呈波动上升的发展趋势，2020 年比例达到最大（超过 80%），在 2021 年略有下降，但仍维持在 70% 以上。从土地财政收入的使用范围①可以知道，很大比例的土地出让收入会被用于市县的城镇化建设，而用于被征地农业人口的补贴仅占极小的部分。这种土地财政制度导致乡村财富流向城镇，使城乡差距扩大。

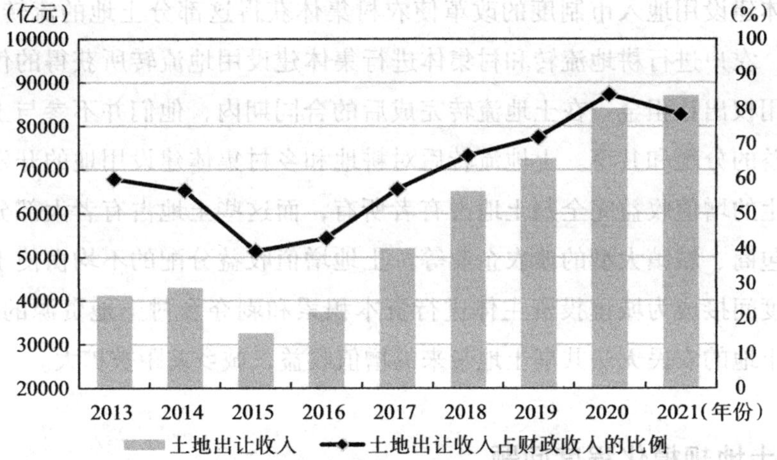

图 4－3 2012—2021 年全国土地出让收入及其占地方财政收入比例时序变化

资料来源：中华人民共和国财政部国库司 2012—2021 年财政收支情况。

---

① 土地财政收入的使用范围包括：第一，征地和拆迁补偿支出；第二，土地开发支出；第三，补助被征地农民社会保障等支出；第四，农村基础设施建设支出；第五，农业土地开发支出；第六，城市建设支出；第七，耕地开发、土地整理、基本农田建设和保护支出；第八，城镇廉租住房保障支出；第九，土地出让业务支出；第十，破产或改制国有企业土地出让收入用于职工安置等支出。

二、土地增值收益的分配问题

土地增值收益可分为两部分：一部分是国家或地方政府对土地开发和利用所获得的收入，另一部分是承包商、涉农企业等社会主体对乡村土地开发和利用所获得的收入。这两种土地增值收益在城乡间的分配是非均衡的。一方面，国家或地方政府对土地开发和利用所获得的收入会被纳入国家或地方财政。其中大比例的财政收入被用于城镇化建设，而用于乡村发展建设的比例较小，导致城乡难以平等共享土地开发利用带来的增值收益。另一方面，村集体和农户没有参与乡村土地增值收益的分配。

在土地“三权分置”制度改革背景下，国家享有土地的所有权，农户享有土地的承包权和经营权，其耕地的流转成为可能。农业转移人口可以将其拥有的土地流转出去，获得土地流转租金，进而丰富其收入来源。农村集体建设用地入市制度的改革使农村集体获得这部分土地的流转租金。然而，农户进行耕地流转和村集体进行集体建设用地流转所获得的仅有土地使用权出让租金。在土地流转完成后的合同期内，他们并不参与土地增值收益的分配和共享。土地流转后对耕地和乡村集体建设用地的开发利用所产生的增值收益完全归土地占有者所有，而这些土地占有者大部分为土地承包商、城镇大型的涉农企业等。土地增值收益分配的不均衡使土地流转制度间接成为城镇投资主体进行资本积累和剥夺乡村土地资源的手段。流转土地的农民无法共享土地带来的增值收益，城乡差距被扩大。

三、土地规模化程度问题

土地财政助推了城镇地价和房价高企现象的产生，增加了城镇流动人口的落户难度，阻碍了人口城镇化的进程。同时，大部分“半城镇化”人口从事收入低、劳动强度高的短期工作，面临着难以融入城镇生活、城乡歧视严重等现实困境（刘守英等，2018）。因此，农业转移人口的理性选择是：保留土地使用权，而不是将其流转出去，以备不时之需。未进行流转的土地，一部分未被种植作物，出现“耕地荒芜”现象；另一部分会由进城务工的农业人口实施返乡种植作物，形成了独特的“季节性人口流动”现象。

乡村土地无法顺利流转和土地的分散耕作导致土地无法进行规模化开发和利用，土地利用效率较低。土地规模化程度和土地利用效率较低导致农业现代化水平低，农业生产率得不到提升，乡村产业发展也吸引不了涉农企业进行大规模投资。乡村土地资源的发展潜力无法得到充分激发，乡村振兴的内生动力不足。

四、城乡土地权能差异问题

在城乡二元土地制度下，城乡形成了两种土地使用权交易市场。城镇土地市场发展完善，交易体系、政策制度和法规较为成熟，且有很丰富的实践经验；农村土地市场发展相对落后，农村土地交易主要是指集体建设用地和集体农用地的使用权流转（张远索，2013）。城乡土地使用权交易市场的二元对立导致了城乡土地权能的巨大差距。城镇偏向的发展策略导致了城市对乡村土地资源和土地价值的剥夺（陈坤秋等，2019），进一步拉大了城乡土地权能的差距。城镇建设用地权能相对完善，具有交易、融资等多重属性，有助于推动城镇资金流动和城镇化建设步伐。

反观农村土地市场，由于土地市场和土地制度的不完善，农村集体建设用地和集体农用地交易的公平性得不到制度保障，农村土地的市场价值不高，潜在价值有待挖掘。同时，城乡土地权能差距意味着城乡同样面积土地的价值差距巨大，导致城乡土地无法进行平等交易，农村土地也无法在土地市场上进行充分流转。城乡土地权能的巨大差异导致城乡地域空间无法实现统筹规划和规模化经营，阻碍了城乡一、二、三产业的融合发展，制约着乡村振兴与新型城镇化的耦合发展。

第四节　城乡工业化分离体制障碍

中国工业化最初的目的是以城市为中心，依靠农村资源供给，建立一套完整的工业发展体系。由于二元户籍制度的存在，农民并未直接参与中国早期工业化进程，而是通过农业生产支持城镇化发展的方式间接地参与中国早期工业化进程。直到 1985 年中央一号文件明确提出“在各级政府统一管理下，允许农民进城开店设坊，兴办服务业，提供各种劳务”[①]，大量农业人口进城就业、创业，极大地推动了城镇化和工业化的发展。

城镇化和工业化的快速发展是以牺牲农业、农村和农民为代价换来的，城镇对农村单向的虹吸效应导致农村工业化进程远远滞后于城镇。在这一过程中，城乡工业化分离模式逐渐形成，城乡工业化分离的体制机制也得以建立和发展。科技革命和信息革命这两次工业革命的兴起则进一步拉大了城乡工业化发展差距。“以工促农”“以城带乡”“城乡联动”等政策的施行虽然改善了城乡工业化发展的对立和分离状态，但并未从根本上动摇城乡工业化分离体制。城乡工业化分离体制仍然是制约城乡产业发展活力、阻碍城乡融合的重要制度性因素，其对乡村振兴与新型城镇化耦合发展的阻碍作用具体表现为以下三个方面。

一、城乡工业化分离体制导致乡村产业市场竞争力弱

城乡工业化分离体制导致乡村产业市场竞争力远小于城镇，城乡产业发展差距较大。与城镇工业化企业相比，乡镇工业化企业基础薄弱、发展规模小，且政府对乡镇企业的财政支持力度不够。同时，大多数乡镇企业采用和城镇工业化企业相同或类似的生产加工模式，企业同质化问题严

---

① 人民日报．中共中央 国务院关于进一步活跃农村经济的十项政策［EB/OL］．（1985－01－01）［2022－08－20］．http：//www.reformdata.org/1985/0101/9438.shtml.

重，导致乡镇企业的市场竞争力远低于城镇工业化企业。以出口为导向的工业化发展则进一步加剧了城乡工业化企业之间的差距。在当前国际国内双循环的发展背景下，国内市场与国际市场联系日益紧密，城乡工业化发展差距带来的后果则更为严重：乡镇企业的发展空间逐渐被压缩，吸纳农村剩余劳动力的能力逐渐减弱，最终退出竞争市场，产生大量失业问题，对乡村经济社会的发展产生强烈冲击。

二、城乡工业化分离体制导致农村产业缺乏有效衔接

城乡工业化分离体制使农业和其他产业之间无法实现有效衔接，脱钩现象明显。由于缺少资本的原始积累，且政府财政支持的力度不足，加上乡村对资源、要素的吸引力不足，乡村工业化发展无法像城镇工业化发展那样实现快速的资本积累。同时，乡村工业化发展仅仅照搬照抄城镇工业化模式，而没有结合自身所具有的资源禀赋优势和发展特色，导致农业发展对工业发展的支撑作用无法发挥，农业和其他产业的脱钩现象也由此产生。脱钩现象的存在使乡村工业化与农业发展之间无法形成农产品生产、加工和流通的有机联系，导致乡镇企业发展内生动力不足，农民共享乡村工业化发展的成果也十分有限。

三、城乡工业化分离体制导致乡村工业化进程缓慢

城乡工业化分离体制导致乡村工业化进程缓慢，城乡产业难以实现联动发展。城乡工业化分离体制阻碍了乡村工业化进程，导致乡村工业化水平和发展阶段落后于城镇。乡村产业因此缺少了对接城镇产业发展所需要的基本物质条件，城镇产业带动乡村产业发展面临重重阻碍。同时，科技革命和信息革命完全改变了城镇工业化发展走向和发展速度，扩大了城乡工业化发展差距，增加了城乡产业联动式发展的难度。例如，乡村工业化发展水平较低不利于乡村的土地规模化经营，导致农业新兴技术的推广使用遇到障碍（梁书民，2021）；乡村工业化基础设施建设不足导致城镇新

兴产业下乡发展的动力不足等。

城乡工业化分离体制使城镇产业与乡村产业无法实现联动发展，导致乡村新型工业化进程缓慢且对农业农村现代化发展、乡村绿色发展、乡村文明建设等方面的支持作用十分有限，严重阻碍了乡村农业、工业、生态产业、文化产业等不同层面的融合发展。

第五节　城乡二元公共服务制度障碍

一、城乡社会基本公共服务

基本公共服务指一国或地区政府为保障公众的基本生存权、满足基本尊严（或体面）和基本能力的需要、满足基本健康需要等而提供的公共服务。基本公共服务包括：生育保障、义务教育、基本医疗、基本社会保障、公共就业服务等。2021 年 3 月 30 日，国家发改委联合国家卫生健康委、财政部等多个部门印发的《国家基本公共服务标准（2021 年版）》中对实现幼有所育、学有所教、劳有所得、病有所医、老有所养、住有所居、弱有所扶、优军服务保障和问题服务保障等 9 个层面的社会基本公共服务保障标准进行了量化规定。

目前，中国已经建立了相对完善的社会基本公共服务体系，正在逐步改善和提高人民的公共权益。然而，中国社会基本公共服务发展不平衡不充分这一现实问题依然严峻，城乡不同人群间所享受的基本公共服务差异较大。城乡间基本公共服务的差距主要体现在质量上城“优”乡“劣”、数量上城“多”乡“少”、获取便捷性上城“高”乡“低”三个方面（李实等，2022）。

首先，城市能提供比农村更高质量的基本公共服务。人口、资本、技术等要素的大量聚集使城镇经济社会的发展程度远高于乡村，且在基本公共服务供给上的规模效应大，人均供给成本低，优质的教育、医疗等基本公共服务在城市也更为集中。其次，城镇提供的基本公共服务数量远多于乡村。乡村经济社会发展水平远低于城镇，且财政支持力度更是不如城镇；这直接导致乡村基本公共服务供给不足。2021 年末，全国卫生人员[①]总数为 1398.3 万人，其中卫生技术人员数量为 1124.2 万人（包含乡镇卫生院卫生技术人员 128.5 万人），持乡村医生证的人员和卫生员人数为 69.7 万人。全国卫生机构床位数为 944.84 万张，其中医院的床位数为 741.26 万张，基层医疗卫生机构床位数为 171.21 万张（包含乡镇卫生院床位 141.74 万张）[②]。最后，城镇基本公共服务获取的便捷性远高于乡村。与城镇相比，乡村地域面积广阔、人口相对分散，加上公路、交通等基础设施的建设和发展水平较低，乡村人口获取基本公共服务的成本大且便捷性低。

城乡基本公共服务在质量、数量和获取便捷性上的差距制约着城乡社会一体化发展，也不利于城乡社会的全面进步和人的全面发展，进而阻碍了乡村振兴与新型城镇化的耦合发展。

二、城乡社会非基本公共服务

非基本公共服务指为了满足社会上对多样化的、更高层次的公共需求和提高社会整体福利水平而提供的服务和产品，例如，教育领域的高等教育、非义务教育阶段的特殊教育等，社会福利领域的为老年人、残障人士等特殊群体提供的专业服务等。

非基本公共服务是基于中国当前社会主要矛盾不断深化的背景而被提出来的，主要由准基本公共服务和经营性公共服务两部分内容构成。准基本公共服务指由政府、企业、社会组织等多元主体提供的需要政府给予政

---

① 卫生人员包括卫生技术人员、持乡村医生证的人员和卫生员、其他技术人员、管理人员、工勤技能人员。按在岗职工数统计，包括在编、合同制、返聘和临时聘任半年以上人员。

② 数据来源：2021 年我国卫生健康事业发展统计公报，http://www.gov.cn/xinwen/2022-07/12/content_5700670.htm.

策支持、营利性较低的公共服务。经营性公共服务指完全通过市场化方式提供的用以满足不同群体多样化需求的公共服务。目前，城乡非基本公共服务供给不足，无法满足人民群众的多样化、高层次需求。城镇和乡村的非基本公共服务供给总体上是短缺的；但与城镇相比，乡村的非基本公共服务供给更少。缺少社会非基本公共服务的支持，乡村全面建设缺乏对人才的基础性保障和吸引力。城镇非基本公共服务供给的相对不足不仅会拉大不同人口规模城镇之间的发展差距，也会降低中小城镇对新时代人才的吸引力，不利于新型城镇化的快速发展；不仅制约着乡村全面振兴和新型城镇化进程，也导致城乡无法通过人才这一要素实现有效衔接，进而无法顺利实现二者的融合发展。

第六节　城乡二元社会治理制度障碍

社会治理是指政府、社会组织、社区及个人等多主体共同参与，以政策、制度、法规为引领，对经济、政治、社会、文化、生态文明等不同层面的事务进行整治和管理的过程。效率、平等、稳定是社会治理的三大目标，也是社会治理水平的三条重要评价标准（党国英，2020）。社会治理有狭义和广义之分，“狭义的社会治理是指对社会基层社区和基层组织的管理；广义的社会治理是指政府在公共领域对社会基本结构的塑造、对非市场竞争关系的调节以及对各类非政府组织的管理”①。本书的社会治理是指其狭义上的含义，治理对象为基层社会和组织。社会治理制度是指实施主体对社会实施管理的过程中所采取的措施与规定。实施主体是多元的而非单一的，通常由政府、社会组织、社区以及个人等多种主体构成。实施对象是社会，即某一阶级或某些范围的人所形成的集合体。社会治理水平事关群众切身利益，事关社会和谐稳定。提升城乡社会治理水平和能力、

① 党国英．论城乡社会治理一体化的必要性与实现路径——关于实现“市域社会治理现代化”的思考［J］．中国农村经济，2020（2）：2-13.

完善和改革城乡社会治理制度，对于缩小城乡发展差距、实现城乡治理一体化发展和乡村振兴具有重要意义。

目前，城乡二元社会治理制度的巨大差异和新的特殊社区面临的社会治理制度难题严重制约着城乡社会治理一体化进程，阻碍了乡村振兴与新型城镇化的耦合发展。

一、城乡二元社会治理制度阻碍了城乡社会治理一体化进程

1949—1978 年，随着城乡二元结构的产生和发展，城乡形成了二元的社会治理制度。此后，城乡社会治理制度经历了“管控—经营—管理—治理”这四个阶段的发展历程（陈鹏，2018）。城乡社会治理制度在变革中得到不断发展和完善，但二者之间还存在较大差距，主要体现为：第一，城乡社会治理体制变革的差异较大；城镇的社会治理制度随着城镇化进程的加快日新月异，而乡村社会治理体制变化缓慢，许多基础性管理制度仍沿袭旧制，尚未发生根本变化，例如行政区划制度。第二，乡村的行政村同时具有公共服务职能和集体经济管理职能，不利于人口跨行政区流动，而城市的这两种职能是分开的，因此不会限制人口跨行政区流动。第三，城乡集体经济组织的公平性存在较大差距。乡村集体经济组织成员设定原则由“带地入社”转变为“户籍变迁、政府移民政策导致的人口迁移等可获得入会权”，这导致了乡村集体经济的不公平现象。城镇集体经济组织与成员的居民身份是相互独立的，且集体经济组织内部权责清晰、运行稳定，经济效率和平等性有制度保障。

二、特殊社会区的出现对城乡社会治理一体化发展提出了新挑战

中国经济社会在快速发展过程中实现了一系列的结构性变迁，导致城乡二元社会治理结构在一定程度上被打破。其中之一就是在传统的城镇社会与乡村社会之外生成了一些新的特殊社会区，独立于城镇社会和乡村社

会的特殊社会区主要有“开发区、城中村、特色小镇、田园综合体[①]”，特殊社会区在一定程度上突破了城乡二元社会结构，形成了独特的治理条件，导致城乡二元社会治理体制“失灵”。

在社会形态上，特殊社会区内城乡要素彼此交融、渗透；在空间格局上，特殊社会区内的生产、生活、生态呈现相互嵌套的特点；在社会治理方式上，政府、企业、群众等多元主体共同参与特殊社会区的治理（卢福营等，2020）。特殊社会区在社会结构、社会形态上与城市和乡村有较大差异，传统的城市和乡村的基层社会治理体制均无法完全用于特殊社会区的社会治理，导致中国目前的社会治理结构由二元转变为三元。这种三元的社会治理结构是在中国城乡经济社会走向融合发展过程中产生的。解决城乡社会治理的制度性差异和特殊社会区面临的制度性难题将有助于实现城乡社会治理一体化，进而推动乡村振兴与新型城镇化实现耦合发展。

第七节　本章小结

本章从城乡二元户籍制度及其衍生的城乡二元资本投入体制、城乡二元土地制度、城乡工业化分离体制、城乡二元公共服务制度与城乡二元社会治理制度等方面，分析了乡村振兴与新型城镇化耦合协调的制度障碍。

城乡二元户籍制度直接或间接地导致了两种城镇化率的长期差距、农业转移人口市民化进程缓慢、城乡资源分配不均等问题，阻碍了城乡资源要素的自由流动，扩大了城乡在资源禀赋、收入、资本积累等不同层面的巨大差距，由此衍生出的一系列制度性障碍制约了乡村振兴与新型城镇化耦合发展，具体体现为如下四点。

第一，城乡二元资本投入制度和二元土地制度导致乡村全面振兴对要素投入的需求得不到满足，乡村建设和发展的产出成效不显著等问题尤为

① 田园综合体是集现代农业、休闲旅游、田园社区为一体的乡村综合发展模式，是通过旅游助力农业发展、促进三产融合的一种可持续性模式。

突出。第二，城乡工业化分离体制造成了城乡产业市场竞争力的巨大差异和乡村农业与其他产业的脱钩发展，城镇产业与乡村产业无法实现有效衔接，阻碍了城乡统筹和产业融合发展。第三，城镇间公共服务的供给差异导致不同发展规模的城镇对人才吸引力的差距，不利于以人为核心的新型城镇化的发展，同时也导致了城乡生活质量的巨大差距，阻碍了乡村生活富裕的实现。第四，城乡社会治理制度的差异和特殊社会区面临的社会治理制度难题导致乡村振兴缺少安定、有序的社会环境，城乡社会治理一体化发展受到制约。综上所述，城乡二元机制体制严重制约了乡村振兴与新型城镇化耦合协调发展。

第五章　乡村振兴与新型城镇化的多维耦合机理分析

乡村振兴和新型城镇化是城乡融合发展的“一体两翼”（刘双双等，2021），对于解决“三农”问题具有重要意义。二者之间是相互作用、相互影响的动态耦合关系。这种耦合关系具体体现为“产业兴旺与产业城镇化的耦合关系”“生态宜居与绿色城镇化的耦合关系”“乡风文明与社会城镇化的耦合关系”“治理有效与空间城镇化的耦合关系”“生活富裕与经济城镇化的耦合关系”五对耦合关系。本章将从以上五个维度具体剖析乡村振兴与新型城镇化的耦合机理（图5－1）。

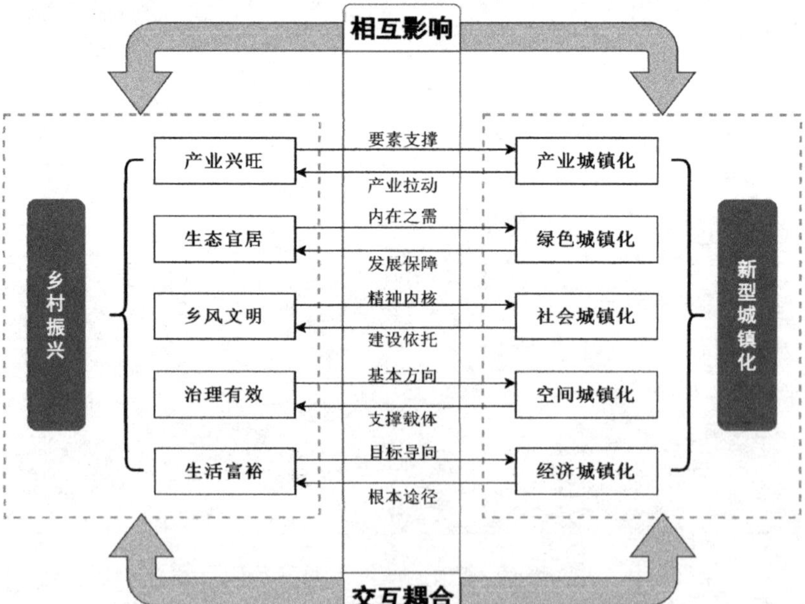

图5－1　乡村振兴与新型城镇化耦合机理示意图

第一节　产业兴旺与产业城镇化耦合机理

城乡产业的融合发展是乡村全面振兴和新型城镇化发展的根本支撑力量。对于乡村而言，产业的兴旺发展是推动乡村全面建设和发展的关键力量；对于城市而言，产业是城市发展的基础，城市是产业发展的载体，二者共生、共利。产业兴旺是乡村振兴的核心驱动力量（董翀，2021），也是解决乡村产业基础薄弱、城乡产业发展失衡和协同效率低等问题的关键。产业城镇化能为新型城镇化的快速发展提供坚实的经济基础，对于带动乡村产业发展、产城融合发展以及城镇化的高质量发展意义重大。

产业兴旺与产业城镇化是城乡产业一体化发展的两个重要方面，二者相互作用、相互影响（图5－2）。具体而言，产业兴旺为产业城镇化提供要素支撑，产业城镇化拉动产业兴旺，即一方面，产业兴旺通过提供劳动力、土地、初级农产品、自然生态景观等资源要素为产业城镇化提供支撑；另一方面，产业城镇化通过产业结构调整、产业空间布局优化、产业发展的可持续度和产业的外向性延伸促进乡村产业发展，实现产业兴旺。

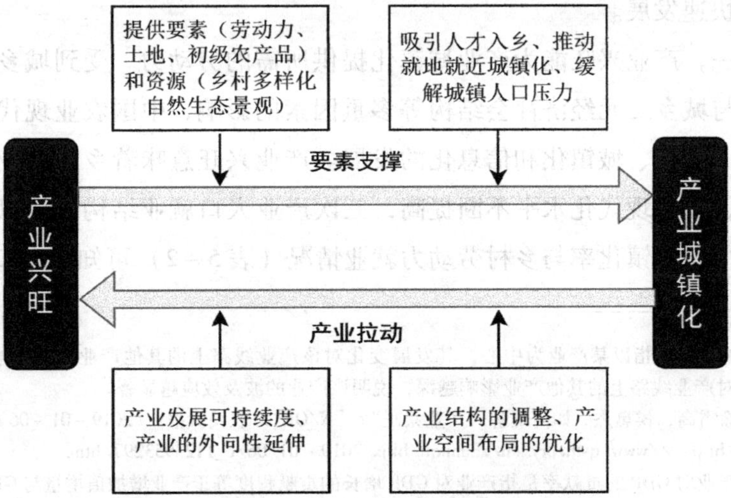

图5－2　产业兴旺与产业城镇化耦合机理示意图

一、产业兴旺为产业城镇化提供要素支撑

作为乡村振兴的首要任务和工作重点，产业兴旺就是要在充分利用乡村区位优势和资源禀赋的基础上，政府、企业、农户等多元主体共同推动乡村产业的集聚和不同产业的协同（郭俊华等，2021），推动乡村产业多元化发展，不断提升乡村经济综合附加值（温铁军等，2018），带动农民持续增收。产业兴旺具有以下多维特征："产业内容多样，产业结构优化；产业关联度高，波及效应①显著；产业组织完善，要素整体性强；产业布局科学，集群效应明显"②。某地区是否实现产业兴旺可根据产业兴旺的多维特征进行判断。产业兴旺对于国民经济社会的发展具有基础性和保障性作用。

自2014年以来中国的第一产业增加值占GDP的比重稳定在8%左右，对GDP增长的拉动一直在0.6%以下（表5-1）。以乡村地区为主要载体的第一产业增加值占GDP的比重较小，对GDP的贡献率③和对GDP增长的拉动作用不大，传统意义上的农耕模式已无法适应我国经济发展过程中出现的新特征，乡村产业结构亟待调整和优化。产业兴旺能为产业城镇化提供劳动力、土地、初级农产品、自然生态景观等资源要素，支撑产业城镇化的快速发展。

第一，产业兴旺能为产业城镇化提供所需的劳动力。受到城乡二元户籍制度与城乡二元经济社会结构等多重因素的影响，中国农业现代化发展滞后于工业化、城镇化和信息化的发展。产业兴旺意味着乡村产业结构不断升级，农业现代化水平不断提高，三次产业人口就业结构也得以不断优化。从中国城镇化率与乡村劳动力就业情况（表5-2）可知，2012—2021

---

① 波及效应指以某产业为中心，其发展变化对该产业线路上的其他产业产生影响的现象。若该产业对产业线路上的其他产业影响越深，说明该产业的波及效应越显著。

② 徐雪高，侯惠杰．如何理解"产业兴旺"？[N/OL]．农民日报，(2019-01-06) [2022-08-20]．http://www.qstheory.cn/zhuanqu/bkjx/2019-01/06/c_1123953297.htm.

③ 产业对GDP的贡献率是指产业对GDP增长的贡献程度等于产业增加值增量与GDP增量之比。增加值增量均按照不变价格计算。

表5-1　2014—2021年我国第一产业增加值与国民经济的关系

年份	GDP比上年实际增长（%）	第一产业增加值			
		比上年实际增长（%）	在GDP中的占比（%）	对GDP的贡献率（%）	对GDP的增长拉动（%）
2014	7.30	4.10	8.60	4.50	0.33
2015	6.90	3.90	8.40	4.40	0.30
2016	6.70	3.30	8.10	4.00	0.27
2017	6.80	4.00	7.50	4.60	0.31
2018	6.70	3.50	7.00	4.10	0.27
2019	6.00	3.10	7.10	3.90	0.23
2020	2.20	3.10	7.70	10.40	0.23
2021	8.40	7.10	7.30	6.40	0.54
2022	3.00	4.10	7.30	10.50	0.32

资料来源：《中国统计年鉴》、国民经济和社会发展统计公报、国家统计局关于GDP最终核实公告。

年常住人口城镇化率不断提高，农民工数量也随之不断增加，乡村就业和第一产业就业的人口占全社会就业人数的比重不断下降。2021年中国第一产业就业人数为17095万人（占比22.9%），与第一产业增加值占GDP的比重相差15.6%，这说明农业剩余劳动力还有进一步转移的空间。产业兴旺有助于提高第一产业劳动生产率，减少第一产业所需劳动力，推动农业剩余人口向县域城镇转移、向第二、三产业转移，为城镇产业的繁荣发展提供所需劳动力，优化一、二、三产业就业人口结构。

表5-2　2014—2019年中国城镇化率与乡村劳动力就业情况

年份	常住人口城镇化率（%）	农民工数量（万人）	乡村就业		第一产业就业	
			人数（万人）	在全社会就业人数中的比重（%）	人数（万人）	在全社会就业人数中的比重（%）
2014	54.8	27395	37943	49.1	22790	29.5
2015	56.1	27747	37041	47.8	21919	28.3
2016	57.4	28171	36175	46.6	21496	27.7
2017	58.5	28652	35178	45.3	20963	27.0
2018	59.6	28836	34167	44.0	20250	26.1
2019	60.6	29077	33224	42.9	19445	25.1

资料来源：中华人民共和国国家统计局2014—2019年《中国统计年鉴》《人力资源和社会保障事业发展统计公报》与《农民工监测调查报告》。

第二，产业兴旺能为产业城镇化提供土地要素，推动城镇产业扩张和空间布局优化。产业城镇化是城镇产业结构升级优化的过程，土地需求超过土地供给。产业兴旺意味着对乡村土地进行规模化利用和集约化管理，有助于推动城乡土地交易市场的统筹和一体化发展，挖掘和提高乡村土地价值。在耕地占补平衡制度背景下，土地的统筹规划和利用能促进城镇产业向乡村有序扩张，推动城乡产业实现有效衔接，优化城乡产业空间布局，为城乡产业一体化发展提供基础保障。

第三，产业兴旺能为产业城镇化提供丰富的初级农产品，促进城镇产业快速发展。产业兴旺既能为城镇产业发展提供基础支撑，也能使乡村产业融入产业链中，有利于提高链上相关企业的资源整合能力，大幅降低其生产成本。一方面，初级农产品可直接进入城镇市场，支撑城镇产业的发展，实现农产品的价值。例如，乡村粮食作物、瓜果蔬菜等可食用农产品生产基地为城镇建设、运行和发展提供了物质保障；花卉、植物等具备观赏性和生态价值的农产品生产基地能为城镇生态产业的发展提供支持。另一方面，初级农产品能对接城镇第二产业，使乡村产业嵌入相关产业链中。根据产业价值链理论可知，初级农产品作为加工原料进入价值链，有利于链上企业更好、更快地整合资源，既提升了农产品供应的效率和现代化水平，又降低了生产成本，同时也推动实现了农产品自身价值的不断提高，也实现了农民收入持续、稳定增加。

第四，产业兴旺能为产业城镇化提供多样的自然生态景观，促进城镇第三产业与农业融合发展。农旅融合是通过合理开发利用乡村土地资源并挖掘其生态景观价值而形成的一种农业农村和旅游业相互促进、和谐共生的新型经济发展模式。产业兴旺意味着乡村形成了能和城镇第三产业实现有机衔接的现代农业发展体系。这也使乡村能更好地呈现其优美多样的自然生态景观，进而吸引城镇人口到乡村旅游和消费，带动乡村相关产业和城镇第三产业的发展。乡村的生态价值因此得以挖掘，农旅融合的新业态得以形成，旅游产业链也得以延伸和发展。

第五，产业兴旺能通过推动就地就近城镇化来缓解城镇人口压力，促进城镇产业与人口城镇化协调发展。产业兴旺意味着乡村产业的多元化发展和生产过程中劳动分工的细化，意味着农民收入来源多样化和收入数量持续增加，这有利于吸引人口入乡返乡就业或创业，提高其就业稳定性和创业成功率，进而促进其就地就近在县域城镇的落户。在城乡户籍制度的不断改革和完善背景下，就地就近城镇化和县域城镇化是可行的发展方向，农业人口市民化进程将得到不断推进。这样既能避免乡村建设和发展过程中产生的人才流失、资金流通不畅等问题，又能缓解大城镇的人口压力，推动城镇产业与人口的协调发展，振兴乡村产业，实现农民增收和城乡融合发展。

二、产业城镇化拉动产业兴旺

产业城镇化指与土地城镇化和人口城镇化相适应的产业体系升级优化的过程（张敬岳，2021）。产业城镇化通过产业结构调整、产业空间布局优化、产业发展可持续度和产业的外向性延伸来实现产业兴旺。

产业结构调整能为产业兴旺提供推动力量。产业城镇化的本质在于产业结构的不断优化和升级，即三次产业协调发展且三者的比例关系逐渐趋于合理化和高级化。2021 年，美国的一、二、三产业增加值占 GDP 的比重分别约为 1%、18% 和 80%。2021 年，中国第一、二、三产业增加值占 GDP 的比重分别为 7.3%、39.4% 和 53.3%。自党的十八届三中全会提出产业转型升级以来，中国的产业结构得到不断优化（2013 年，一、二、三产业增加值占 GDP 的比重分别为 10%、43.9% 和 46.1%），但与美国等发达国家还有一定差距。产业结构不断调整的过程也是“以第二、三产业为主导、第一产业升级优化”产业结构体系逐渐形成的过程。产业结构调整包括产业结构合理化和产业结构高级化两个层面的内容。合理的产业结构具有以下特征：第一，各产业间能相互协调；第二，有较强的结构转换能力和良好的市场适应性；第三，产业间的数量比例关系、经济技术联系和相互作用关系趋向协调与平衡。产业结构合理化有助于高效衔接城乡产业，形成分工明确、生产有序、联系紧密的生产格局，提高城乡产业适应市场需求变化的能力，进而促进产业兴旺。产业结构高级化是指产业结构系统从低级形式向更高级形式的转化过程，即第一产业向第二、三产业转化、第二产业向第三产业转化的过程。产业结构高级化能提高生产要素组织程度，完善要素管理体系，提高生产效率以及产业价值，进而建成农业现代化产业体系，推动乡村产业兴旺发展。

产业空间布局优化能为产业兴旺提供基础保障。产业空间布局优化是指对不同产业在空间上的分布态势和地域上的组合方式进行规划和调整，充分发挥各产业的区位优势，通过产业集群效应最大化其生产效率和生产收益。产业空间布局优化有利于统筹城乡产业发展，推动城乡产业高效衔接和集群化发展，同时也能提高土地利用效率和城镇人口承载能力，为更多农业转移人口提供就业和生活条件，进而吸引其流向城镇，推动其就地就近落户城镇。例如，贵州普定县坚持以“新型城镇化 +”为主线，全力实施城镇带动、镇村联动、产城互动战略，在全县范围内发展韭黄、食用菌、茶叶、肉兔养殖“三种一养”产业，通过在工业园区科学规划农业、工业产业布局，形成产城互动发展格局，城镇建设和产业发展高度融合，为当地群众提供大量就业机会①。

产业发展可持续度能为产业兴旺提供持续性动力。2021 年 4 月，中国农业农村部发展规划司发布的《关于推动脱贫地区特色产业可持续发展的指导意见》中明确指出，要“顺应产业发展规律，拓展产业增值增效空间，创造更多就业增收机会，促进内生可持续发展”②，不断拓宽农民就业渠道，持续增强乡村发展活力。绿色发展的理念和政策导向、社会资金的持续参与以及合理分配的利益联结机制是产业可持续发展的三股重要力量。首先，绿色发展的理念和政策导向能促进产业长远发展。党的十九大报告中明确提出，“要建立健全绿色低碳循环发展的经济体系，推进资源

---

① 吕庆．奋进新时代 成就新希望丨普定县以开新局推动新型城镇化［EB/OL］．（2022 - 01 - 24）［2022 - 08 - 20］．https：//baijiahao. baidu. com/s？ id = 1722834062273651581&wfr = spider&for = pc.

② 中华人民共和国农业农村部发展规划司．关于推动脱贫地区特色产业可持续发展的指导意见［EB/OL］．（2021 - 04 - 07）［2022 - 08 - 20］．http：//www. moa. gov. cn/govpublic/FZJHS/202104/t20210409_6365545. htm.

全面节约和循环利用，降低能耗、物耗，实现生产系统和生活系统循环链接”①。实现经济增长、资源利用、生态环境三者之间协调发展是产业绿色化和可持续发展的重要内容。绿色发展的理念和政策导向有利于推动城乡产业绿色化和可持续发展进程，使城乡产业发展朝着“提高资源利用效率、减少污染排放”的方向发展，在推动产业兴旺的同时不降低乡村的生态环境质量。其次，社会资金的持续参与能推动产业可持续发展。社会资金的长期参与有助于维持资金链的稳健状态，实现资金的良性循环，能为城乡产业一体化发展提供资金保障，推动城乡产业长远发展。最后，合理分配的利益联结机制有利于巩固和提高产业可持续发展水平。在产业链的不同环节上构建各主体合理分配的利益联结机制有利于提高产业链上各主体的参与程度，扩大其参与范围，增强各主体利益关联度。农民不仅能参与附加值较低的产业链低端的生产，也能参与二、三产业的规模化生产和经营，更多地分享不同产业的增值收益。产业可持续发展有利于乡村产业融入到相关产业链中，实现农产品的多级增值，农民的就业渠道不断增加、就业质量不断提高，产业链上的各企业主体也获得增值收益，促进形成城乡产业融合发展的双赢局面；乡村产业发展可持续性不断提高，产业兴旺因此有了持续性保障。

产业的外向性延伸能为产业兴旺提供发展前景。产业的外向性延伸是指产品生产积极对接国际市场，发展出口导向型产业，同时吸引外资、国外先进技术等要素参与城乡产业发展的过程。产业外向性的提高不仅能为乡村产业发展带来资金、技术等重要生产要素，也能使乡村产业融入产业链中，不断提高农产品的附加值，推动农业高质量发展。发展外向型产业，就是要通过积极对接国际市场、参与国际分工和国际交换来带动地方产业发展。例如，河北县级市辛集从优化产业结构和提升城市能级等迫切需求入手，全力争创国家现代农业产业园区，依托保税物流中心吸引了505家进出口企业和多个大项目集聚，持续延伸产业链条。主要出口地为

① 共产党员网．习近平：决胜全面建成小康社会 夺取新时代中国特色社会主义伟大胜利——在中国共产党第十九次全国代表大会上的报告［EB/OL］．（2017－07－18）［2022－08－20］．https：//www.12371.cn/2017/10/27/ARTI1509103656574313.shtml.

美国、菲律宾、越南等国家，包括皮革制品、纱线等30余种货物；主要进口地为澳大利亚、意大利、德国等，包括羊皮、牛皮、机械、化工产品等10余种货物。2020年，河北省辛集市进出口总额为5.7亿美元，同比增加了3.34亿美元。①

第二节　生态宜居与绿色城镇化耦合机理

乡村是绿色发展的生态基底，也是消除和平衡城镇碳足迹、碳排放的生态屏障。2021年10月，中共中央办公厅、国务院办公厅印发的《关于推动城乡建设绿色发展的意见》（以下简称《意见》）中明确表示要“坚持效率与均衡并重，促进城乡资源能源节约集约利用，实现人口、经济发展与生态资源协调”②。生态宜居提倡保留乡土气息、保存乡村风貌、保护乡村生态系统、治理乡村环境污染，蕴含着人与自然和谐共生的生态理念。绿色城镇化是一种以环境友好、高效集约为条件，以实现经济社会与环境共融共生为目标的城镇化模式（冯奎等，2016）。推动城乡生态环境一体化发展对于乡村振兴与新型城镇化耦合发展意义重大。生态宜居与绿色城镇化彼此关联、相互作用。生态宜居是绿色城镇化发展的内在之需，绿色城镇化发展为生态宜居提供重要保障（图5－3）。

一、生态宜居是绿色城镇化的内在之需

生态宜居是提升乡村发展质量的基础，它包括以下三方面的含义：一是生活环境改善；二是基础设施齐全；三是基本公共服务质量得到提升。

---

① 任学光．河北辛集：聚外向型产业建开放新平台［EB/OL］．（2022－05－25）［2022－08－20］．https：//baijiahao. baidu. com/s？ id＝1733772981769475752&wfr＝spider&for＝pc.

② 新华社．中共中央办公厅、国务院办公厅印发《关于推动城乡建设绿色发展的意见》［EB/OL］．（2021－10－21）［2022－08－20］．http：//www. gov. cn/zhengce/2021－10/21/content_5644083. htm.

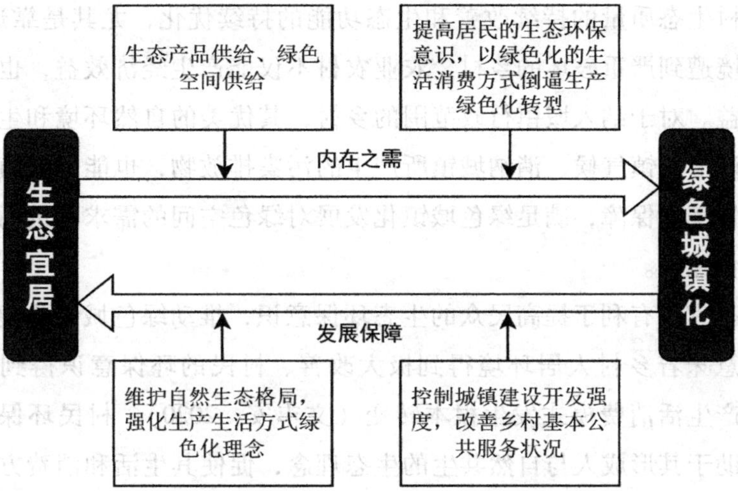

图5-3　生态宜居与绿色城镇化耦合机理示意图

实现生态宜居，就是要加强农村资源环境保护，大力改善水、电、路、气、房、讯等基础设施，以尊重、顺应、保护自然的生态文明理念，统筹山、水、林、田、湖、草、沙保护建设，保护好绿水青山和清新优美的田园风光。生态宜居能为绿色城镇化发展提供生态产品，满足绿色城镇化建设对绿色空间的需求，提高民众生态环保意识，进而推动绿色城镇化发展。

生态宜居为绿色城镇化建设提供生态产品。农业是生态产品的重要供给者，乡村是生态涵养的主体区。生态宜居与绿色城镇化建设相匹配，能通过提供绿色城镇化建设所需的生态产品来实现和提升乡村生态资源价值。与绿色城镇化建设需求实现对接，乡村的生态资源可转化为生产要素。一方面，乡村可通过发展绿色产业，例如，发展具有绿化作用的植物、花卉培育产业等，对接城镇化绿化建设，推动绿色城镇化的建设和发展。另一方面，城乡产业融合发展过程中，乡村的生态景观可用于发展生态旅游产业，为城镇提供丰富的旅游资源，提高城镇化发展质量。生态旅游产业不仅能激发乡村发展活力，为农民提供增收渠道，同时也为城镇经济增长作出贡献，助力绿色城镇化建设。

生态宜居有利于满足绿色城镇化建设对绿色空间的需求。生态宜居意味着乡村生态质量的持续改善和生态功能的持续优化，尤其是靠近城镇、生态环境遭到严重破坏的乡村。农业农村不仅能产生经济效益，也能产生生态效益。对于纳入城镇行政范围的乡村，其优美的自然环境和生态景观不仅能调节城镇气候、消纳城镇所产生的污染排放物，也能为城镇建设和发展提供生态保障，满足绿色城镇化发展对绿色空间的需求，进而推动绿色城镇化建设。

生态宜居有利于提高民众的生态环保意识，推动绿色城镇化建设。生态宜居意味着乡村人居环境得到极大改善、村民的环保意识得到极大提高，生产生活消费模式发生根本转变（文丰安，2020）。村民环保意识的提高有助于其形成人与自然共生的生态理念，促使其生活和消费方式的绿色化转变，进而倒逼生产方式绿色化转型，不断改善乡村生态环境质量，充分发挥乡村的生态屏障功能，推动绿色城镇化的发展。

二、绿色城镇化为生态宜居提供发展保障

绿色城镇化是在科学把握中国城乡发展规律基础上，以绿色发展理念统筹城乡经济社会发展，推动中国经济绿色化转型和高质量发展的战略选择（张永生，2020）。绿色城镇化包括控制城镇建设规模和开发强度、改善乡村基本公共服务状况、维护自然生态格局和强化生产生活绿色化发展理念四个方面的内容。

控制城镇建设规模和开发强度是生态宜居的重要前提。城镇建设规模和开发强度应通过评估不同地区城镇资源环境承载力和国土空间开发适宜性来确定（王凯等，2021），以明确城镇建设和开发的边界，为实现生态宜居奠定基础。首先，控制城镇建设开发强度有利于推动城市发展由外延扩张式向内涵提升式转变，既避免了“摊大饼”式的盲目扩张，又提高了城镇发展质量，也保护了乡村的自然风貌和生态基底。其次，依托交通网络和河流水系，城乡环城绿化带和廊道的开发和建设有利于满足乡村对公共基础设施的需求，推动实现生态宜居。

改善乡村基本公共服务状况能为生态宜居提供基础保障。绿色城镇化

发展有利于改善乡村基本公共服务状况（例如医疗条件的改善、医疗服务效率和质量的提升，人居卫生环境污染的治理与优化，交通、网络、燃气管道等基础设施的建设和完善等），也有助于提高乡村居民生活质量和生活的便利性，持续改善乡村人居环境，进而不断提升乡村生态宜居性。

维护自然生态格局能为生态宜居提供良好的生态环境。绿色城镇化重视对城乡生态空间的保护和用途管制，通过绿色设计、绿色选材、绿色施工、绿色交付等绿色化方式建设城镇。这不仅能减少城镇建设对生态环境的破坏，保护了乡村自然生态，而且也有利于改善乡村生活生态环境和优化乡村的自然生态格局，为实现生态宜居提供良好的生态环境和优美的自然生态景观。

强化生活方式绿色化理念能为生态宜居提供可持续发展内生动力。绿色城镇化建设通过政策导向、环境改造、观念渗透等方式引导城乡居民形成生活方式绿色化理念。生活方式绿色化理念会改变城乡居民的消费偏好，进而促进其生活方式和消费行为的绿色化转型。反过来，生活和消费方式的绿色化转型会倒逼生产实现绿色化转型，推动构建城乡“三生融合”发展格局。生产生活方式绿色化转变能促使村民自觉保护人居环境和生态环境，持续稳步提高乡村生态宜居水平。

第三节　乡风文明与社会城镇化耦合机理

乡风文明是乡村振兴的“灵魂”，也是农业农村现代化发展的精神支撑和重要推动力量（唐成玲等，2022），能“为乡村振兴提供智力支持和精神动力；为完善农村基层民主建设奠定基础；是满足农民对美好生活需要的重要方面”①。随着城镇经济的繁荣、城镇功能的完善，人们的物质生活变得充裕，精神生活也更丰富，公共服务和配套设施体系也得到不断改

① 张华伟．乡风文明：乡村振兴之“魂”［N/OL］．学习时报，（2018－09－14）［2022－08－20］．http：//theory. people. com. cn/n1/2018/0914/c40531－30292760. html.

革和完善。乡风文明是社会城镇化延续发展的精神内核，社会城镇化为乡风文明建设提供依托（徐维祥等，2019）。二者相互影响，交互耦合，共同推动城乡社会融合发展（图5-4）。

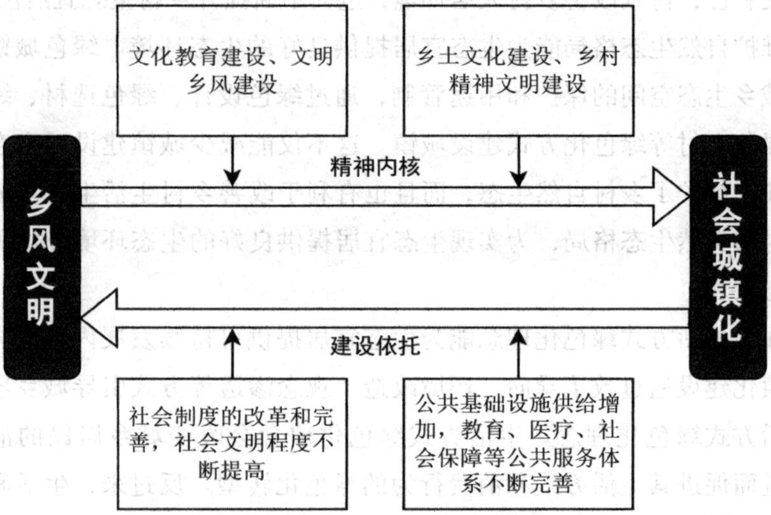

图5-4 乡风文明与社会城镇化耦合机理示意图

一、乡风文明是社会城镇化的精神内核

乡风文明，就是要改善乡村基础设施状况，促进移风易俗和文明进步，弘扬农耕文明和优良传统，提升农民综合素质和农村文明程度。乡风文明有利于营造良好的社会氛围，培育文明乡风、良好家风和淳朴民风，提高乡村社会文明程度（习近平，2019）。乡风文明是社会城镇化的精神内核，通过文化教育、文明乡风、乡土文化、精神文明四个方面的建设内容推动社会城镇化的发展。

文化教育建设为社会城镇化提供基础支撑。文化教育是乡村的重要支柱，具有为乡村发展培养人才、提供文化条件等重要功能。乡村文化教育建设能提高乡村居民受教育水平，提升乡村居民对乡土文化的认知水平（高维，2018），同时也能促进新型职业农民的培养和孵化，提高农业现代化水平。乡村人均受教育水平的提高有利于提升农业转移人口在城镇的就业能力，推动农业转移人口市民化进程。此外，乡村文化教育建设能提升乡村人口的文化素养，提高乡村社会文明程度，为乡村全面建设和发展创造和谐、稳定的社会环境。

文明乡风建设为社会城镇化提供坚实依托。第一，深入开展社会主义核心价值观的宣传教育是核心内容，有利于推动形成知荣辱、讲正气、树新风、促和谐的乡村社会文明风尚。第二，深化乡村精神文明建设是实施手段，有助于推动乡村社会形成诚信友爱、融洽和睦、团结稳定的人际关系。第三，乡村文化阵地是重要载体，加强乡村文化阵地建设有利于满足乡村居民对文化活动的需求，提高其精神层面的幸福感和满足感。第四，乡村社会治安综合治理是基础保障，有利于在法律和制度层面保障文明乡风的培育和推广。乡村文明素养的提升向社会传递了鲜明的价值导向，对于城镇社会发展的价值引领具有重要依托作用。例如，四川省宜宾市屏山县锦屏镇深入开展“文明家庭”“锦屏好人”等评选活动，挖掘道德模范鲜活事迹，形成了学习模范、尊崇模范的良好社会风尚，为文明城市的创建和乡村振兴汇聚了磅礴力量（黄明龙等，2021）。

乡土文化建设能为社会城镇化提供文化积淀。乡村具有深厚文化底蕴，是传统文化的重要载体，对城镇社会、文化的发展具有重要的支撑作用。乡土文化是乡村民众生活智慧的结晶，主要分以下四类：农耕文化、乡村手艺、乡村景观文化和乡村节日与习俗①。乡土文化建设有利于农村特色文化的传承和发扬，通过城乡结合的文化产业支撑城镇社会发展，推动城乡文化的融合与创新。

精神文明建设为社会城镇化提供重要保障。乡村精神文明建设有利于推动城乡文明社会的联动发展，共同促进城乡整体形象的提升。城乡文明社会的协调发展有助于缩小城乡精神富足感的差距，促进城乡社会共同进步和融合发展。

---

① 朱启臻．乡土文化建设是乡村振兴的灵魂［EB/OL］．中国青年报，（2021－02－25）［2022－08－20］．https：//baijiahao.baidu.com/s? id＝1692621651529591062&wfr＝spider&for＝pc.

二、社会城镇化为乡风文明提供建设依托

社会城镇化是指社会关系、社会结构、组织方式、生活方式、行为方式和价值观念等不同层面的内容从以乡村为主向以城市为主的转变过程。社会城镇化快速发展过程中，公共基础设施供给不断增加，教育、医疗、社会保障等公共服务得到不断优化，社会制度得到不断完善，社会文明程度也得到不断提高，使实现乡风文明有了物质载体、制度保障和良好的社会环境。

公共基础设施的供给增加和公共服务体系的改革优化为实现乡风文明提供物质载体。国家住房和城乡建设部、国家发展改革委联合印发的《“十四五”全国城市基础设施建设规划》中明确指出要“推动区域重大基础设施互联互通，推动城市基础设施共建共享，促进形成区域与城乡协调发展新格局”①。物质层面的满足是精神层面富足的重要条件；公共基础设施和公共服务的供给是乡风文明的物质基础。例如，淅川县西簧乡通过整合各类项目资金，加强基础设施建设，以村容村貌的提升带动户容户貌的改善，乡村振兴内生动力不断激发，实现了乡村环境和乡风文明的双提升②。

社会制度的不断完善为实现乡风文明提供制度保障。与政策法规不同，制度性规定在一定时期内是相对稳定的，且具有相对长期的时效。制度的这种特征决定了制度的改革和完善具有长期性，改革的内容来源于新的实践和新的认识。城乡统筹发展过程中新的实践和新的认识推动了城镇经济、文化、法律、政治等不同层面社会制度的改革和完善，进而带动乡村在制度方面进行改革，充分发挥制度对文明乡风建设的规范、引领和保

---

① 国家住房和城乡建设部，国家发展改革委员会．“十四五”全国城市基础设施建设规划［EB/OL］．（2022-07-07）［2022-08-20］．https：//www.mohurd.gov.cn/gongkai/fdzdgknr/zfhcxjsbwj/202207/20220729_767388.html.

② 李先锋，张克，马黎媛．淅川县西簧乡：生态宜居产业旺 乡村振兴谱新篇［EB/OL］．淅川融媒体中心，（2022-06-08）［2022-08-20］．https：//baijiahao.baidu.com/s？id=1735077481474388221&wfr=spider&for=pc.

障作用。

社会文明程度的不断提高为实现乡风文明提供良好社会环境。城镇化发展带动了社会各个层面的繁荣与发展，社会文明程度随之不断提高，人口素质也不断提升。社会文明程度的提高对乡村人口产生熏陶教化作用，使乡村居民产生自我提升、自我教育的意识，内化为行动，积极参与到乡风文明建设实践中去。

第四节　治理有效与空间城镇化耦合机理

治理有效是实现国家治理体系和治理能力现代化的基础性内容，对于乡村繁荣稳定至关重要。治理有效既要乡村社会治理有效，更要乡村空间治理有效。乡村社会治理有效意味着基层民主和法治建设不断加强，乡村更加和谐、安定和有序。乡村空间治理有效意味着乡村原有的生产、生活和生态空间的混乱布局被合理的生产空间、宜居的生活空间和优美的生态空间所替代。治理有效与空间城镇化相互作用、相互影响（图 5 –5）。治理有效通过乡村社会治理和乡村空间治理两个层面为空间城镇化提供基本方向；空间城镇化通过平台支撑、多方力量统筹、空间布局优化三个方面为治理有效提供支撑载体。

一、治理有效为空间城镇化提供基本方向

农民是乡村振兴的主力军，也是乡村治理的直接受益者。农民群众是否满意是治理有效与否的评判标准。治理有效包括乡村社会治理有效和乡村空间治理有效两方面的内容，分别为空间城镇化提供了思路和方向。

乡村社会治理有效为空间城镇化提供了纠纷和矛盾的化解思路。乡村社会治理由乡村自治、乡村法治和乡村德治三部分内容构成。乡村社会治理有效意味着：第一，村民自治的积极性和参与性得到极大激发，乡村自

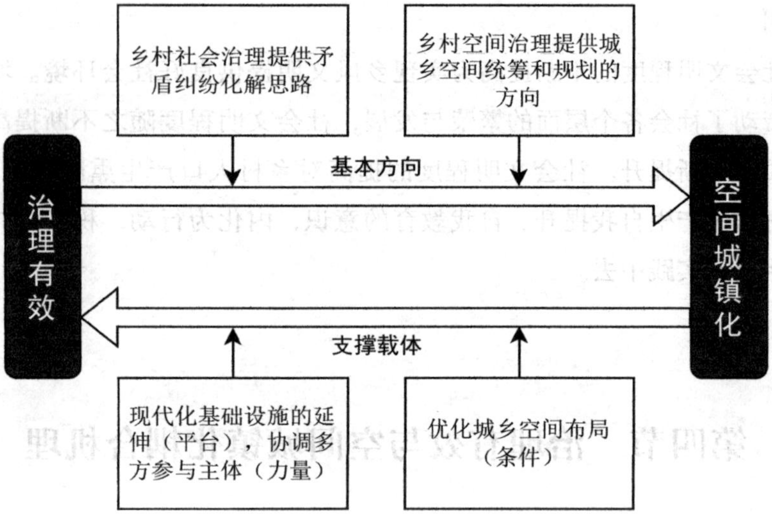

图 5-5 治理有效与空间城镇化耦合机理示意图

治水平不断提高；第二，社会法治理念深入人心，社会安定有序；第三，社会公德、职业道德、家庭美德和个人品德等得到不断提高，乡村居民的道德涵养得到持续提升。乡村自治水平的提高有利于政府、乡村居民结成治理联盟，共同参与城镇建设的空间规划。乡村法治水平的改善提高了民众的法律意识，为妥善解决城镇空间扩张引发的城乡矛盾奠定基础。农民道德素养的提高减少了空间城镇化阻力，推动了空间城镇化的发展。

乡村空间治理有效为空间城镇化提供城乡空间统筹规划的方向。乡村空间治理以乡村空间形态为治理对象，通过物质空间治理、空间组织治理和空间权属治理三方面的内容优化乡村空间结构、空间组织能力和空间价值（戈大专等，2022），为空间城镇化提供城乡空间统筹的方向。物质空间治理有利于打破“城乡分治”的隔离状态，统筹推动城乡空间互动发展和融合发展。空间组织治理有助于优化空间组织形式，提高乡村空间组织能力和风险应对能力，进而动员多元主体参与空间规划与发展，高效对接城镇空间规划与建设。空间权属治理有助于挖掘乡村空间价值，提高乡村人口对乡村空间的处置权和收益权，激发多方主体参与城乡空间统筹规划的活力，推动空间城镇化发展。

二、空间城镇化为治理有效提供支撑载体

空间城镇化是城镇化过程在地域空间的外在表现，包括具有现代文明特征的城市载体形成和公共基础设施改善等方面。城镇化的快速发展使资源、要素向城镇聚集，在空间上表现为环境的高度组织化和物质设施的集聚化。空间城镇化通过优化城乡空间布局、现代化基础设施延伸和协调多元参与主体三个层面为实现治理有效创造条件、提供支撑平台和汇聚多方力量。

空间城镇化通过优化城乡空间布局为治理有效创造条件。城乡空间布局优化主要包括优化城乡国土空间规划和布局、统筹城乡国土空间建设和发展两个层面的内容。城乡国土空间规划和布局的优化意味着按照“人口、资源与环境相均衡，生产、生活、生态空间科学布局，经济效益、社会效益、生态效益有机统一”的原则对国土空间进行布局和调整，能为乡村治理提供科学依据。城乡国土空间统筹建设和发展根据城乡国土空间规划和布局结构进行，能提高城乡产业发展的土地利用效率，改善人居空间，优化生态空间质量，提升乡村治理水平。

空间城镇化通过现代化基础设施的延伸为治理有效提供支撑平台。空间城镇化不仅意味着城镇地域的扩张，也意味着互联网、数字化技术和新媒体等向乡村的延伸发展，即现代化基础实施向乡村的延伸建设。这不仅有效地将城乡连接起来，解决了城乡发展的信息不对称问题，也丰富了村民的信息来源，使其文化、道德、法律等方面的素养得到极大提升，为治理有效提供了平台支撑。

空间城镇化通过协调各方主体为治理有效汇聚多方参与力量。空间城镇化有利于城乡社会各方力量建立协调沟通机制，共同参与城镇化建设和乡村全面发展，逐步形成“政府为主导、多元主体积极参与”的城乡协调发展格局。以数字化技术等新兴技术为依托，政府、企业、农民等多方主体共同参与乡村治理实践能极大地提高乡村治理水平和治理成效。

第五节　生活富裕与经济城镇化耦合机理

长期以来，城镇偏向性的经济发展政策导致区域间、城乡间、不同群体间的收入差距不断扩大，其中城乡收入差距是中国最突出的收入差距（孔祥智等，2022）。如表 5－3 所示，2014—2021 年中国人均可支配收入、城乡居民人均可支配收入均在不断增加。其中，城乡居民人均可支配收入比值在不断减小，说明城乡居民收入相对差距在不断缩小；城乡居民人均可支配收入的绝对差值在逐年增大，说明城乡居民收入的绝对差距在不断扩大。农民收入问题是"三农"问题的核心，对于缩小城乡差距意义重大。城乡收入差距是阻碍城乡融合的关键因素和亟待解决的社会民生问题，直接关系到生活富裕的实现和乡村的全面振兴。

表 5－3　2014—2021 年中国户籍人口人均可支配收入及城乡收入差距

年份	全国人均可支配收入（万元）	城镇居民人均可支配收入（万元）	农村居民人均可支配收入（万元）	城乡居民人均可支配收入比值	城乡居民人均可支配收入差距（万元）
2014	2.02	2.88	1.05	2.75	1.83
2015	2.20	3.12	1.14	2.73	1.98
2016	2.38	3.36	1.24	2.72	2.12
2017	2.60	3.64	1.34	2.71	2.30
2018	2.82	3.93	1.46	2.69	2.47
2019	3.07	4.24	1.60	2.66	2.64
2020	3.22	4.38	1.71	2.56	2.67
2021	3.51	4.74	1.89	2.50	2.85

资料来源：中华人民共和国国家统计局 2014—2021 年《国民经济和社会发展统计公报》。

生活富裕是乡村振兴战略的出发点和落脚点（黄承伟，2021），也是最终的民生目标，即让亿万农村百姓收入水平不断提高、生活变得更富裕美好。经济城镇化是指城镇资源要素不断聚集，生产效率不断提升和生产成本不断下降，城镇经济得到快速发展的过程。生活富裕的实现过程也是城镇经济带动乡村经济不断发展壮大和城乡经济融合发展的过程。生活富裕与经济城镇化是相互促进、同向并行的关系，二者的协同发展有利于推进城乡收入差距不断缩小和城乡经济融合发展。生活富裕是经济城镇化的目标导向，通过农民收入数量不断增加、收入结构持续改善、农民生活质量不断提高三个层面判断城镇化经济发展质量；经济城镇化是乡村生活富裕的根本路径，通过带动地方经济发展、优化升级地方经济结构、提高城乡经济发展质量三方面内容促进生活富裕的实现（图5－6）。

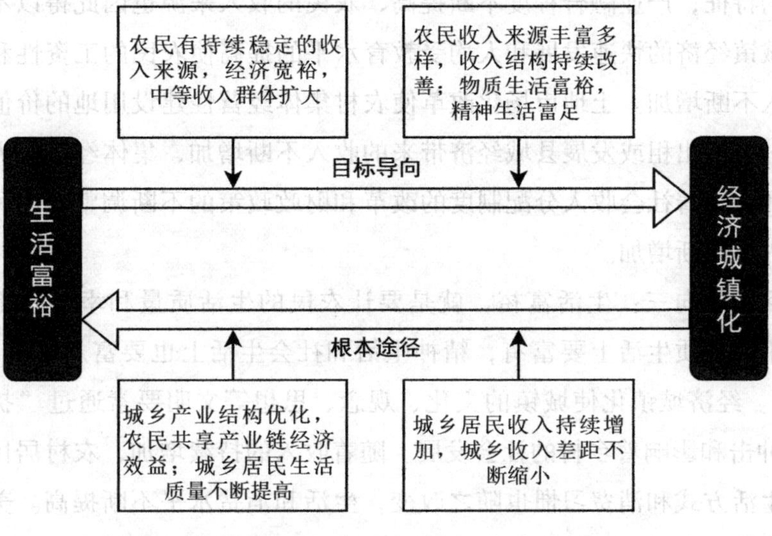

图5－6　生活富裕与经济城镇化耦合机理示意图

一、生活富裕是经济城镇化的目标导向

生活富裕是乡村振兴的出发点和落脚点，也是经济城镇化的目标导向。

目标导向一：生活富裕，就是要让农民有持续稳定的收入来源，经济宽裕，生活便利，不断扩大中等收入群体，最终实现全社会的共同富裕。在新型城镇化背景下，基础设施和公共服务的延伸为农民进城务工提供便利。县域城镇化的发展推动了地方经济增长，产业园、特色小镇、高新区等的建设，也为农民就业拓宽了渠道，使其收入的稳定性不断提高，收入不断增加，生活便利性也不断提高。城乡经济融合发展不仅是为了缩小城乡收入差距，更是为了提高乡村整体的收入水平，进而缩小农村居民内部收入的相对差距。

目标导向二：生活富裕，就是要让农民的收入来源丰富多样，可支配收入结构[①]持续改善，共建共享城乡经济融合发展成果。城乡经济融合发展使乡村土地价值得到充分挖掘，乡村经济形态呈现产业发展多元化、多样化的特征，产业融合程度不断提高，农民的收入来源也因此得以不断增多。城镇经济的快速发展和人均受教育水平的提高使农民的工资性和经营性收入不断增加。土地市场化改革使农村集体经营性建设用地的价值得到挖掘，土地出租或发展县域经济带来的收入不断增加，集体经济收入也不断增加。随着社会收入分配制度的改革和财政政策的不断调整，农民转移净收入也不断增加。

目标导向三：生活富裕，就是要让农民的生活质量和幸福感不断提高，不仅物质生活上要富有，精神生活和社会生活上也要富足（王思斌，2022）。经济城镇化使城镇的文化、观念、思想等文明要素通过“扩散效应”冲击和影响着乡村的社会发展。随着收入的持续增加，农村居民的生产、生活方式和消费习惯也随之改变，生活和消费水平不断提高。美丽乡村的建设、乡村文化的保护与传承、乡村精神风貌的改善等也为农民生活质量的不断提高奠定了精神文化基础。

二、经济城镇化是生活富裕的根本路径

城镇化发展过程中，经济效率不断提高，经济结构不断优化，城乡居民人均可支配收入不断增加，城乡收入差距不断缩小。经济城镇化以城镇为载体，以经济建设和发展为动力，以城乡基础设施的互联互通为保障，

① 农村居民可支配收入由工资性收入、经营净收入、财产净收入和转移净收入四部分构成。

以政府和多方力量为主体，推动城乡经济社会融合发展。经济城镇化能促进城乡居民收入持续增加、城乡经济结构逐步优化和城乡居民生活质量不断改善，进而推动实现生活富裕。

城乡居民收入持续增加为生活富裕提供物质基础。经济城镇化的发展通过统筹城乡经济发展、扩大就业保障和就业培训政策覆盖范围、深化农业供给侧结构性改革和增加农业转移收入四个层面内容促进乡村居民持续增收。首先，城乡经济统筹发展是通过“以城带乡、以城促乡”的方式实现农民持续、稳定增收的基础性内容。其次，扩大就业保障和就业培训政策覆盖范围有利于提高农业流动人口的人口素质和劳动技能，能提高其就业稳定性并促进其收入的持续增加。其中，大力支持人才入乡或返乡就业创业、引导和带动农民就业创业等措施不仅有利于培育更多乡村经济发展所需的新型职业农民和乡土实用人才，同时也能扩宽农民的收入渠道。再次，农业供给侧结构性改革能激发乡村资源要素活力并挖掘其价值，进而丰富农民的收入来源。最后，农业转移性收入的增加有利于激励农民进行农业生产，同时也有助于调节社会收入的再分配，缩小城乡收入差距。经济城镇化带动了乡村经济的繁荣振兴，能促进农业转移人口稳定就业和持续增收，进而为实现生活富裕奠定坚实的物质基础。

城乡经济结构优化为生活富裕提供长远保障。城乡经济结构的升级优化过程也是城乡经济发展的协调度和融合度不断提高的过程。城乡经济的协调和融合发展有利于把乡村经济融入到城镇经济发展中去，不仅解决了农产品的产销问题，实现初级农产品的多级增值，同时能推动农村剩余劳动力融入多元化经济形态的发展中去，实现再就业并增加其收入，使其共享城乡经济融合发展带来的益处。此外，生态经济、循环经济、数字经济等多元经济形态的发展催生了农产品加工、观光旅游、农村电商等乡村经济增长新动能、新业态，有利于持续推动农民多元化增收，乡村生活富裕的实现也有了长远保障。

城乡居民生活质量不断改善为生活富裕提供衡量标准。生活富裕不仅要物质生活富有，更要精神生活和社会生活富足。物质生活富有体现在衣食住行方面，即乡村居民对物质生活的多样化需求都能得到满足，生活水平不断提高。精神生活和社会生活富足体现在人的自由全面发展方面，即乡村居民对民主、法治、公平、正义等方面的需求和对生存权、发展权、财产权等权利的需求都能得到满足，精神风貌得到极大改善。经济城镇化的快速发展推动了城乡经济融合发展，丰富了乡村居民的收入来源，提高了其收入，乡村物质生活实现富裕有了保障。公共基础设施的延伸，公共服务的不断完善，社会文明的不断渗透，乡村生产、生活、生态的融合发展等极大地改善了乡村的人居环境、社会文化氛围和精神面貌，乡村精神生活和社会生活富足也得以实现。

第六节　本章小结

本章从产业兴旺与产业城镇化耦合、生态宜居与绿色城镇化耦合、乡风文明与社会城镇化耦合、治理有效与空间城镇化耦合、生活富裕与经济城镇化耦合五对耦合关系剖析了乡村振兴和新型城镇化的耦合机理。第一，产业兴旺能为产业城镇化提供劳动力、土地、初级农产品和自然生态景观等资源要素，通过吸引人才入乡和推动就地就近城镇化进程来缓解城镇的人口压力。产业城镇化有利于产业结构调整、产业空间布局优化、产业发展可持续性提升和产业外向性延伸，带动乡村产业发展，促进产业兴旺。第二，生态宜居能满足绿色城镇化发展对绿色产品和绿色空间的需求，有助于提高居民的生态环保意识，进而充分发挥乡村的生态屏障功能，推动绿色城镇化发展。绿色城镇化有利于控制城镇建设开发强度和改善乡村基本公共服务状况，提高乡村生活便利性，也有利于维护自然生态格局和强化生产生活方式绿色化理念，提高乡村生态宜居性。第三，乡风文明通过文化教育建设、文明乡风建设、乡土文化建设、精神文明建设四个方面缩小城乡社会发展差距，促进社会城镇化发展。社会城镇化通过增加公共基础设施供给，完善教育、医疗、社会保障等公共服务体系，改革社会制度，提高城乡社会文明程度，推动实现乡风文明。第四，乡村社会治理提供矛盾纠纷的化解思路，乡村空间治理提供城乡空间统筹和规划的方向。空间城镇化通过优化城乡空间布局、现代化基础设施的延伸和协调多方参与主体，为实现治理有效创造条件、提供平台和汇聚力量。第五，生活富裕意味着农民收入持续增加、收入来源丰富多样、物质和精神生活双富足，以此判断经济城镇化发展质量。经济城镇化有利于持续提高城乡居民收入、优化城乡经济结构和提高城乡居民生活质量，缩小城乡收入差距，推动乡村实现生活富裕。

第六章　乡村振兴与新型城镇化耦合机理实证研究

鉴于前文对于乡村振兴与新型城镇化的内涵阐释以及理论研究，本章利用计量工具进一步深入展开实证分析，用经验数据探查并实证乡村振兴与新型城镇化耦合机制。对乡村振兴、新型城镇化以及二者的耦合协调水平在统计数据基础上进行了系统深入的测度，在纵向上探查乡村振兴与新型城镇化对彼此空间分布异质性的影响，同时纳入空间因素，从动态视角出发对影响二者耦合协调度的内在机理进行实证分析。

本章具体技术路线如下：首先，基于我国 30 个省（区、市）2010—2020 年的数据，对乡村振兴、新型城镇化以及二者的耦合协调情况进行量化，探寻三者时空分布的演进。其次，在第五章耦合机理分析的基础上，对五组耦合机理分别进行考察，为乡村振兴与新型城镇化的耦合协调机制提供更立体的计量支撑。再次，通过构建四种不同的空间权重矩阵，对乡村振兴、新型城镇化以及二者耦合协调度在空间上全局与局域上的相关关系进行探查，并利用地理探测器展开因子与交互作用的探测。最后，通过构建时空双滞后的空间杜宾模型，深入分析影响乡村振兴与新型城镇化耦合的因素，并考察各影响因素在短期、长期下的空间效应。

第一节　研究方法与数据来源

本着科学性、系统性、实用性、准确性、可比性与可操作性的原则，本研究采用熵值法（Shannon，1948）对各地区乡村振兴与新型城镇化以及二者的子维度水平进行综合评价，并结合自然间断点分级法进行可视化展示。本章涉及的主要研究工具为 Stata 17.0、Geoda 1.20.0.10、GeoDetector、ArcGIS Pro 3.0.1 以及 OriginPro 2022b SR1 9.9.5.171。

一、熵值法

为了更好地反映乡村振兴战略中产业兴旺、生态宜居、乡风文明、治理有效、生活富裕的总要求①，同时也为了从产业、生态、社会、空间与经济五个维度来体现新型城镇化的进程②，使用熵值法来构建指标体系、进行综合评价是较为合适的。

熵值法的理论具体过程如下所示。为保证各变量在不同量纲下的可比性，首先对所有变量进行极差标准化：

$$C_{ij}=\begin{cases}\dfrac{x_{ij}-\min(x_j)}{\max(x_j)-\min(x_j)}, 正向指标\\ \dfrac{\max(x_j)-x_{ij}}{\max(x_j)-\min(x_j)}, 负向指标\end{cases}\tag{6-1}$$

其中，x_{ij}为变量原始数据，C_{ij}为经极差标准化后的值。接着确定 i 地区 j 指

---

① 中共中央 国务院印发《乡村振兴战略规划（2018—2022 年）》_中央有关文件_中国政府网［EB/OL］.（2018-09-26）［2022-09-03］. http://www.gov.cn/zhengce/2018-09/26/content_5325534.htm.

② 国家发展改革委关于印发“十四五”新型城镇化实施方案的通知_宏观经济_中国政府网［EB/OL］.（2022-06-21）［2022-09-03］. http://www.gov.cn/zhengce/zhengceku/2022-07/12/content_5700632.htm.

标占该指标的比重q_{ij}：

$$q_{ij} = \frac{x_{ij}}{\sum_{i=1}^{n} x_{ij}},(i = 1,2,\cdots,n;j = 1,2,\cdots,m) \tag{6-2}$$

再计算信息熵e_j与信息效用值g_{ij}：

$$e_j = -\left(\frac{1}{\ln(n)}\right)\sum_{i=1}^{n} q_{ij}\ln(q_{ij}) \tag{6-3}$$

$$g_{ij} = 1 - e_j \tag{6-4}$$

其中，信息熵e_j越小，信息效用值g_{ij}则越大。之后得到指标的熵值权重w_j：

$$w_j = \frac{g_j}{\sum_{j=1}^{m} g_j},(i \leqslant j \leqslant m) \tag{6-5}$$

最后计算综合得分 Score：

$$Score = \sum_{j=1}^{m} w_j \cdot C_{ij},(i = 1,2,\cdots,n) \tag{6-6}$$

二、耦合协调度模型

（一）传统的耦合协调模型

经济学中“耦合度”的概念是物理学领域中的容量耦合系数模型（Illingworth，2009）在经济学领域的拓展，它能很好地反映多个系统之间的相互作用。耦合度 C_1 分布于［0，1］，C_1 越大，则说明两个系统之间的离散性越小，耦合程度越理想。

$$C_1 = \left[\frac{\prod_{i=1}^{n} U_i}{\left(\frac{1}{n}\sum_{i=1}^{n} U_i\right)}\right]^{\frac{1}{n}} \tag{6-7}$$

其中，n 为子系统数，U_i 为各个子系统的值，分布区间为［0,1］。

然而，仅仅用耦合度来测度系统间的协同发展存在一定的局限，即子系统均是低发展水平的情况下会出现较高的耦合度，这显然是与现实情况不符的。因此，在此处引入综合协调指数 T 用以测度耦合协调度。T 的计算方式如下：

$$T = \sum_{i=1}^{n} \alpha_i \times U_i, \sum_{i=1}^{n} \alpha_i = 1 \tag{6-8}$$

其中，α_i 为待定系数，也即子系统的权重。最后通过式（6-9）构建传统的耦合协调度模型。

$$D_1 = \sqrt{C_1 \times T} = \sqrt{\left[\frac{\prod_{i=1}^{n} U_i}{\left(\frac{1}{n}\sum_{i=1}^{n} U_i\right)}\right]^{\frac{1}{n}} \times \sum_{i=1}^{n} \alpha_i U_i} \tag{6-9}$$

（二）修正的耦合协调模型

根据已有研究（王淑佳等，2021），传统的耦合协调度模型测算出来的 C_1 ①并非是［0，1］内的平均分布函数，存在效度问题，因此本研究将采用修正的耦合协调度模型对乡村振兴与新型城镇化及二者的子系统进行度量，以期获得更科学的结果。修正的耦合协调度模型如下。

修正的耦合度的计算公式为：

$$C_2 = \sqrt{\left[1 - \frac{\sum_{i>j,j=1}^{n} \sqrt{(U_i - U_j)^2}}{\sum_{m=1}^{n-1} m}\right] \times \left(\prod_{i=1}^{n} \frac{U_i}{\max U_i}\right)^{\frac{1}{n-1}}} \tag{6-10}$$

在本章 $n = 2$ 的情况下，若 $\max U_i$ 为 U_2，则修正的耦合度计算公式为：

$$C_2 = \sqrt{\left[1 - \sqrt{(U_2 - U_1)^2}\right] \times \frac{U_1}{U_2}} \tag{6-11}$$

综合协调指数计算公式为：

$$T = \sum_{i=1}^{n} \alpha_i \times U_i, \sum_{i=1}^{n} \alpha_i = 1 \tag{6-12}$$

---

① 为更好地解释传统的耦合协调模型与修正的耦合协调模型的异同，本小节对耦合度 C_1、C_2 和耦合协调度 D_1、D_2 分别作了下标以示传统与修正的区分。后续小节中将仅以 C 和 D 来表示修正的耦合度和耦合协调度。

修正的耦合协调度计算公式为：

$$D_2 = \sqrt{C_2 \times T} \tag{6-13}$$

采用修正的耦合协调度模型能更好地体现各地区耦合协调情况的区分度，提高测算的效度。同时，参考通行做法设定评价标准（表 6－1）（廖重斌，1999；林树高等，2022）。

表 6－1　　耦合协调度评价标准

大类区间	大类	细分区间	耦合协调情况
[0, 0.3)	失调衰退类	[0, 0.1)	极度失调
		[0.1, 0.2)	严重失调
		[0.2, 0.3)	中度失调
[0.3, 0.7)	过渡发展类	[0.3, 0.4)	轻度失调
		[0.4, 0.5)	濒临失调
		[0.5, 0.6)	勉强协调
		[0.6, 0.7)	初级协调
[0.7, 1]	协调发展类	[0.7, 0.8)	中级协调
		[0.7, 0.8)	良好协调
		[0.9, 1]	优质协调

三、主成分分析法

主成分分析法是一种数据降维方法，其核心原理是利用正交变换将原向量转为分量不相关的新向量，再通过适当的函数形式将降维后的系统进一步降为一维。本章将其运用在后续小节中个别解释变量的构建上。其计算方式如下。

首先，将原始数据标准化：

$$z_{ij} = \frac{x_{ij} - \bar{x}_i}{e_i}, \quad i = 1,2,\cdots,n, \quad j = 1,2,\cdots,h \tag{6-14}$$

其中，x_{ij} 为第 i 个指标第 j 个分区的原始数据，$\bar{x}_i$ 与 e_i 是第 i 个指标的均值与标准差。

其次，计算一个 n 维的相关系数矩阵 $R=(r_{ij})_{n\times n}$：

$$r_{ij}=\frac{1}{n}\sum_{k=1}^{n}\frac{(x_{ki}-\bar{x}_i)(x_{kj}-\bar{x}_j)}{e_i\,e_j} \tag{6-15}$$

再次，根据 $|R-\lambda I|=0$ 计算特征值 λ_i 以及特征向量 u，并计算每个主成分的方差贡献率 e 与累计贡献率 E_j：

$$e=\frac{\lambda_i}{\sum_{i=1}^{n}\lambda_i} \tag{6-16}$$

$$E_j=\frac{\sum_{j=1}^{m}\lambda_j}{\sum_{i=1}^{n}\lambda_i} \tag{6-17}$$

最后，计算主成分 y_i：

$$y_i=\sum_{j=1}^{h}\sum_{i=1}^{n}u_i\,x_{ij} \tag{6-18}$$

四、核密度估计法

核密度估计法是一种估计随机变量的概率密度函数的非参数方法，从数据样本本身出发研究数据分布特征，常用来测度数据集聚与离散程度，核密度越大，数据分布越集中。其公式如下：

$$f_h(x)=\frac{1}{n}\sum_{i=1}^{n}K_h(x-x_i)=\frac{1}{nh}\sum_{i=1}^{n}K\left(\frac{x-x_i}{h}\right) \tag{6-19}$$

其中，K_x 为核函数，h 为带宽。考虑到通常 Epanechnikov 核在均方误差意义上效果最佳，因此本研究将基于 Epanechnikov 核与最优带宽进行核密度估计（Epanechnikov，1969）。

五、探索性空间数据分析

探索性空间数据分析（Exploratory Spatial Data Analysis，ESDA）沿自探索性数据分析（Exploratory Data Analysis，EDA）。EDA 的核心思想是通过数据统计量图形或者其他数据可视化的方法来探索数据总体的特征，一些比较典型的方法包括但不限于：箱型图、直方图、多变量图、帕累托图、散点图、茎叶图与热图等，也会利用如主成分分析、多维缩放以及非线性降维等数据降维的方法。

而探索性空间数据分析是探索性数据分析在地理领域的推广，一般可用于检查数据的分布、查找全局异常值与局部异常值、查找全局趋势、检查局部变化与检查空间自相关。其中包括 Global Moran's *I*（Moran，1950）、Geary's *C*（Geary，1954）、Anselin Local Moran's *I*（Anselin，1995）以及地理探测器（王劲峰和徐成东，2017）等多种具体工具。

（一）全局空间相关性检验

Global Moran's *I* 与 Geary's *C* 用以探索整个研究区域内的全局空间相关关系，Global Moran's *I* 取值范围为 $[-1,1]$，在统计量显著的情况下，大于 0 意味着存在空间正相关，等于 0 意味着不存在空间相关性，小于 0 意味着存在空间负相关。其公式如下：

$$\text{Global Moran's } I = \frac{n\sum_{i=1}^{n}\sum_{j=1}^{n} w_{ij}(x_i - \bar{x})(x_j - \bar{x})}{\sum_{i=1}^{n}\sum_{j=1}^{n} w_{ij}(x_i - \bar{x})^2}, i \neq j \tag{6-20}$$

Geary's *C* 取值范围为 $[0,2]$，同理，在统计量显著的同时，该指数大于 1 则说明存在空间负相关，等于 1 说明不存在空间相关性，小于 1 说明存在空间正相关。其公式如下：

$$\text{Geary's } C = \frac{(n-1)\sum_{i=1}^{n}\sum_{j=1}^{n} w_{ij}(x_i - x_j)^2}{2\sum_{i=1}^{n}\sum_{j=1}^{n} w_{ij}(x_i - \bar{x})^2}, i \neq j \tag{6-21}$$

（二）局部冷热点分析

冷热点分析是一种用于局部空间自相关分析的度量方法，采用 Getis - Ord G^* 指数探究变量在局部空间上的依赖性及异质性，$G_i^*(d)$ 为正表示高值集聚，即“热点区”，反之为“冷点区”。通过识别乡村振兴、新型城镇化的综合评价得分以及二者的耦合协调度在地理空间上的高值簇与低值簇，即冷热点区的空间分布格局以及变化情况，就可以分析以上研究对象的空间格局演变。

（三）地理探测器：空间分异性检验与因子分析

参考相关研究（王劲峰等，2017），本章使用地理探测器来度量研究对象的空间分异性、探测解释因子。地理探测器的核心为利用 q 值度量空间分异性、探测解释因子、分析变量之间的交互作用关系。

六、空间计量模型

在空间的视角下，某一地区往往会接受到来自临近特征的外部性影响，而非空间回归模型通常会忽视掉因变量的空间依赖，即如果变量之间存在空间效应，那么模型便不服从普通面板数据模型的基本假设，普通面板模型的估计结果也将变得不可靠。此外，相较于最小二乘法，空间回归方法受到的遗漏变量的影响也将更小（LeSage et al.，2009）。

相对较为常用的空间计量模型主要是空间自回归模型（Spatial Autoregressive Model，SAR）、空间自相关模型（Spatial Autocorrelation Model，SAC）、空间误差模型（Spatial Error Model，SEM）与空间杜宾模型（Spatial Durbin Model，SDM）。具体的，一个一般的空间面板模型形式如下：

$$
\begin{aligned}
y_{it} &= \tau y_{i,t-1} + \rho w_i' y_t + x_{it}'\beta + d_i' X_t\delta + u_i + \gamma_t + \varepsilon_{it} \\
\varepsilon_{it} &= \lambda m_i' \varepsilon_t + v_{it}
\end{aligned}
\tag{6-22}
$$

其中，y_{it} 为被解释变量，x_{it} 为解释变量，W 为空间权重矩阵，w_i' 为空间权重矩阵的第 i 行，$w_i' y_t = \sum_{j=1}^{n} w_{ij} y_{jt}$，$d_i'$ 为相应空间权重矩阵 D 的第 i 行，$\rho w_i' y_t$ 为空间滞后项，$d'_i X_t\delta$ 为解释变量的空间滞后，u_i、γ_t 分别为个体与时间固

定效应，ε_{it} 为扰动项，m_i' 为扰动项空间权重矩阵 M 的第 i 行。

当 $\lambda = 0$ 时，上式为 SDM。当 $\lambda = 0$ 且 $\delta = 0$ 时，为 SAR。当 $\tau = 0$ 且 $\delta = 0$ 时，为空间 SAC，当 $\tau = \rho = 0$ 且 $\lambda = 0$ 时，则为 SEM。模型形式的具体选择将基于后文的一系列检验。

七、数据来源与测度部分复合指标数据特征

（一）数据来源

本章所有数据均来自中国国家统计局、中国国家粮食局、中国住房和城乡建设部、中国人力资源和社会保障部、中国环保部、中国教育部、中国民政部、中国科技部、中国指数研究院、各省（区、市）统计年鉴、EPS 数据平台及国泰安数据库。个别指标的缺失值采用插值或外推填补。囿于数据可得性与可比性问题，选择 2010—2020 年除我国西藏自治区、香港特别行政区、澳门特别行政区、台湾省以外的共 30 个省（区、市）的数据作为研究样本。

（二）测度部分复合指标数据特征

本章基于 30 个省（区、市），构造一个 $N = 30$，$T = 11$ 的短面板。测度部分复合指标均通过熵值法和耦合协调度模型测算得到，值域均为 $(0,1)$，具体的描述性统计如表 6－2 所示。

表 6－2　测度部分复合指标的描述性统计

变量	符号	观测值	均值	标准差	最小值	最大值
乡村振兴综合评价得分	*RR*	330	0.2304	0.0647	0.1074	0.4376
新型城镇化综合评价得分	*NU*	330	0.2017	0.0957	0.0638	0.5472
乡村振兴与新型城镇化耦合度	*C*	330	0.8100	0.1034	0.5172	0.9969
乡村振兴与新型城镇化耦合协调度	*D*	330	0.4119	0.0652	0.2559	0.6047
产业兴旺	*RR*1	330	0.2218	0.1243	0.0494	0.7047
生态宜居	*RR*2	330	0.2199	0.1233	0.0785	0.6886

续表

变量	符号	观测值	均值	标准差	最小值	最大值
乡风文明	*RR*3	330	0.2954	0.1060	0.0856	0.6753
治理有效	*RR*4	330	0.1639	0.1132	0.0395	0.7452
生活富裕	*RR*5	330	0.3160	0.1541	0.0451	0.9437
产业城镇化	*NU*1	330	0.1784	0.1192	0.0234	0.6695
绿色城镇化	*NU*2	330	0.2336	0.0884	0.0657	0.6548
社会城镇化	*NU*3	330	0.4231	0.1549	0.0804	0.9514
空间城镇化	*NU*4	330	0.3560	0.1235	0.1203	0.6975
经济城镇化	*NU*5	330	0.1145	0.1165	0.0021	0.6054

第二节　乡村振兴与新型城镇化及其耦合协调的测度与分析

为尽可能准确且科学地测度我国各地区乡村振兴与新型城镇化战略的具体发展程度，本书通过共50个具体指标来构建乡村振兴与新型城镇化的综合评价体系，并在此基础上采用熵值法来实现二者的量化。

一、乡村振兴的综合评价及时空演进特征

（一）乡村振兴的指标体系构建与综合评价

参考《乡村振兴战略规划（2018—2022年）》中产业兴旺、生态宜居、乡风文明、治理有效、生活富裕的总要求，本研究将乡村振兴划分为五个相对应的子系统，由共25个具体指标构成，具体见表6-3。

表6-3　乡村振兴综合评价体系

体系	子系统	指标层	单位	方向	权重
乡村振兴	产业兴旺	人均农业机械总动力	千瓦/人	+	0.0246
		农村居民人均纯收入实际数	元/人	+	0.0283
		农村居民人均农业总产值	元/人	+	0.0229
		粮食综合生产能力	万吨	+	0.0510
		农村用电量	亿千瓦时	+	0.1039
	生态宜居	化肥施用量	万吨	-	0.0071
		农药使用量	万吨	-	0.0120
		乡镇绿化覆盖率	%	+	0.0424
		人均太阳能热水器	万平方米/人	+	0.0704
		乡人均公园绿地面积	平方米/人	+	0.0774
	乡风文明	农村小学专任教师本科以上学历比例	%	+	0.0232
		人均乡村文化站数量	个/万人	+	0.0263
		人均村卫生室数量	个/万人	+	0.0218
		农村养老服务机构年末收养人数占比	%	+	0.0425
		人均环卫专用车辆设备	台/万人	+	0.0555
	治理有效	每万人村委会数	个/万人	+	0.0183
		每万人拥有农村卫生技术人员数	个/万人	+	0.0157
		村民委员会职工大会大学本科及以上人数	人	+	0.1290
		设有村镇建设管理机构的乡个数	个	+	0.0589
		村委会成员中共党员数	人	+	0.0463
	生活富裕	城乡居民收入比	无单位	-	0.0090
		农村居民人均消费支出	元/人	+	0.0265
		农村居民人均住房面积	平方米/人	+	0.0275
		农村居民人均乡村零售额	元/人	+	0.0456
		农民居民人均个人固定资产投资完成额	亿元/万人	+	0.0138

基于以上评价体系，利用熵值法得到各指标层的具体权重并合成最终的乡村振兴评价得分，各地区在样本期内的评价得分情况如表6-4[①]及图

① 注：囿于版幅限制，表6-4、表6-7、表6-9、表6-10、表6-12、表6-13、表6-14、表6-15、表6-16、表6-17、表6-18、表6-19仅展示偶数年份的数据。

6-1所示。从中可以发现，2010—2020年，各地区乡村振兴的绝对水平大体上呈现缓慢提升趋势。从均值的角度看，江苏、山东与河南位列前三；从平均增速的角度看，青海、宁夏与云南排名前三。这里可以发现一个较为明显的特征，即整体的高绝对发展水平主要表现在东部地区，而发展速度较快的地区主要位于西部。而北京、上海、广东等经济发展水平较高的地区没有比较突出的表现，可能的原因是这些地区在乡村地区体量上存在一定差异。

表6-4　　2010—2020年各地区乡村振兴综合评价得分

地区	2010年	2012年	2014年	2016年	2018年	2020年	均值	平均增速（%）
北京	0.1890	0.1940	0.2027	0.2342	0.2320	0.2801	0.2224	4.18
天津	0.1267	0.1426	0.1705	0.1779	0.1899	0.1697	0.1641	3.22
河北	0.2274	0.2499	0.2703	0.2774	0.2834	0.2919	0.2679	2.55
山西	0.1861	0.2315	0.2628	0.2559	0.2481	0.2520	0.2403	3.26
内蒙古	0.1532	0.1801	0.1941	0.2112	0.2322	0.2564	0.2054	5.35
辽宁	0.1681	0.1862	0.2021	0.2135	0.2109	0.2136	0.2009	2.53
吉林	0.1490	0.1723	0.1789	0.1892	0.2009	0.2207	0.1852	4.04
黑龙江	0.1735	0.2081	0.2250	0.2304	0.2447	0.2653	0.2243	4.39
上海	0.2031	0.2831	0.3380	0.3331	0.3025	0.3026	0.2982	4.49
江苏	0.3120	0.3514	0.3825	0.3992	0.4100	0.4376	0.3839	3.46
浙江	0.2354	0.2730	0.3063	0.3118	0.3388	0.3712	0.3037	4.71
安徽	0.1956	0.2221	0.2363	0.2562	0.2692	0.2989	0.2491	4.46
福建	0.1910	0.2307	0.2592	0.2682	0.2761	0.3036	0.2555	4.79
江西	0.2002	0.2175	0.2288	0.2397	0.2544	0.2602	0.2335	2.68
山东	0.3792	0.3929	0.3911	0.3678	0.3303	0.3399	0.3713	-1.00
河南	0.3095	0.3209	0.3245	0.2919	0.3090	0.3236	0.3138	0.51
湖北	0.1726	0.1907	0.2102	0.2282	0.2380	0.2479	0.2169	3.72
湖南	0.2044	0.2134	0.2381	0.2397	0.2404	0.2709	0.2402	3.19
广东	0.1827	0.2010	0.2240	0.2381	0.2713	0.3165	0.2376	5.71
广西	0.1235	0.1438	0.1568	0.1629	0.1932	0.2185	0.1671	5.92
海南	0.1670	0.2071	0.2149	0.2156	0.2301	0.2308	0.2146	3.42

续表

地区	2010年	2012年	2014年	2016年	2018年	2020年	均值	平均增速（%）
重庆	0.1417	0.1641	0.1674	0.1706	0.1838	0.2218	0.1750	4.71
四川	0.2584	0.2946	0.3208	0.2958	0.3077	0.2658	0.2939	0.43
贵州	0.1276	0.1492	0.1620	0.1806	0.1951	0.2175	0.1732	5.52
云南	0.1293	0.1477	0.1743	0.1836	0.2020	0.2289	0.1784	5.94
陕西	0.1566	0.1464	0.1632	0.1658	0.1852	0.2048	0.1684	2.82
甘肃	0.1311	0.1551	0.1766	0.1804	0.1939	0.2006	0.1735	4.42
青海	0.1074	0.1272	0.1405	0.1700	0.2020	0.2238	0.1632	7.90
宁夏	0.1213	0.1481	0.1828	0.2138	0.2039	0.2339	0.1843	6.93
新疆	0.1699	0.1806	0.2009	0.2145	0.2246	0.2494	0.2061	3.93

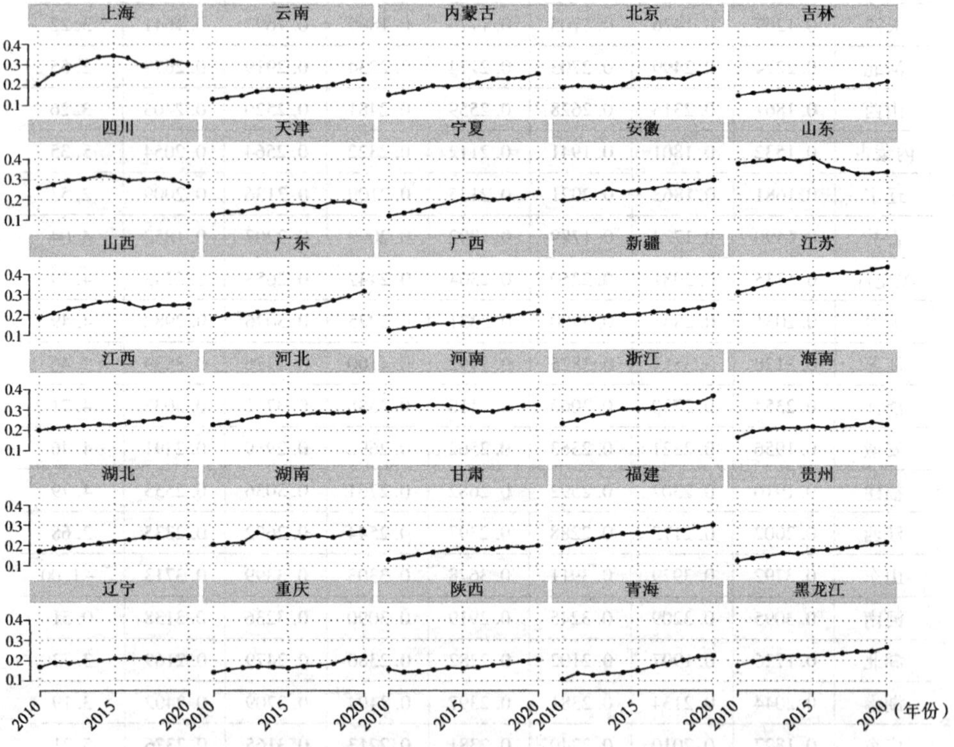

图6-1 2010—2020年各地区乡村振兴综合评价得分折线图

（二）乡村振兴的时空演化特征

为更好地探索乡村振兴的时序发展特征，本研究采用核密度估计的方法形成核密度曲线图，以更清晰地探索其时序变化趋势。如图 6－2 所示。

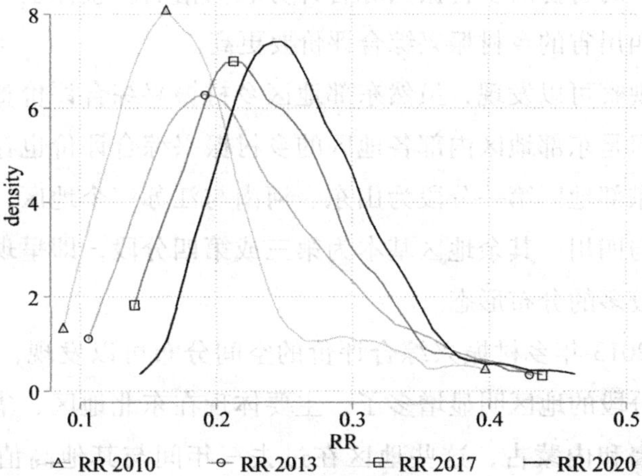

图 6－2　2010 年、2013 年、2017 年和 2020 年乡村振兴综合评价得分核密度曲线图

在整体的曲线位置平移方面，随着年份增加，核密度在缓慢右移，意味着乡村振兴的综合评价得分整体上在随着时间推移而上升。在曲线形态方面，基本呈现正偏态，说明多数地区的乡村振兴综合评价得分分布在中位数以下，同时也有个别长尾地区存在较高的乡村振兴综合评价得分。在峰度方面，呈现“陡峭—缓和—陡峭”的特征，这表示在样本期早期，各地区的乡村振兴综合评价得分在众数及其周围分布得较为集中，更低或更高的得分处分布较少。到了中期，样本分布出现均匀化趋势，即分布在众数的集中度有所下降。而到了后期，又恢复到早期的分布特征，但峰顶位置相较于早期有所降低，即集中度略低于早期。

在空间演化上，基于自然间断点分级法对考察年度内乡村振兴综合评价得分进行重分类，按每年的分类结果评价得分由高至低分为五个分段，具体见表 6－5。

可以发现，2010 年乡村振兴综合评价在空间分布上大致呈“东部 > 中部、东北 > 西部”[①] 态势，其中，环渤海、黄海区域、长江三角洲、四川地区为2010年乡村振兴综合评价的第一梯队，其次是华南地区，为第二梯队，再次是东北地区、华中地区以及新疆地区，为第四梯队，最后，西南、西北地区的省份的乡村振兴综合评分较为落后。整体上可以发现，沿海地区以及四川省的乡村振兴综合评价要更高。

从局部观察可以发现，虽然东部地区乡村振兴综合评价整体上高于中西部地区，但是东部地区内部各地区的乡村振兴综合评价也存在着较大差异，易发现东部地区第一分段为山东、河南与江苏三个地区，第二分段仅河北、浙江与四川，其余地区基本为第三或第四分段，即呈现整体上高值较少、低值较多的分布形态。

而研究2013年乡村振兴综合评价的空间分布可以发现，相较于2010年，相对高分段的地区明显增多了，主要体现在东北地区、华南地区、西南地区、新疆和内蒙古，这些地区在过去三年间与其他高值地区差距缩小。整体上高值地区依然集中在华北平原一带，且东部和南部地区的乡村振兴综合评价总体上也更高。

从局部上看，胡焕庸线（胡焕庸，1935）以南的地区以高分段为主，除广西评价值较低以外，整体分布以高值为主，相对比较均匀。青海与广西则同2010年一样，在2013年依然位于第五分段，与周边相邻地区表现出离群的关系，同时，陕西也落到了第五分段。

2017年，其空间分布特征又发生了比较明显的变化。与早期较为相似的是环渤海、黄海地区的评分依旧最高。围绕这几个地区出现了由东至西的阶梯状变化形态，与山东、江苏相接的河北、河南、安徽、上海、浙江与福建居第二分段，而与这些地区相近的北京、内蒙古、山西、湖北、湖南、广东与海南属于第三分段内。整体上看，东部地区与东北地区基本位于高分段，而西部地区乡村振兴综合评价的空间分布较为离散，首先是位

① 东、中、西部与东北地区划分参考国家统计局公布的“四、统计制度及分类标准”（http://www.stats.gov.cn/tjzs/cjwtjd/201308/t20130829_74318.html）。具体划分为：东部地区包括北京、天津、河北、上海、江苏、浙江、福建、山东、广东和海南10省（市）；中部地区包括山西、安徽、江西、河南、湖北和湖南6省；西部地区包括内蒙古、广西、重庆、四川、贵州、云南、西藏、陕西、甘肃、青海、宁夏和新疆12省（区、市）；东北地区包括辽宁、吉林和黑龙江3省。

于第二分段的四川，一直保持着相对高分段，其次是新疆、宁夏、云南位于第四分段，剩余地区基本均位于最后一分段。从表6－5中也能发现，乡村振兴综合评价在区域分布上的空间趋同态势逐渐显现。

关于2020年乡村振兴综合评价的空间分布，可以较为直观地观测到东部地区与华南地区呈现较为明显的空间趋同，尤其是西南地区与广西，进入了第四分段，第五分段仅剩陕西与甘肃两个地区，且核心的高值地区也转移到了长三角地区。相较前中期，乡村振兴综合评价呈现整体向好态势。

表6－5　乡村振兴综合评价得分自然间断点分级

分段	2010年	2013年	2017年	2020年
第一分段	山东、河南、江苏	河南、山东、江苏	山东、江苏	江苏、浙江
第二分段	河北、四川、浙江	山西、河北、安徽、浙江、福建、湖南、四川、上海	河北、河南、安徽、浙江、福建、上海	河北、河南、山东、安徽、广东、福建、上海
第三分段	北京、山西、安徽、江西、湖南、福建、广东、上海	北京、新疆、内蒙古、黑龙江、辽宁、湖北、江西、广东	北京、内蒙古、黑龙江、山西、湖北、湖南、江西、广东、海南	北京、新疆、内蒙古、黑龙江、山西湖北、湖南、江西、四川
第四分段	新疆、内蒙古、黑龙江、吉林、辽宁、陕西、湖北、海南	北京、甘肃、宁夏、吉林、贵州、重庆、云南	新疆、吉林、辽宁、云南	青海、吉林、辽宁、云南、贵州、重庆、广西、海南
第五分段	青海、甘肃、宁夏、重庆、贵州、云南、广西、天津	青海、陕西、广西、天津	甘肃、青海、陕西、重庆、广西、贵州、天津	甘肃、陕西、天津

图6－3为乡村振兴综合评价水平的趋势分析图。图中，与X—Y有垂线相连的为样本点，Z轴为乡村振兴综合评价水平，X轴指示东—西方向，Y轴指示南—北方向。落在X—Z平面上的点为样本点在其上的投影，落在Y—Z平面上的点为样本点在其上的投影，而X—Y平面上则为样本点所在的平面地理位置。X—Z平面上的曲线为样本点东—西方向投影的拟

合线，Y—Z 平面上的曲线为南—北方向投影的拟合线。

子图 a、b、c 与 d 分别为乡村振兴综合评价指数在 2010 年、2013 年、2017 年及 2020 年的趋势分析图示。在研究期内，乡村振兴综合评价指数没有表现出非常明显的变化。整体上，乡村振兴水平在东—西方向上表现为东部高、西部低的特征，而南—北方向上表现为中间高、南北两端低的特征，且差异更多表现在东—西方向上。

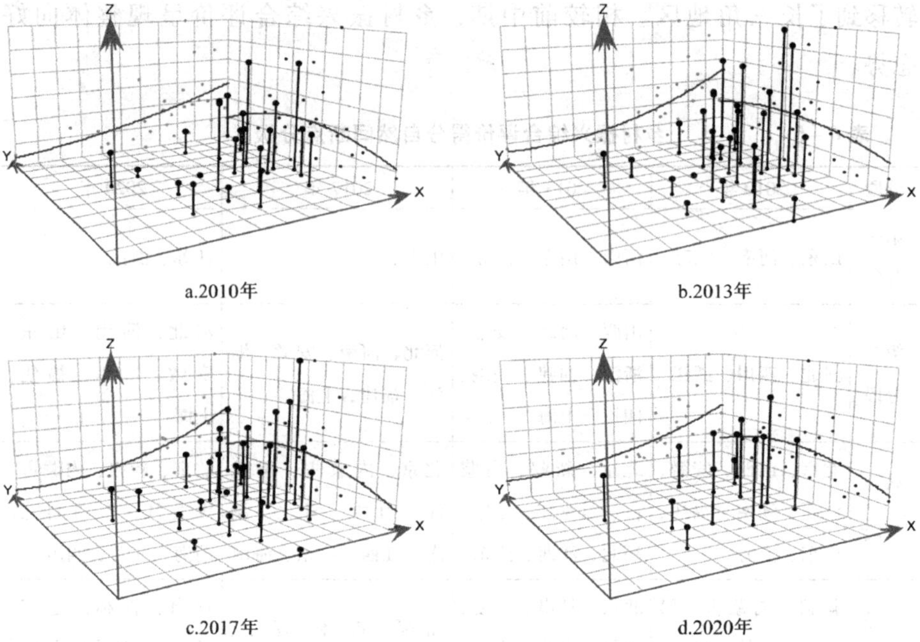

图 6－3　2010 年、2013 年、2017 年和 2020 年乡村振兴综合评价水平趋势分析

二、新型城镇化的综合评价及时空演化特征

（一）新型城镇化的指标体系构建与综合评价

参考《国家新型城镇化规划（2014—2020）》①，本研究从产业城镇化、

① 新华社．国家新型城镇化规划（2014—2020 年）中央有关文件_政策_中国政府网［EB/OL］．（2014－03－16）［2022－09－22］．http：//www.gov.cn/zhengce/2014－03/16/content_2640075.htm.

绿色城镇化、社会城镇化、空间城镇化与经济城镇化五个角度出发分别划分出五个子系统，构造新型城镇化综合评价体系，具体指标见表6-6。

表6-6 新型城镇化综合评价体系

体系	子系统	指标层	单位	方向	权重
新型城镇化（*UR*）	产业城镇化	第二、三产业产值占比	%	+	0.0088
		规模以上工业企业主营业务收入规模	%	+	0.0173
		高技术产业主营业务收入规模	%	+	0.0521
		亿元以上商品市场成交额规模	%	+	0.0457
		技术市场成交额规模	%	+	0.1393
	绿色城镇化	建成区绿色覆盖率	%	+	0.0077
		工业 SO_2 排放量	万吨	–	0.0077
		无害化处理能力	吨/日	+	0.0513
		城镇人均市容环卫专用车辆设备总数	台/万人	+	0.0446
		城镇人均绿地面积	平方米/人	+	0.0182
	社会城镇化	城镇人口参加基本养老保险占比	%	+	0.0232
		燃气普及率	%	+	0.0060
		城镇人口占比	%	+	0.0198
		每万人拥有公交车数	辆/万人	+	0.0210
		用水普及率	%	+	0.0063
	空间城镇化	建成区面积占城区面积比例	%	+	0.0262
		城市人口密度	人/平方千米	+	0.0229
		城镇地均财政收入	亿元/平方千米	+	0.0247
		人均城市道路面积	平方米/人	+	0.0151
		人均商品房销售额	元/人	+	0.0413
	经济城镇化	人均 GDP	元/人	+	0.0297
		每万人货物进出口总额	美元/人	+	0.1275
		人均外商投资总额	美元/人	+	0.1758
		每万人社会消费品零售总额	亿元/万人	+	0.0327
		平均货币工资	元	+	0.0352

基于熵值法测度出来的各地区在样本期内的综合评价得分具体如表6-7和图6-4所示。易发现，与乡村振兴综合评价的空间分布显著不同

的是，新型城镇化综合评价得分的高值集中在如北京、上海、广东、天津和江苏等经济发展水平较高的地区。高经济发展水平或许对支撑新型城镇化战略的推进而言是一种潜在的优势性先天禀赋。

从整体上来看，所有地区的新型城镇化综合评价得分大致保持上升趋势，其中，得分均值位居前三的地区分别是北京、上海与天津，位居尾三的分别是贵州、云南与广西，平均增速位居前三的分别是海南、贵州与广西。

表 6-7　　各地区新型城镇化综合评价得分

地区	2010 年	2012 年	2014 年	2016 年	2018 年	2020 年	均值	平均增速（%）
北京	0.3898	0.4629	0.4867	0.4792	0.5236	0.5388	0.4826	3.36
天津	0.2581	0.2977	0.3228	0.3454	0.3369	0.3724	0.3239	3.80
河北	0.1208	0.1328	0.1460	0.1662	0.1872	0.2023	0.1585	5.31
山西	0.0939	0.1169	0.1425	0.1508	0.1723	0.1876	0.1437	7.24
内蒙古	0.0811	0.1080	0.1302	0.1574	0.1626	0.1729	0.1358	7.98
辽宁	0.1573	0.1792	0.1816	0.1782	0.2098	0.2225	0.1879	3.62
吉林	0.0952	0.1343	0.1568	0.1643	0.1676	0.1806	0.1519	6.83
黑龙江	0.1320	0.1550	0.1670	0.1728	0.1922	0.2014	0.1709	4.35
上海	0.3639	0.4010	0.4102	0.4393	0.4728	0.4997	0.4298	3.24
江苏	0.2560	0.2869	0.3055	0.3243	0.3423	0.3764	0.3148	3.95
浙江	0.2164	0.2379	0.2605	0.2819	0.3249	0.3530	0.2785	5.03
安徽	0.1035	0.1323	0.1571	0.1778	0.1997	0.2238	0.1661	8.07
福建	0.1513	0.1813	0.2031	0.2171	0.2592	0.2782	0.2159	6.33
江西	0.1378	0.1641	0.1824	0.2023	0.2253	0.2444	0.1930	5.92
山东	0.1598	0.1836	0.2053	0.2244	0.2317	0.2605	0.2107	5.03
河南	0.1042	0.1294	0.1554	0.1828	0.1968	0.2153	0.1648	7.58
湖北	0.1029	0.1298	0.1692	0.1937	0.2150	0.2321	0.1751	8.57
湖南	0.1085	0.1218	0.1460	0.1671	0.1826	0.2186	0.1566	7.30
广东	0.2400	0.2753	0.3019	0.3313	0.3719	0.4015	0.3215	5.30
广西	0.0701	0.0890	0.1053	0.1318	0.1472	0.1624	0.1184	8.83
海南	0.1038	0.1251	0.1365	0.1619	0.1944	0.3790	0.1721	15.80

续表

地区	2010年	2012年	2014年	2016年	2018年	2020年	均值	平均增速（%）
重庆	0.1279	0.1652	0.2014	0.2095	0.2283	0.2357	0.1949	6.44
四川	0.1057	0.1360	0.1609	0.1721	0.2075	0.2374	0.1687	8.61
贵州	0.0638	0.0824	0.0999	0.1229	0.1534	0.1713	0.1167	10.56
云南	0.0881	0.1030	0.1094	0.1202	0.1386	0.1588	0.1177	6.23
陕西	0.1426	0.1802	0.2096	0.2087	0.2370	0.2727	0.2095	6.85
甘肃	0.0867	0.1129	0.1277	0.1461	0.1582	0.1732	0.1348	7.27
青海	0.0905	0.1070	0.1175	0.1381	0.1568	0.1527	0.1272	5.46
宁夏	0.1011	0.1077	0.1376	0.1490	0.1710	0.2095	0.1472	7.73
新疆	0.1274	0.1457	0.1693	0.1540	0.1722	0.1958	0.1617	4.62

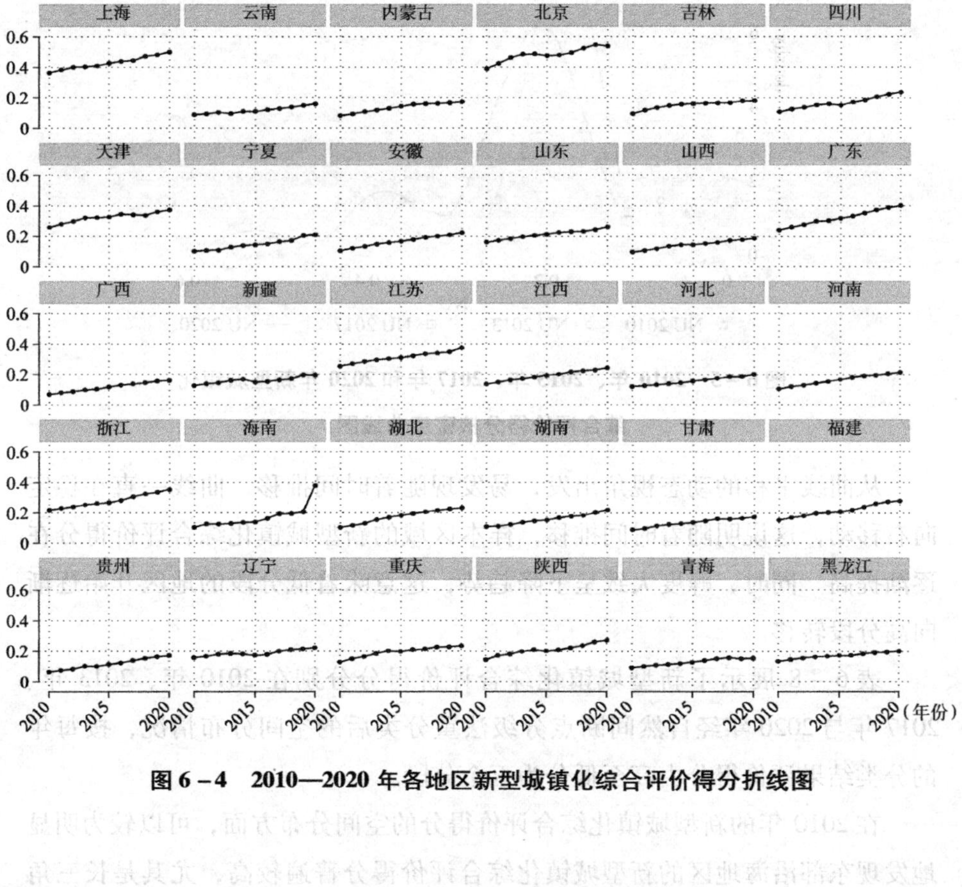

图 6-4 2010—2020 年各地区新型城镇化综合评价得分折线图

（二）新型城镇化的时空演化特征

由图6－5易知，从曲线整体形态上看，新型城镇化综合评价得分的频率分布同样呈正偏态，与乡村振兴综合评价得分的频率分布特点相异的是，新型城镇化综合评价得分的核密度曲线除了主峰以外，出现了较为明显的次峰，这意味着除了主峰所在的相对较低值的众数外，也有相当一部分地区的新型城镇化得分集中在了相对高值的次峰处。同时，该曲线集表现出了更长的长尾端，曲线跨度也更大，说明地区间的新型城镇化的评分有较大的差距，有许多分布较为离散的高值和较为集中分布的低值。

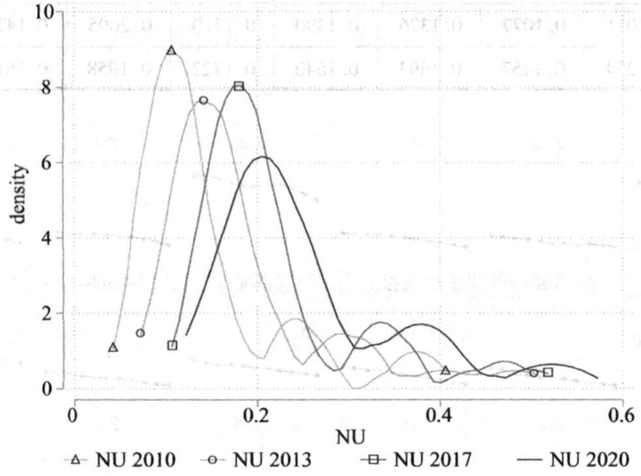

图6－5　2010年、2013年、2017年和2020年新型城镇化综合评价得分核密度曲线图

从曲线平移的动态视角出发，易发现随着时间推移，曲线一直在稳定向右移动，这说明随着时间推移，样本区域的新型城镇化综合评价得分在逐渐提高。同时，峰度大致呈下降趋势，这意味着低分段的地区开始逐渐向高分段转移。

表6－8展示了新型城镇化综合评价得分分别在2010年、2013年、2017年与2020年经自然间断点分级法重分类后的空间分布情况，按每年的分类结果评价得分由高至低分为五个分段。

在2010年的新型城镇化综合评价得分的空间分布方面，可以较为明显地发现东部沿海地区的新型城镇化综合评价得分普遍较高，尤其是长三角区域，而西南地区、西北地区得分相对较低。位于第一分段的是北京与上海，其次是广东、浙江、江苏和天津，位于第二分段，而内蒙古、甘肃、云南、广西与贵州得分较为靠后，排在第五分段。综合评价得分整体表现出一定的与经济体量的正向相关关系。

2013 年新型城镇化综合评价得分的空间分布整体格局没有发生太大变化，主要的高评价地区为北京、天津、江苏、上海与广东。而西南地区的云南、贵州、广西依然是新型城镇化水平较低的地区。相比 2010 年，2013 年大部分地区实现了分段的提升，同时最后一分段的地区由五个减少为四个。

在 2017 年的新型城镇化综合评价的空间分布方面，可以发现各地区间的新型城镇化水平差距有所缩小，具体体现在第一分段的地区仅北京与上海，其他地区主要集中在第二、三、四分段，最低分段的地区相较于 2013 年没有发生变化。

而 2020 年新型城镇化综合评价的空间分布特征为：高值地区主要集中在长三角地区、广东等东部沿海地区、长江经济带部分地区以及北京、天津，而低值地区主要分布在西南地区与西北地区，同样呈现了与地方经济实力的强关联性。

表 6－8　　新型城镇化综合评价得分自然间断点分级

分段	2010 年	2013 年	2017 年	2020 年
第一分段	北京、上海	北京、上海、江苏、广东	北京、上海、广东	北京、天津、上海、江苏、浙江、广东、海南
第二分段	江苏、浙江、广东、天津	辽宁、山东、陕西、重庆、福建、浙江、天津	浙江、福建、广东、天津	陕西、山东、福建
第三分段	新疆、黑龙江、辽宁、陕西、重庆、山东、江西、福建	新疆、黑龙江、吉林、四川、安徽、湖北、江西	辽宁、陕西、河南、山东、湖北、安徽、江西、福建、海南	辽宁、河南、安徽、湖北、湖南、江西、四川、重庆

续表

分段	2010 年	2013 年	2017 年	2020 年
第四分段	青海、四川、宁夏、山西、河北、吉林、河南、安徽、湖北、湖南、海南	甘肃、宁夏、内蒙古、山西、河北、河南、湖南、海南	新疆、甘肃、宁夏、内蒙古、黑龙江、吉林、河北、山西、湖南、四川	新疆、宁夏、黑龙江、山西、河北
第五分段	甘肃、内蒙古、贵州、云南、广西	青海、云南、贵州、广西	青海、云南、贵州、广西	青海、甘肃、内蒙古、吉林、贵州、云南、广西

图 6－6 为新型城镇化综合评价水平的趋势分析，其中子图 a、b、c 与 d 分别为新型城镇化综合评价水平在 2010 年、2013 年、2017 年及 2020 年的趋势分析图。与乡村振兴综合评价的空间分布趋势相区别的是，新型城镇化综合评价在空间分布趋势上的变化相对明显，其中最直观的特征是东—西方向拟合曲线的凸度随着时间推移逐渐变缓，这意味着东中西部的新型城镇化水平差异在逐渐缩小。而在南—北方向上，南方地区的新型城镇化水平逐渐提高，但中部地区新型城镇化水平相对靠后的现状并未随着时间推移而得到改善。

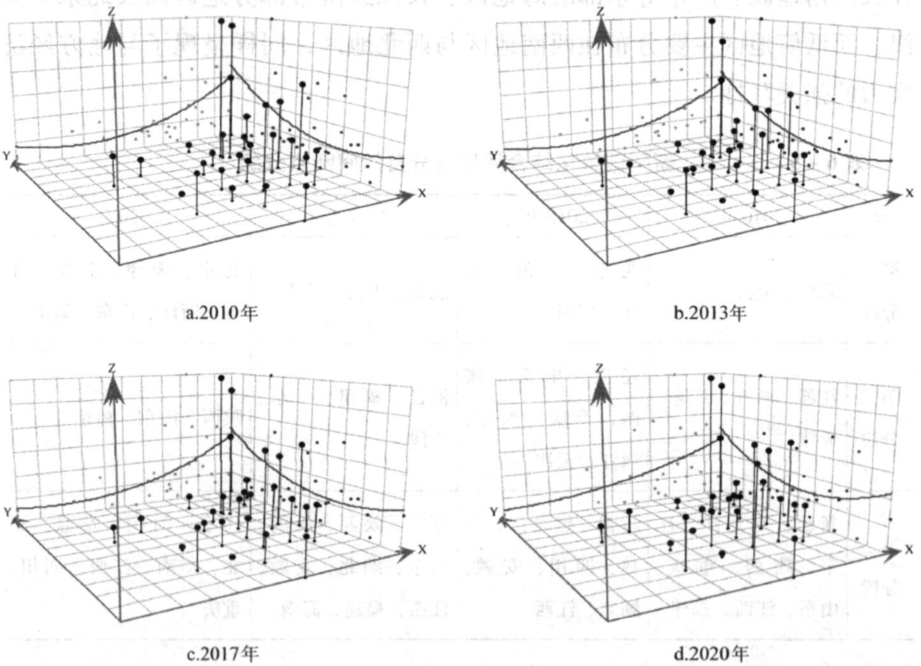

a.2010年　b.2013年　c.2017年　d.2020年

图 6－6　2010 年、2013 年、2017 年和 2020 年新型城镇化综合评价水平趋势分析

三、乡村振兴与新型城镇化耦合协调综合评价及时空演化特征

（一）乡村振兴与新型城镇化耦合协调的综合评价

表6－9列示了乡村振兴与新型城镇化的耦合度，表6－10为经综合协调指数调整过的耦合协调度。

表6－9　　　　乡村振兴与新型城镇化的耦合度

地区	2010年	2012年	2014年	2016年	2018年	2020年	均值	平均增速
北京	0.6226	0.5534	0.5460	0.6075	0.5603	0.6208	0.5834	0.15%
天津	0.6532	0.6362	0.6692	0.6549	0.6934	0.6027	0.6521	-0.69%
河北	0.6889	0.6850	0.6876	0.7298	0.7726	0.7943	0.7232	1.45%
山西	0.6768	0.6686	0.6908	0.7261	0.8012	0.8345	0.7314	2.16%
内蒙古	0.7010	0.7460	0.7923	0.8397	0.8070	0.7861	0.7790	1.20%
辽宁	0.9623	0.9774	0.9382	0.8974	0.9969	0.9754	0.9493	0.22%
吉林	0.7774	0.8661	0.9257	0.9204	0.8980	0.8861	0.8867	1.37%
黑龙江	0.8538	0.8397	0.8362	0.8407	0.8627	0.8432	0.8488	-0.11%
上海	0.6843	0.7891	0.8744	0.8232	0.7286	0.6973	0.7762	0.35%
江苏	0.8800	0.8740	0.8586	0.8670	0.8822	0.8985	0.8736	0.22%
浙江	0.9494	0.9169	0.9008	0.9364	0.9724	0.9662	0.9440	0.20%
安徽	0.6933	0.7364	0.7823	0.7997	0.8309	0.8322	0.7762	1.88%
福建	0.8723	0.8644	0.8600	0.8764	0.9607	0.9450	0.8976	0.83%
江西	0.8035	0.8452	0.8720	0.9012	0.9273	0.9614	0.8865	1.83%
山东	0.5734	0.6079	0.6537	0.7228	0.7952	0.8399	0.6930	3.93%
河南	0.5172	0.5711	0.6308	0.7470	0.7520	0.7702	0.6665	4.12%
湖北	0.7447	0.7994	0.8784	0.9052	0.9395	0.9600	0.8710	2.59%
湖南	0.6929	0.7200	0.7460	0.8041	0.8459	0.8744	0.7678	2.47%
广东	0.8472	0.8220	0.8271	0.8073	0.8100	0.8494	0.8227	0.05%
广西	0.7329	0.7647	0.7980	0.8852	0.8526	0.8377	0.8139	1.38%
海南	0.7632	0.7449	0.7652	0.8429	0.9028	0.7201	0.8033	-0.24%
重庆	0.9434	0.9963	0.8960	0.8847	0.8770	0.9634	0.9294	0.29%
四川	0.5887	0.6231	0.6491	0.7140	0.7790	0.9317	0.7060	4.80%

续表

地区	2010 年	2012 年	2014 年	2016 年	2018 年	2020 年	均值	平均增速
贵州	0.6841	0.7176	0.7608	0.8010	0.8680	0.8667	0.7861	2.41%
云南	0.8081	0.8162	0.7659	0.7831	0.8016	0.8033	0.7865	0.03%
陕西	0.9474	0.8860	0.8615	0.8719	0.8608	0.8366	0.8737	-1.22%
甘肃	0.7950	0.8347	0.8292	0.8843	0.8870	0.9165	0.8591	1.47%
青海	0.9099	0.9076	0.9041	0.8867	0.8609	0.7959	0.8719	-1.24%
宁夏	0.9034	0.8355	0.8478	0.8072	0.9006	0.9348	0.8744	0.44%
新疆	0.8472	0.8823	0.9034	0.8213	0.8525	0.8621	0.8655	0.24%

经测算得到的耦合协调度 $D \in [0.2559, 0.6047]$，且整体范围下至中度失调，上至初级协调。

表 6-10　　乡村振兴与新型城镇化的耦合协调度

地区	2010 年	2012 年	2014 年	2016 年	2018 年	2020 年	均值	平均增速
江苏	0.4999	0.5281	0.5435	0.5600	0.5760	0.6047	0.5517	1.93%
上海	0.4405	0.5195	0.5719	0.5638	0.5315	0.5289	0.5308	1.96%
浙江	0.4631	0.4840	0.5053	0.5272	0.5681	0.5915	0.5231	2.48%
广东	0.4231	0.4424	0.4664	0.4794	0.5104	0.5522	0.4779	2.71%
福建	0.3864	0.4220	0.4458	0.4611	0.5070	0.5243	0.4591	3.11%
北京	0.4245	0.4263	0.4339	0.4655	0.4601	0.5042	0.4528	1.78%
山东	0.3931	0.4186	0.4415	0.4626	0.4727	0.5021	0.4481	2.48%
江西	0.3685	0.4016	0.4234	0.4463	0.4716	0.4925	0.4345	2.95%
辽宁	0.3957	0.4226	0.4243	0.4193	0.4579	0.4611	0.4292	1.58%
重庆	0.3566	0.4050	0.4065	0.4101	0.4251	0.4694	0.4132	2.84%
湖北	0.3203	0.3579	0.4082	0.4370	0.4613	0.4800	0.4127	4.15%
黑龙江	0.3612	0.3904	0.4048	0.4117	0.4341	0.4436	0.4089	2.08%
陕西	0.3765	0.3804	0.4007	0.4040	0.4263	0.4469	0.4048	1.74%
四川	0.3274	0.3663	0.3954	0.4087	0.4479	0.4842	0.4037	4.03%
安徽	0.3220	0.3612	0.3923	0.4166	0.4414	0.4664	0.4008	3.78%
河南	0.3271	0.3586	0.3890	0.4211	0.4361	0.4555	0.3990	3.38%
天津	0.3545	0.3742	0.4063	0.4140	0.4274	0.4042	0.3983	1.38%
新疆	0.3549	0.3794	0.4089	0.3890	0.4112	0.4381	0.3982	2.19%

续表

地区	2010 年	2012 年	2014 年	2016 年	2018 年	2020 年	均值	平均增速
河北	0.3463	0.3621	0.3783	0.4023	0.4264	0.4431	0.3924	2.50%
海南	0.3215	0.3517	0.3667	0.3989	0.4377	0.4686	0.3919	3.90%
湖南	0.3293	0.3474	0.3785	0.4044	0.4230	0.4626	0.3900	3.47%
吉林	0.3081	0.3644	0.3941	0.4033	0.4067	0.4216	0.3861	3.24%
宁夏	0.3169	0.3269	0.3686	0.3826	0.4109	0.4553	0.3789	3.73%
山西	0.3078	0.3413	0.3742	0.3843	0.4104	0.4283	0.3743	3.37%
内蒙古	0.2866	0.3278	0.3584	0.3934	0.3991	0.4108	0.3637	3.69%
甘肃	0.2943	0.3344	0.3552	0.3799	0.3952	0.4139	0.3633	3.50%
青海	0.3000	0.3260	0.3415	0.3696	0.3929	0.3871	0.3533	2.60%
云南	0.2963	0.3198	0.3296	0.3449	0.3695	0.3946	0.3399	2.94%
广西	0.2664	0.2984	0.3234	0.3611	0.3809	0.3995	0.3398	4.15%
贵州	0.2559	0.2883	0.3156	0.3486	0.3889	0.4104	0.3368	4.88%

为了更清晰地展示各地区在样本期内乡村振兴与新型城镇化的耦合协调演化情况，将各地区的顺序按照耦合协调度均值降序排列，各地区对应序号与前表保持一致。

从表6－10中易发现，处于中度失调的观测值仅5个地区的早期年份，进入初级协调阶段的仅2020年的江苏。而大部分地区多数年份内均处于轻度失调与濒临失调的阶段，上海、江苏、浙江处于勉强协调的年份较多。

整体的耦合协调度均值排序前三的为江苏、上海与浙江，尾部三个地区分别是云南、广西和贵州，实际上也表现出了一定的与经济发展水平的正向相关。从各地区耦合协调度的平均增速上看，平均增速最快的三个地区分别是贵州、湖北与广西，而平均增速最慢的三个地区分别为陕西、辽宁和天津。

如图6－7所示，样本地区乡村振兴与新型城镇化的耦合协调度大致呈稳定上升的趋势。除了上海的曲线略显波动之外，其余地区的增速都较为稳定且相近。

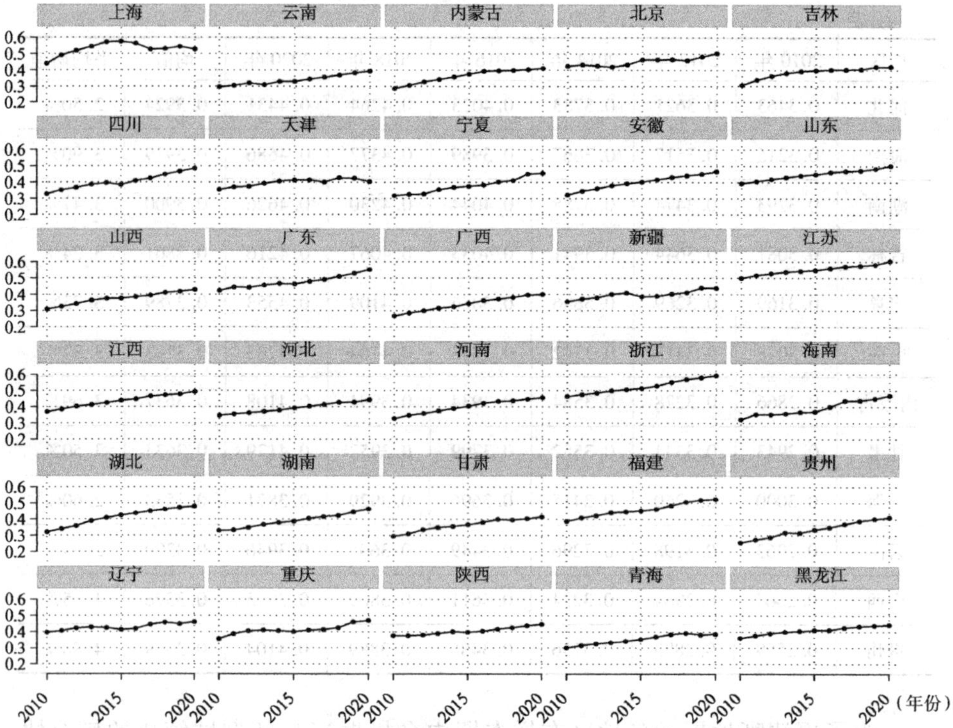

图6-7　2010—2020年各地区乡村振兴与新型城镇化耦合协调情况折线图

（二）乡村振兴与新型城镇化耦合协调度的时空演化特征

图6-8展示了乡村振兴与新型城镇化的耦合协调度的核密度曲线图。从曲线移动趋势来看，随着年份增加，曲线向右平移，意味着整体上各地区的乡村振兴与新型城镇化耦合协调度在随着时间推移而增长。从曲线的形态上看，乡村振兴与新型城镇化的耦合协调度也表现出一定的正偏态，与乡村振兴和新型城镇化各自的核密度曲线形态相比，二者耦合协调度的众数与均值相对较为靠近。从曲线的峰度上看，随着时间推移曲线峰度经历了从低到高再到低的过程，这意味着乡村振兴与新型城镇化耦合协调度的数据集中度也经历了一个"低—高—低"的过程，并且在中期的时候在主峰右侧短暂地出现了次峰，说明在中期时耦合协调度在相对高值的位置短暂地集中过，而后数据频率分布又逐渐向众数收敛。

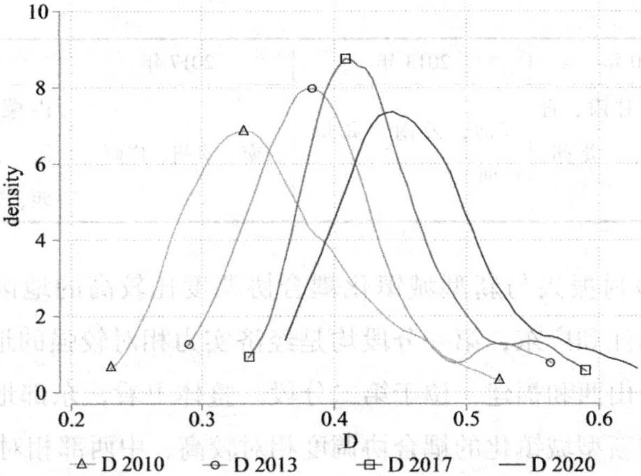

图6-8　2010年、2013年、2017年和2020年乡村振兴与新型城镇化耦合协调度核密度曲线图

在固定评级分类的基础上，为了进一步地分析各地区在样本期内的相对高低值的空间分布，此处同样基于自然间断点分类法（Jenks）对2010年、2013年、2017年与2020年的乡村振兴与新型城镇化耦合协调度进行重分类与可视化，具体如表6-11所示。

表6-11　乡村振兴与新型城镇化耦合协调度自然间断点分级

分段	2010年	2013年	2017年	2020年
第一分段	北京、上海、江苏、浙江、广东	江苏、上海、浙江	江苏、上海、浙江	浙江、江苏、广东
第二分段	辽宁、陕西、山东、福建	辽宁、北京、山东、重庆、江西、福建、广东	北京、山东、湖北、江西、福建、广东	北京、山东、上海、江西、福建
第三分段	新疆、黑龙江、河北、天津、江西、重庆	新疆、黑龙江、吉林、天津、陕西、四川、河南、湖北、安徽	黑龙江、辽宁、河北、陕西、四川、重庆、河南、安徽、湖南、海南	辽宁、宁夏、四川、重庆、河南、安徽、湖北、湖南、海南
第四分段	吉林、宁夏、四川、山西、河南、安徽、湖北、湖南、海南	内蒙古、甘肃、宁夏、山西、河北、湖南、海南	新疆、青海、甘肃、宁夏、内蒙古、吉林、天津、山西	新疆、黑龙江、吉林、河北、山西、陕西

续表

分段	2010 年	2013 年	2017 年	2020 年
第五分段	内蒙古，甘肃、青海、云南、贵州、广西	青海、云南、贵州、广西	云南、贵州、广西	内蒙古、甘肃、青海、云南、贵州、广西、天津

2010 年乡村振兴与新型城镇化耦合协调度比较高的地区是北京、上海、江苏、浙江和广东，第一分段均是经济实力相对较强的地区。其次是辽宁、山东、山西和福建，位于第二分段。整体上看，东部地区和东北地区乡村振兴与新型城镇化的耦合协调度相对较高，中西部相对较低。

从 2013 年乡村振兴与新型城镇化耦合协调度的空间分布情况来看，相较于 2010 年，本年度长江以北区域内的地区基本都在分段上有所提升，此时位于第一分段的仅有长三角的上海、江苏和浙江 3 个地区，但研究区域内位于最后一分段的地区由原来的 6 个地区减少为青海、云南、贵州和广西 4 个地区，第二、第三分段内的地区数量都有所上升，整体趋势向好。

关于 2017 年乡村振兴与新型城镇化耦合协调的空间分布情况，从整体上看，东部沿海地区与长江经济带基本形成了“拉弓式”格局，东部沿海地区为“弓臂”，京津冀与珠三角地区为南北两端，长三角为“弓窗”，长江经济带为“弓箭箭杆”，形成了示范与增长极的合力格局。同时，最后一分段的地区从 2013 年的 4 个降为 3 个，集中在西南地区。

而乡村振兴与新型城镇化的空间分布方面，与 2017 年相比东部沿海与长江经济带部分地区在 2020 年与其他地区进一步拉开了距离，整体具有相对更高的耦合协调度。同时，2020 年整体的耦合协调度分布呈现出相对更大的差异。

图 6－9 为乡村振兴与新型城镇化耦合协调度的趋势分析图示。子图 a、b、c 与 d 分别为其在 2010 年、2013 年、2017 年及 2020 年的趋势分析图示。在研究期间，乡村振兴与新型城镇化耦合协调度的空间分布趋势变化更为明显，最显著之处在于其随着时间推移而表现出均值化的过程。尤其是南—北方向的拟合曲线，由一开始的南—北两端高、中间低的形态演化为几乎平直的一条曲线。而在东—西方向上，拟合曲线的凸度也表现出

了一定程度的缩小，其主要表现在中部地区乡村振兴与新型城镇化耦合协调情况的优化，但整体依然是东部高西部低的特征。

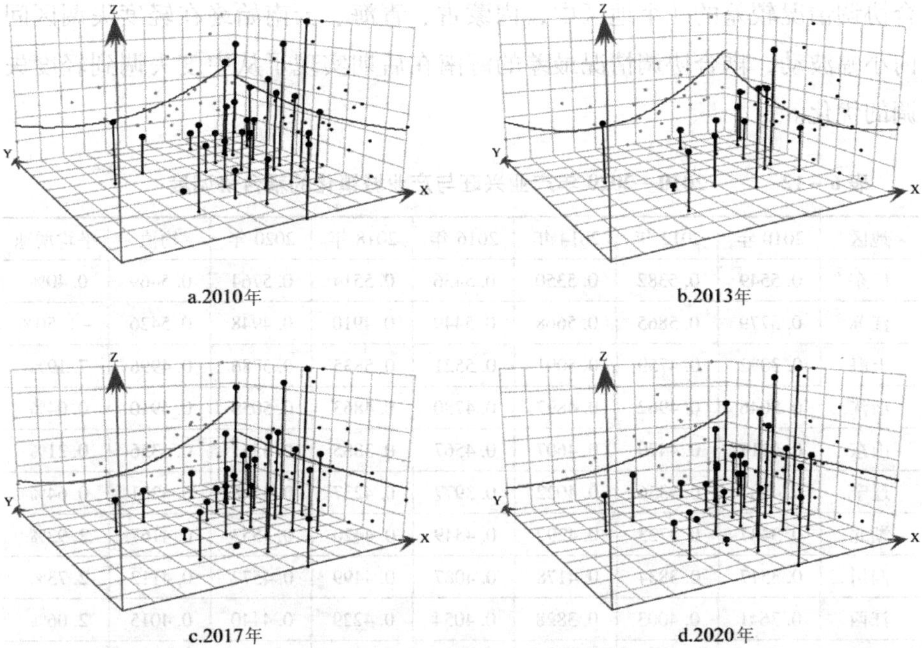

图 6－9　2010 年、2013 年、2017 年和 2020 年乡村振兴与新型城镇化耦合协调度的趋势分析

四、乡村振兴与新型城镇化子维度耦合协调现状分析

经测算，乡村振兴与新型城镇化之间各维度的耦合协调度 D_{sub} 的极值在（0,0.8）的范围内，为更直观地展示各观测值的耦合协调情况，对所有地区按 D_{sub} 降序排列。

（一）产业兴旺与产业城镇化的耦合协调

表 6－12 列示了产业兴旺与产业城镇化的耦合协调情况。可以发现整体上产业兴旺与产业城镇化耦合协调情况较好的分别为广东、江苏与上海，耦合协调度较低的分别是青海、云南与海南。其中，广东始终处于初级协调阶段，江苏虽然耦合协调度均值位列第二，但后期由初级协调降级

为勉强协调，而上海经历了从濒临失调到勉强协调再到初级协调的快速优化过程，另一个表现即其耦合协调度的平均增速为所有地区中最高。而耦合协调情况较差的几个地区中，内蒙古、青海、云南始终在轻度失调区间内小幅波动，耦合协调情况最差的海南在后期实现了从中度失调到轻度失调的优化。

表 6－12　2010—2020 年产业兴旺与产业城镇化的耦合协调度

地区	2010 年	2012 年	2014 年	2016 年	2018 年	2020 年	均值	平均增速
广东	0. 5549	0. 5382	0. 5350	0. 5436	0. 5514	0. 5764	0. 5469	0. 40%
江苏	0. 5779	0. 5865	0. 5668	0. 5449	0. 4910	0. 4948	0. 5426	－1. 50%
上海	0. 3092	0. 4759	0. 5091	0. 5521	0. 5835	0. 5786	0. 4996	7. 19%
浙江	0. 5046	0. 4962	0. 4897	0. 4780	0. 4863	0. 5059	0. 4910	0. 04%
山东	0. 4318	0. 4470	0. 4607	0. 4567	0. 3885	0. 4361	0. 4356	0. 21%
辽宁	0. 4307	0. 4356	0. 4022	0. 3977	0. 4237	0. 4548	0. 4201	0. 64%
湖北	0. 3437	0. 3723	0. 4292	0. 4549	0. 4420	0. 4553	0. 4167	2. 92%
四川	0. 3517	0. 3834	0. 4178	0. 4087	0. 4499	0. 4577	0. 4112	2. 73%
江西	0. 3641	0. 4003	0. 3828	0. 4054	0. 4229	0. 4440	0. 4015	2. 06%
安徽	0. 3543	0. 3875	0. 4176	0. 4242	0. 4046	0. 4040	0. 3993	1. 39%
陕西	0. 3281	0. 3527	0. 3757	0. 3843	0. 4018	0. 4232	0. 3787	2. 59%
福建	0. 3495	0. 3885	0. 3826	0. 3744	0. 3766	0. 3572	0. 3739	0. 26%
河北	0. 3702	0. 3686	0. 3676	0. 3684	0. 3665	0. 3912	0. 3710	0. 57%
吉林	0. 3260	0. 3472	0. 3604	0. 3863	0. 3625	0. 4170	0. 3700	2. 73%
河南	0. 3179	0. 3663	0. 3954	0. 4122	0. 3532	0. 3496	0. 3689	1. 09%
湖南	0. 3308	0. 3528	0. 3661	0. 3665	0. 3682	0. 4009	0. 3661	1. 97%
甘肃	0. 3053	0. 3417	0. 3564	0. 3554	0. 3588	0. 3629	0. 3479	1. 78%
重庆	0. 2954	0. 3191	0. 3383	0. 3524	0. 3692	0. 3935	0. 3445	2. 91%
山西	0. 2975	0. 3181	0. 3273	0. 3196	0. 3498	0. 3219	0. 3234	0. 85%
天津	0. 2779	0. 3032	0. 3314	0. 3388	0. 3293	0. 3498	0. 3219	2. 36%
宁夏	0. 3009	0. 2992	0. 3087	0. 3231	0. 3342	0. 3295	0. 3160	0. 92%
黑龙江	0. 3065	0. 3103	0. 3101	0. 2980	0. 2899	0. 3114	0. 3047	0. 22%
贵州	0. 2715	0. 2719	0. 2936	0. 3114	0. 3440	0. 3271	0. 3024	1. 94%
广西	0. 2778	0. 2949	0. 3156	0. 3261	0. 2903	0. 2886	0. 3002	0. 45%
北京	0. 2650	0. 2795	0. 2868	0. 3022	0. 3198	0. 3345	0. 2987	2. 36%

续表

地区	2010 年	2012 年	2014 年	2016 年	2018 年	2020 年	均值	平均增速
新疆	0. 2633	0. 2704	0. 2963	0. 3009	0. 3089	0. 3024	0. 2936	1. 46%
内蒙古	0. 2793	0. 2955	0. 2648	0. 2673	0. 2615	0. 2708	0. 2728	-0. 26%
青海	0. 2240	0. 2444	0. 2661	0. 2819	0. 2972	0. 2624	0. 2627	1. 70%
云南	0. 2600	0. 2664	0. 2583	0. 2502	0. 2603	0. 2395	0. 2553	-0. 77%
海南	0. 1714	0. 1807	0. 1739	0. 1733	0. 1999	0. 2171	0. 1850	2. 50%

（二）生态宜居与绿色城镇化的耦合协调

表6-13为生态宜居与绿色城镇化的耦合协调情况，整体上各地区在该子维度耦合上基本较为乐观。可以发现在此维度耦合协调性上表现较好的地区为江苏、北京与海南，而较差的地区为吉林、四川与黑龙江，同时，贵州为生态宜居与绿色城镇化耦合协调度平均增速最高的地区，实现了从轻度失调到濒临失调再到勉强协调的优化。江苏、北京、海南、山东、浙江与福建始终处于过渡发展阶段，且都大致实现了耦合协调级别的提升。此外，辽宁、重庆、山西、青海、四川与黑龙江始终处于失调阶段，但其中除了陕西外，其他几个地区的耦合协调度都能保持一个相对较缓慢的上升趋势。

表6-13　　2010—2020年生态宜居与绿色城镇化的耦合协调度

地区	2010 年	2012 年	2014 年	2016 年	2018 年	2020 年	均值	平均增速
江苏	0. 4967	0. 5175	0. 5555	0. 5831	0. 6178	0. 6857	0. 5717	1. 50%
北京	0. 5109	0. 5407	0. 4714	0. 5941	0. 5629	0. 6098	0. 5515	1. 12%
海南	0. 4315	0. 4427	0. 4393	0. 5516	0. 5965	0. 6757	0. 5179	2. 39%
山东	0. 4516	0. 4627	0. 4939	0. 5146	0. 5636	0. 5662	0. 5127	1. 31%
浙江	0. 4148	0. 4918	0. 4766	0. 4862	0. 5157	0. 5178	0. 4825	1. 49%
福建	0. 4016	0. 4269	0. 4405	0. 4566	0. 5082	0. 5317	0. 4612	1. 39%
安徽	0. 3671	0. 4013	0. 4351	0. 4748	0. 5167	0. 5559	0. 4603	2. 30%
宁夏	0. 3724	0. 3788	0. 4065	0. 4848	0. 5217	0. 5646	0. 4556	2. 15%
上海	0. 3836	0. 3790	0. 3974	0. 4374	0. 4907	0. 5395	0. 4361	1. 48%
广东	0. 3762	0. 3993	0. 4164	0. 4287	0. 4331	0. 5480	0. 428	1. 99%
山西	0. 3592	0. 3746	0. 3993	0. 4455	0. 4642	0. 4953	0. 4222	1. 64%

续表

地区	2010 年	2012 年	2014 年	2016 年	2018 年	2020 年	均值	平均增速
天津	0.3555	0.4029	0.3981	0.4492	0.4503	0.4433	0.4209	1.66%
新疆	0.3470	0.3986	0.4353	0.4509	0.4382	0.4345	0.4201	1.82%
河南	0.3490	0.3667	0.3927	0.4423	0.4544	0.4575	0.4086	1.57%
湖南	0.3422	0.3051	0.3800	0.4431	0.4618	0.4987	0.4054	1.98%
河北	0.3749	0.3818	0.3865	0.4015	0.4074	0.4467	0.402	0.77%
江西	0.3789	0.3794	0.3735	0.3910	0.4241	0.4339	0.399	0.55%
湖北	0.3520	0.3621	0.3692	0.3952	0.4076	0.4267	0.3941	1.29%
内蒙古	0.3480	0.3988	0.3431	0.3641	0.3817	0.4175	0.3817	1.27%
云南	0.3310	0.3398	0.3596	0.3857	0.4214	0.4410	0.3787	1.38%
广西	0.3290	0.3446	0.3378	0.3309	0.4285	0.4903	0.3761	1.73%
辽宁	0.3468	0.3447	0.3855	0.3930	0.3854	0.3957	0.375	0.77%
重庆	0.3452	0.3637	0.3644	0.3740	0.3756	0.3945	0.3687	0.67%
贵州	0.2598	0.3151	0.3732	0.3753	0.4321	0.4153	0.3663	3.48%
甘肃	0.2733	0.3167	0.3609	0.3834	0.4182	0.4254	0.3636	2.89%
陕西	0.3724	0.3415	0.3480	0.3476	0.3855	0.3613	0.3584	-0.28%
青海	0.3026	0.3220	0.3269	0.3474	0.3599	0.3564	0.3379	1.06%
吉林	0.2986	0.2981	0.3125	0.3153	0.3496	0.4260	0.3345	1.45%
四川	0.3068	0.2925	0.3013	0.3099	0.3456	0.3534	0.3181	0.45%
黑龙江	0.2831	0.3024	0.3033	0.3113	0.3133	0.3256	0.3051	0.73%

（三）乡风文明与社会城镇化的耦合协调

表 6-14 展示了乡风文明与社会城镇化的耦合协调情况，从整体的情况来看，大部分地区的耦合协调度在缓慢上升，其中平均增速最高的地区为贵州，在此维度上也实现了从轻度失调到濒临失调再到勉强协调的优化，其次是甘肃与河南。而均值较高的地区主要集中在西部，即青海、四川与宁夏。均值较低的几个地区为天津、海南与广东，同时上海与北京的均值排名也比较靠后，即经济实力较高的地区在乡风文明与社会城镇化的耦合协调方面仍存在短板。

与其他的子维度耦合协调情况相比，各地区在乡风文明与社会城镇化方面处于勉强协调及以上级别的观测值最多，但各地区在时序上的提级变动并不明显。

表 6 - 14　　2010—2020 年乡风文明与社会城镇化的耦合协调度

地区	2010 年	2012 年	2014 年	2016 年	2018 年	2020 年	均值	平均增速
青海	0.5663	0.6112	0.6062	0.6378	0.6523	0.6442	0.6166	0.86%
四川	0.4473	0.5417	0.5724	0.6073	0.6692	0.6228	0.5889	2.71%
宁夏	0.4905	0.5417	0.6165	0.6347	0.5798	0.5964	0.5823	1.68%
山西	0.4861	0.5409	0.5592	0.5923	0.6327	0.6550	0.5794	1.73%
河北	0.5323	0.5734	0.5741	0.5875	0.5874	0.6014	0.5787	0.79%
江西	0.4645	0.5258	0.5253	0.5645	0.6028	0.6360	0.5582	1.88%
湖南	0.4807	0.5231	0.5730	0.5748	0.5461	0.5658	0.5509	1.41%
陕西	0.5610	0.5552	0.5681	0.5322	0.5300	0.5377	0.545	-0.24%
内蒙古	0.4183	0.5036	0.5465	0.5454	0.5741	0.6188	0.5379	2.51%
吉林	0.5031	0.5325	0.5440	0.5367	0.5487	0.5447	0.5352	0.58%
湖北	0.5515	0.5541	0.5459	0.5261	0.5106	0.5214	0.5332	-0.29%
新疆	0.4946	0.5071	0.5162	0.5273	0.5434	0.6106	0.533	0.80%
安徽	0.4310	0.5116	0.4901	0.5271	0.5427	0.5608	0.517	1.85%
重庆	0.5148	0.5560	0.5008	0.4793	0.4781	0.4867	0.503	-0.13%
黑龙江	0.4734	0.5293	0.5230	0.4848	0.4746	0.5166	0.4985	0.57%
河南	0.3368	0.3982	0.4595	0.5416	0.6103	0.5951	0.4958	3.92%
浙江	0.5088	0.5139	0.5133	0.4895	0.4724	0.4614	0.4917	-0.25%
山东	0.5367	0.5371	0.4916	0.4846	0.4442	0.4521	0.4898	-0.74%
甘肃	0.3175	0.3955	0.4369	0.4760	0.5707	0.6162	0.4743	4.24%
江苏	0.4626	0.4750	0.4726	0.4839	0.4676	0.4717	0.4711	0.18%
福建	0.4444	0.4677	0.4600	0.4767	0.4711	0.4815	0.4675	0.49%
辽宁	0.4507	0.4643	0.4645	0.4697	0.4613	0.4700	0.4631	0.20%
广西	0.4125	0.4437	0.4325	0.4371	0.4487	0.4565	0.4419	0.69%
云南	0.3531	0.3381	0.4498	0.4579	0.5018	0.5395	0.4411	2.49%
贵州	0.2915	0.3137	0.4061	0.4796	0.5396	0.5940	0.4395	4.43%
上海	0.3115	0.3580	0.3806	0.3962	0.4266	0.4399	0.387	2.15%
北京	0.4006	0.3948	0.3977	0.3948	0.3499	0.3572	0.3842	-0.29%
天津	0.3892	0.3784	0.3636	0.3718	0.3803	0.3791	0.3767	-0.27%
海南	0.3363	0.3617	0.3741	0.3498	0.3753	0.3602	0.3593	0.66%
广东	0.3125	0.3051	0.3066	0.3199	0.3539	0.3702	0.326	0.49%

（四）治理有效与空间城镇化的耦合协调

表6－15列示了各地区治理有效与空间城镇化的耦合协调情况。此维度的耦合协调情况在整体上同样没有随着时间变化表现出非常明显的提级变化，即表格中不同填充色的色区斜率较为平缓，同时该维度的平均增速与其他维度相比更接近0。在该维度下，河南、四川与河北的耦合协调度均值位居前列，居于尾部的是天津、海南与上海，且尾部的三个地区虽然耦合协调度的平均增速为正，但始终没有脱离轻度失调阶段。始终处于勉强协调及以上等级内的地区仅河南、四川、河北与山西，而湖北、云南、新疆、广西、黑龙江、内蒙古、青海、重庆和广东也始终处于濒临失调阶段。这意味着在全部样本区域内治理有效与空间城镇化的耦合协调情况相对更不乐观，各地区耦合协调的趋势也没有表现出较强的一致性。

表6－15　　2010—2020年治理有效与空间城镇化的耦合协调度

地区	2010年	2012年	2014年	2016年	2018年	2020年	均值	平均增速
河南	0.6008	0.6183	0.6278	0.5234	0.4796	0.4936	0.5635	-0.31%
四川	0.4704	0.5157	0.5555	0.5688	0.6099	0.4137	0.5238	2.11%
河北	0.4615	0.4679	0.4738	0.5160	0.5132	0.5115	0.4907	0.60%
山东	0.3975	0.4251	0.4620	0.5023	0.5709	0.5668	0.4879	2.05%
山西	0.4365	0.5050	0.5225	0.4819	0.4476	0.4287	0.4777	1.00%
湖南	0.5264	0.5218	0.5333	0.4078	0.4001	0.4159	0.4710	-0.61%
浙江	0.4201	0.4129	0.4494	0.3988	0.3780	0.4474	0.4110	0.10%
甘肃	0.3914	0.3998	0.4179	0.3980	0.3814	0.3789	0.3955	0.14%
江西	0.3908	0.3820	0.3881	0.3962	0.4025	0.4016	0.3930	0.06%
江苏	0.4048	0.4077	0.4168	0.3666	0.3652	0.3671	0.3894	-0.25%
贵州	0.3948	0.4165	0.4100	0.3840	0.3602	0.3674	0.3892	-0.08%
湖北	0.3712	0.3726	0.3798	0.3923	0.3781	0.3853	0.3814	0.26%
云南	0.3533	0.3722	0.3798	0.3860	0.3882	0.3991	0.3814	0.72%
新疆	0.3755	0.3666	0.3749	0.3977	0.3949	0.3876	0.3805	0.15%
广西	0.3394	0.3606	0.3676	0.3574	0.3678	0.3738	0.3624	0.62%
辽宁	0.3618	0.3671	0.3619	0.3405	0.3394	0.3428	0.3589	0.19%
黑龙江	0.3610	0.3639	0.3652	0.3470	0.3415	0.3516	0.3559	-0.11%
安徽	0.3449	0.3460	0.3524	0.3525	0.3552	0.3717	0.3520	0.21%
内蒙古	0.3178	0.3387	0.3489	0.3573	0.3642	0.3774	0.3514	0.96%
陕西	0.4121	0.3557	0.3546	0.3343	0.3283	0.3427	0.3511	-1.31%

续表

地区	2010 年	2012 年	2014 年	2016 年	2018 年	2020 年	均值	平均增速
青海	0. 3117	0. 3195	0. 3281	0. 3529	0. 3583	0. 3627	0. 3473	1. 49%
福建	0. 3319	0. 3339	0. 3376	0. 3441	0. 3428	0. 3451	0. 3382	0. 18%
重庆	0. 3144	0. 3248	0. 3232	0. 3292	0. 3540	0. 3573	0. 3329	0. 57%
广东	0. 3163	0. 3039	0. 3183	0. 3155	0. 3552	0. 3702	0. 3296	0. 51%
吉林	0. 3273	0. 3343	0. 2879	0. 2974	0. 3059	0. 3220	0. 3112	-0. 39%
北京	0. 2825	0. 2982	0. 3094	0. 3006	0. 3362	0. 3322	0. 3087	0. 91%
宁夏	0. 2524	0. 2546	0. 2676	0. 2749	0. 2821	0. 2937	0. 2713	0. 70%
天津	0. 2629	0. 2635	0. 2638	0. 2428	0. 2686	0. 2740	0. 2622	0. 04%
海南	0. 2401	0. 2417	0. 2515	0. 2574	0. 2605	0. 2742	0. 2535	0. 54%
上海	0. 2335	0. 2358	0. 2446	0. 2351	0. 2617	0. 2668	0. 247	0. 61%

（五）生活富裕与经济城镇化的耦合协调

表6－16为各地区生活富裕与经济城镇化的耦合协调度，整体而言，所有地区耦合协调度的平均增速均为正值，且量级相对更大，但同时各地区耦合协调度的绝对水平也有较大差距。具体而言，其均值较高的地区为上海、北京与天津，均值较低的地区为云南、贵州和甘肃。其中，耦合协调度平均增速最高的为海南，达到了15. 23%，其次是云南，也高达10%，相较于前四个维度组合的耦合协调情况而言，其他地区的平均增速也表现出了更大的量级。上海实现了从初级协调到中级协调再到良好协调的等级跃迁，海南更是从轻度失调逐年爬升至中级协调。然而整体还有许多地区仍未达到勉强协调的水平，其中以中西部的省（区、市）为主。

表 6－16　　2010—2020 年生活富裕与经济城镇化的耦合协调度

地区	2010 年	2012 年	2014 年	2016 年	2018 年	2020 年	均值	平均增速
上海	0. 5660	0. 6183	0. 6461	0. 6638	0. 7169	0. 7777	0. 6657	3. 25%
北京	0. 5703	0. 6152	0. 6554	0. 6030	0. 7141	0. 6624	0. 6412	1. 69%
天津	0. 4140	0. 4755	0. 5051	0. 4967	0. 5440	0. 5112	0. 4926	2. 22%
广东	0. 3950	0. 4367	0. 4588	0. 4558	0. 4959	0. 4974	0. 4597	2. 36%
江苏	0. 3746	0. 4139	0. 4345	0. 4433	0. 4892	0. 5052	0. 4450	3. 06%
浙江	0. 3480	0. 3799	0. 3979	0. 3944	0. 4089	0. 4269	0. 3957	2. 09%
福建	0. 2870	0. 3399	0. 3699	0. 3804	0. 4151	0. 4380	0. 3738	4. 36%
山东	0. 2630	0. 3055	0. 3355	0. 3461	0. 3704	0. 3915	0. 3361	4. 09%

续表

地区	2010 年	2012 年	2014 年	2016 年	2018 年	2020 年	均值	平均增速
辽宁	0. 2614	0. 3086	0. 3368	0. 3298	0. 3656	0. 3508	0. 3276	3. 07%
重庆	0. 1872	0. 2630	0. 3231	0. 3242	0. 3532	0. 3890	0. 3087	7. 78%
海南	0. 1795	0. 2371	0. 2694	0. 2942	0. 3201	0. 6242	0. 3011	15. 23%
内蒙古	0. 2086	0. 2583	0. 2888	0. 3047	0. 3210	0. 3155	0. 2843	4. 32%
湖北	0. 1942	0. 2363	0. 2732	0. 2974	0. 3265	0. 3463	0. 2816	6. 01%
吉林	0. 1926	0. 2443	0. 2754	0. 2920	0. 3112	0. 2899	0. 2685	4. 36%
陕西	0. 1670	0. 2115	0. 2529	0. 2762	0. 3197	0. 3374	0. 262	7. 35%
四川	0. 1712	0. 2183	0. 2542	0. 2721	0. 3068	0. 3347	0. 2611	7. 00%
安徽	0. 1597	0. 2100	0. 2442	0. 2642	0. 2996	0. 3445	0. 2551	8. 07%
河北	0. 1880	0. 2231	0. 2499	0. 2671	0. 2918	0. 2951	0. 2538	4. 67%
黑龙江	0. 1813	0. 2297	0. 2569	0. 2636	0. 2913	0. 2878	0. 2523	4. 90%
湖南	0. 1605	0. 2055	0. 2420	0. 2671	0. 2998	0. 3238	0. 2513	7. 33%
江西	0. 1624	0. 2113	0. 2440	0. 2649	0. 2893	0. 3206	0. 2506	7. 13%
山西	0. 1705	0. 2163	0. 2393	0. 2524	0. 2818	0. 2924	0. 2431	5. 62%
河南	0. 1541	0. 2053	0. 2338	0. 2584	0. 2869	0. 3031	0. 2422	7. 10%
宁夏	0. 1559	0. 1964	0. 2408	0. 2542	0. 2813	0. 3065	0. 2418	7. 10%
新疆	0. 1573	0. 2168	0. 2471	0. 2482	0. 2746	0. 2905	0. 2417	6. 53%
广西	0. 1401	0. 1879	0. 2275	0. 2574	0. 2864	0. 3109	0. 2365	8. 40%
青海	0. 1426	0. 1923	0. 2289	0. 2498	0. 2732	0. 2909	0. 2314	7. 52%
云南	0. 1228	0. 1695	0. 2105	0. 2348	0. 2679	0. 3151	0. 2216	10. 00%
贵州	0. 0707	0. 1403	0. 1934	0. 2235	0. 2489	0. 2920	0. 1986	16. 23%
甘肃	0. 1041	0. 1541	0. 1942	0. 2168	0. 2412	0. 2579	0. 1967	9. 73%

第三节　乡村振兴与新型城镇化耦合协调的空间相关性分析

一、空间权重的设定

为了确保结论的稳健性，本节分别从物理空间距离、经济空间距离以及同时考虑物理与经济影响的复合嵌套空间距离三个角度出发，设定以下空间权重矩阵，并在使用模型前全部经过行标准化处理。

（一）0-1 邻接矩阵（*Wc*）

此处基于地区“后”相邻的模式设定邻接矩阵，若存在相接的省界则赋值“1”，否则赋值“0”。此外，在地理上海南虽与其他地区都没有相接的省界，但在矩阵设定上将海南设为一个孤立的省份参与估计会存在偏误，无法准确反映现实状况，即海南依然会与广东、广西存在较强的事实联系。因此本研究将邻接矩阵中海南与广东、广西二者的关系值手动修改为“1”。除广东与海南、广西与海南所决定的元素以外的矩阵设定如下：

$$Wc_{ij} = \begin{cases} 1, & \text{省界相接} \\ 0, & \text{省界不相接} \end{cases} \tag{6-24}$$

（二）反距离矩阵（*Wd*）

基于地区间的距离生成以下幂为 1 的反距离矩阵：

$$Wd_{ij} = \frac{1}{distance_{ij}}, i \neq j \tag{6-25}$$

其中，$distance_{ij}$ 表示 i 地区与 j 地区的欧氏距离。

（三）经济距离矩阵（*We*）

除了在地理上的物理空间关系外，各地区之间也存在着经济联系，为了对此方面进行考察，基于各地区人均国内生产总值差额绝对值的倒数生成以下经济距离矩阵：

$$We_{ij} = \frac{1}{|per\ capita\ GDP_i - per\ capita\ GDP_j|}, i \neq j \tag{6-26}$$

其中，*per capita GDP* 表示该地区在样本期内人均 *GDP* 的均值。

（四）复合嵌套矩阵（*Wn*）

$$Wn_{ij} = \varphi_1 Wd_{ij} + \varphi_2 Wce_{ij} \tag{6-27}$$

$$Wce_{ij} = \frac{1}{|per\ capita\ consumption_i - per\ capita\ consumption_j|}, i \neq j \tag{6-28}$$

其中，为两个子矩阵赋予相等的权重，即 $\varphi_1 = \varphi_2 = 0.5$ 。*per capita consumption* 表示该地区在样本期内人均消费水平的均值。

二、乡村振兴与新型城镇化耦合协调度的全局空间相关性分析

基于前文的权重矩阵，本研究对乡村振兴、新型城镇化的综合评价得分以及乡村振兴与新型城镇化的耦合协调度进行全局空间相关性分析，以探索三者在研究区域内是否存在全局性的空间相关。此处主要采用 Global Moran's *I* 以及 Geary's *C* 指数进行分析，考虑到 Global Moran's *I* 相较于 Geary's *C* 更好地考虑了空间权重矩阵，因此全局空间相关性的判断主要以全局莫兰指数为主，以吉里尔指数辅助参考。

（一）乡村振兴的全局空间相关性

由表 6－17 可以发现，全局莫兰指数在 *Wc*、*Wd* 矩阵下均在 1% 的置信水平下显著为正，且其估计量也随着年份增加呈现大致上升趋势。在 *We* 矩阵下，全局莫兰指数的数值表现出由负转正，但并不显著。在 *Wn* 矩阵下，全局莫兰指数为正值，且从 2016 年开始其估计量开始显著。

表 6－17　　乡村振兴的全局空间相关性

矩阵	指数	统计量	年份					
			2010	2012	2014	2016	2018	2020
Wc	Global Moran's *I*	*I*	0.334	0.390	0.410	0.480	0.450	0.437
		P－Value	0.001	0.000	0.000	0.000	0.000	0.000
	Geary's *C*	*c*	0.627	0.576	0.561	0.509	0.567	0.577
		E（*c*）	1.000	1.000	1.000	1.000	1.000	1.000
		z	－2.627	－3.128	－3.332	－3.651	－3.157	－3.016
		P－Value	0.009	0.002	0.001	0.000	0.002	0.003
Wd	Global Moran's *I*	*I*	0.033	0.053	0.065	0.087	0.078	0.074
		E（*I*）	－0.034	－0.034	－0.034	－0.034	－0.034	－0.034
		z	2.163	2.732	3.070	3.758	3.529	3.446
		P－Value	0.031	0.006	0.002	0.000	0.000	0.001
	Geary's *C*	*c*	0.970	0.947	0.929	0.913	0.927	0.940
		E（*c*）	1.000	1.000	1.000	1.000	1.000	1.000
		z	－0.567	－1.108	－1.576	－1.835	－1.471	－1.153
		P－Value	0.571	0.268	0.115	0.066	0.141	0.249

续表

矩阵	指数	统计量	年份					
			2010	2012	2014	2016	2018	2020
We	Global Moran's *I*	*I*	-0.019	-0.011	-0.012	0.034	0.058	0.054
		E (*I*)	-0.034	-0.034	-0.034	-0.034	-0.034	-0.034
		z	0.183	0.272	0.262	0.782	1.069	1.035
		P-Value	0.854	0.786	0.793	0.434	0.285	0.301
	Geary's *C*	*c*	0.914	0.898	0.893	0.816	0.790	0.755
		E (*c*)	1.000	1.000	1.000	1.000	1.000	1.000
		z	-0.776	-0.974	-1.064	-1.789	-1.988	-2.252
		P-Value	0.438	0.330	0.287	0.074	0.047	0.024
Wn	Global Moran's *I*	*I*	0.020	0.067	0.095	0.149	0.189	0.235
		E (*I*)	-0.034	-0.034	-0.034	-0.034	-0.034	-0.034
		z	0.632	1.135	1.435	2.050	2.521	3.075
		P-Value	0.528	0.256	0.151	0.040	0.012	0.002
	Geary's *C*	*c*	1.024	0.944	0.883	0.812	0.775	0.718
		E (*c*)	1.000	1.000	1.000	1.000	1.000	1.000
		z	0.204	-0.512	-1.123	-1.755	-2.043	-2.487
		P-Value	0.838	0.608	0.261	0.079	0.041	0.130

吉里尔指数方面，*Wc* 矩阵下其估计量处于（0,1）内，且通过了显著性水平为1%的检验。在 *Wd* 矩阵下，仅2016年的估计量在10%的显著性水平下为0.913。在 *We* 与 *Wn* 矩阵下，自2016年开始同样通过了10%水平下的显著性检验，值域同样处于（0,1）内。

综上所述，基本认为乡村振兴表现出了全局下的空间正相关，即各地区间表现出了一定的空间趋同。

（二）新型城镇化的全局空间相关性

表6-18展示了新型城镇化的全局空间相关性的检验结果，*Wd* 矩阵下吉里尔指数出现了大于1的值，但并不显著，同时该矩阵下全局莫兰指数均在10%的显著性水平下为正，但数值偏小。在 *Wc*、*We* 和 *Wn* 矩阵下，全局莫兰指数与吉里尔指数全部通过了在1%的显著性水平下为正，且值属于（0,1）。因此可以认为新型城镇化表现出了较明显的全局空间正相关。

表 6－18　　新型城镇化的全局空间相关性

矩阵	指数	统计量	年份					
			2010	2012	2014	2016	2018	2020
Wc	Global Moran's *I*	*I*	0.401	0.366	0.355	0.394	0.373	0.397
		E（*I*）	−0.034	−0.034	−0.034	−0.034	−0.034	−0.034
		z	3.815	3.551	3.445	3.741	3.574	3.691
		P－Value	0.000	0.000	0.001	0.000	0.000	0.000
	Geary's *C*	*c*	0.480	0.506	0.522	0.476	0.510	0.493
		E（*c*）	1.000	1.000	1.000	1.000	1.000	1.000
		z	−3.600	−3.358	−3.267	−3.657	−3.387	−3.681
		P－Value	0.000	0.001	0.001	0.000	0.001	0.000
Wd	Global Moran's *I*	*I*	0.054	0.041	0.032	0.043	0.031	0.024
		E（*I*）	−0.034	−0.034	−0.034	−0.034	−0.034	−0.034
		z	2.833	2.441	2.158	2.476	2.115	1.827
		P－Value	0.005	0.015	0.031	0.013	0.034	0.068
	Geary's *C*	*c*	0.984	1.005	1.010	0.989	0.995	0.980
		E（*c*）	1.000	1.000	1.000	1.000	1.000	1.000
		z	−0.290	0.081	0.178	−0.208	−0.083	−0.406
		P－Value	0.772	0.936	0.859	0.835	0.934	0.685
We	Global Moran's *I*	*I*	0.413	0.418	0.416	0.432	0.416	0.355
		E（*I*）	−0.034	−0.034	−0.034	−0.034	−0.034	−0.034
		z	5.338	5.466	5.416	5.540	5.382	4.531
		P－Value	0.000	0.000	0.000	0.000	0.000	0.000
	Geary's *C*	*c*	0.434	0.431	0.433	0.425	0.442	0.516
		E（*c*）	1.000	1.000	1.000	1.000	1.000	1.000
		z	−5.006	−4.911	−4.923	−5.140	−4.926	−4.551
		P－Value	0.000	0.000	0.000	0.000	0.000	0.000
Wn	Global Moran's *I*	*I*	0.297	0.279	0.274	0.297	0.294	0.293
		E（*I*）	−0.034	−0.034	−0.034	−0.034	−0.034	−0.034
		z	3.852	3.679	3.606	3.827	3.814	3.710
		P－Value	0.000	0.000	0.000	0.000	0.000	0.000
	Geary's *C*	*c*	0.451	0.464	0.473	0.452	0.456	0.497
		E（*c*）	1.000	1.000	1.000	1.000	1.000	1.000
		z	−4.648	−4.428	−4.382	−4.693	−4.601	−4.542
		P－Value	0.000	0.000	0.000	0.000	0.000	0.000

（三）乡村振兴与新型城镇化耦合协调度的全局空间相关性

表6-19列示了乡村振兴与新型城镇化耦合协调度的全局空间相关性的检验结果，在 *Wd* 矩阵下，吉里尔指数在10%的显著性水平下为正，且各年份下的估计量均落入（0,1）的范围内。*We* 矩阵下全局莫兰指数全部为正值，均通过了5%水平的显著性检验。在此之外，所有检验均在1%的显著性水平下指示乡村振兴与新型城镇化耦合协调度存在空间正相关关系。

表6-19　乡村振兴与新型城镇化耦合协调度的全局空间相关性

矩阵	指数	统计量	年份					
			2010	2012	2014	2016	2018	2020
We	Global Moran's *I*	*I*	0.408	0.504	0.553	0.624	0.608	0.488
		E (*I*)	-0.034	-0.034	-0.034	-0.034	-0.034	-0.034
		z	3.711	4.559	5.050	5.634	5.449	4.405
		P-*Value*	0.000	0.000	0.000	0.000	0.000	0.000
	Geary's *C*	*c*	0.616	0.473	0.404	0.332	0.412	0.545
		E (*c*)	1.000	1.000	1.000	1.000	1.000	1.000
		z	-2.901	-3.902	-4.278	-4.845	-4.336	-3.395
		P-*Value*	0.004	0.000	0.000	0.000	0.000	0.001
Wd	Global Moran's *I*	*I*	0.071	0.098	0.115	0.132	0.127	0.089
		E (*I*)	-0.034	-0.034	-0.034	-0.034	-0.034	-0.034
		z	3.237	4.109	4.728	5.223	5.014	3.837
		P-*Value*	0.001	0.000	0.000	0.000	0.000	0.000
	Geary's *C*	*c*	0.916	0.888	0.863	0.850	0.848	0.886
		E (*c*)	1.000	1.000	1.000	1.000	1.000	1.000
		z	-1.858	-2.355	-2.664	-2.977	-3.161	-2.451
		P-*Value*	0.063	0.019	0.008	0.003	0.002	0.014
We	Global Moran's *I*	*I*	0.229	0.235	0.234	0.264	0.211	0.163
		E (*I*)	-0.034	-0.034	-0.034	-0.034	-0.034	-0.034
		z	3.014	3.101	3.147	3.472	2.834	2.267
		P-*Value*	0.003	0.002	0.002	0.001	0.005	0.023
	Geary's *C*	*c*	0.608	0.608	0.607	0.582	0.626	0.673
		E (*c*)	1.000	1.000	1.000	1.000	1.000	1.000
		z	-3.880	-3.777	-3.631	-3.916	-3.585	-3.186
		P-*Value*	0.000	0.000	0.000	0.000	0.000	0.001

续表

矩阵	指数	统计量	年份					
			2010	2012	2014	2016	2018	2020
Wn	Global Moran's *I*	*I*	0.353	0.319	0.296	0.350	0.376	0.317
		E（*I*）	-0.034	-0.034	-0.034	-0.034	-0.034	-0.034
		z	4.300	3.964	3.765	4.351	4.615	3.925
		P - Value	0.000	0.000	0.000	0.000	0.000	0.000
	Geary's *C*	*c*	0.550	0.556	0.555	0.519	0.546	0.608
		E（*c*）	1.000	1.000	1.000	1.000	1.000	1.000
		z	-4.294	-4.122	-3.951	-4.336	-4.189	-3.678
		P - Value	0.000	0.000	0.000	0.000	0.000	0.000

综上所述，无论是乡村振兴还是新型城镇化，亦或是二者的耦合协调度，各地区均表现出了较为明显的空间相关关系，因此，相较于一般形式的面板数据模型而言，使用空间计量模型对其进行估计更具合理性与可靠性。此外，乡村振兴与新型城镇化耦合协调度在物理距离矩阵下与考虑了经济距离的矩阵下空间相关关系强度的变化存在一定的方向上的区别，这点将在后文的具体分析中进一步讨论。

三、乡村振兴与新型城镇化耦合协调度的局部冷热点分析

通过 ArcGIS Pro 3.0.1 对乡村振兴、新型城镇化以及二者的耦合协调度的 Getis - Ord G_i^* 统计量进行计算，在显著的情况下区分为冷热点。

（一）乡村振兴的局部冷热点分析

由表 6 - 20 可见，在 90% 的置信度下，研究期内热点基本集中在长三角地区，且存在南移趋势：山东省从热点地区逐渐变得不显著，而浙江省逐渐成为热点地区。冷点地区的分布同样表现出了南移趋势，由早期仅存在于青海发展至后期仅存在于广西，到 2020 年已经不存在冷点地区。这意味我国的乡村振兴战略在相对落后地区的实施取得了较为积极的成果。

表 6－20 2010 年、2013 年、2017 年与 2020 年的乡村振兴局部冷热点

冷热点	置信度	年份			
		2010	2013	2017	2020
热点	99%	山东	江苏	江苏	江苏
热点	95%	江苏	–	–	浙江
热点	90%	–	山东	山东 浙江	–
冷点	90%	青海	青海	广西	–

（二）新型城镇化的局部冷热点分析

表 6－21 为新型城镇化综合评价水平的局部冷热点演化结果，可以发现研究期内整体上没有出现显著的冷点地区，而北京与上海作为全国的超一线城市，始终在 99% 的置信度下为热点地区，作为承接多功能的超级城市，北京与上海的现代化水平始终走在了全国前列，因而也不难理解这两个城市在新型城镇化方面能处于领先地位。

表 6－21 2010 年、2013 年、2017 年与 2020 年的新型城镇化局部冷热点

冷热点	置信度	年份			
		2010	2013	2017	2020
热点	99%	–	–	江苏 浙江	江苏
热点	95%	–	江苏 浙江	–	浙江
热点	90%	–	上海	–	–
冷点	95%	–	–	广西	广西
冷点	90%	广西	广西	–	–

（三）乡村振兴与新型城镇化耦合协调度的局部冷热点分析

乡村振兴与新型城镇化耦合协调度的局部冷热点如表 6－22 所示，热点地区集中在长江三角洲地区，而冷点地区仅限广西。在研究期内，空间分布并没有发生大幅的变化，但显著性均出现了明显的提升。

表 6-22 2010 年、2013 年、2017 年与 2020 年的乡村振兴与新型城镇化耦合协调度局部冷热点

冷热点	置信度	年份			
		2010	2013	2017	2020
热点	99%	–	–	江苏 浙江	江苏
	95%	江苏 浙江	江苏 浙江	–	浙江
	90%	–	上海	–	–
冷点	95%	–	–	广西	广西
	90%	广西	广西	–	–

第四节 新型城镇化与乡村振兴耦合协调性的空间格局分异探测

基于乡村振兴以及新型城镇化各五维度以及二者综合评价的评分，先利用 ArcGIS Pro 3.0.1 对所有数据进行栅格化，再在数据自身特征的基础上通过自然间断点分级法对数据进行重分类，最后将处理好的数据导入地理探测器进行分析。

此节选取 2010 年与 2020 年两个截面的数据，进行影响因子探测（Factor Detector）、交互作用探测（Interaction Detector）与生态探测（Ecological Detector），并考察两个截面各因子影响的变化，并展开对比分析。根据相关研究（王劲峰等，2017），q 值可以度量空间分异性并进行因子探测。

$$q = 1 - \frac{\sum_{h=1}^{L} N_h \sigma_h^2}{N \sigma^2} = 1 - \frac{SSW}{SST} \tag{6-29}$$

其中，$q \in [0,1]$，$h = 1,2,\cdots,L$ 表示变量或因子的分层，N_h 和 N 分别表示层 h 和全区单元数，σ_h^2 和 σ^2 分别表示层（Strata）h 和全区的方差。SSW 为

层内方差和，*SST* 为全区方差和。图 6－10 为地理探测器原理图示。

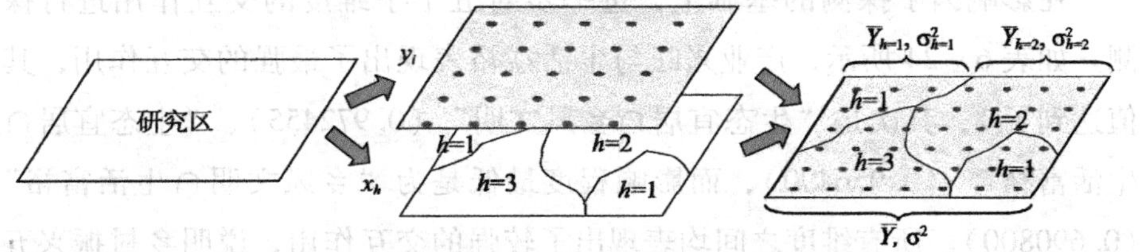

图 6－10　地理探测器原理

资料来源：王劲峰，徐成东．地理探测器：原理与展望［J］．地理学报，2017，72（1）：116－134.

交互作用探测是用于判别不同的风险因子 *X*s 之间的交互作用是否会对 *Y* 产生解释力方面的影响。生态探测则用于比较两个因子对 *Y* 的空间分布是否会产生显著影响。

一、2010 年乡村振兴五维度对新型城镇化空间分布的影响探测

利用地理探测器这一工具，本章尝试探测乡村振兴五维度在发展过程中是否会对新型城镇化的战略推进产生影响，同时考察这些维度之间是否存在交互作用以及每两个维度的交互作用是否会影响新型城镇化综合评价得分的空间分布。

（一）影响因子探测

通过因子探测来检验乡村振兴五个子维度是否能对新型城镇化的建设发展产生影响以及其具体影响程度。检验结果如表 6－23 所示，在 2010 年五个子维度均对新型城镇化的空间格局分布产生了显著的影响，其中影响程度由 *q statistic* 反映，可以发现，在 2010 年影响程度最深的是产业兴旺，其次是生活富裕、乡风文明，最后是生态宜居与治理有效。

表 6－23　2010 年乡村振兴各维度因子探测

统计量	产业兴旺	生态宜居	乡风文明	治理有效	生活富裕
q statistic	0.641015	0.423313	0.537716	0.241735	0.567464
P－Value	0.000	0.000	0.000	0.000	0.000

（二）因子交互作用探测

在影响因子探测的基础上，进一步对五个子维度的交互作用进行探测。如表6-24所示，产业兴旺与生活富裕表现出了最强的交互作用，其值达到了1，其次是“生态宜居∩乡风文明”（0.972455）、“生态宜居∩生活富裕”（0.956490），而影响程度最低是为“乡风文明∩生活富裕”（0.690800）。所有维度之间均表现出了较强的交互作用，说明乡村振兴五个子维度所指征的五个战略推进要求与方向的协同发展值得重视。根据数值下方各因子交互作用类型的检验结果，所有的因子组合均表现为增强型的交互作用，其区别在于除“生态宜居∩乡风文明”“生态宜居∩治理有效”“乡风文明∩治理有效”为非线性增强外，其他的组合均为双因子增强的形式。

表6-24　2010年乡村振兴各维度交互作用探测

维度	产业兴旺	生态宜居	乡风文明	治理有效	生活富裕
产业兴旺	0.641015				
生态宜居	0.951446 双因子增强	0.423313			
乡风文明	0.946398 双因子增强	0.972455 非线形增强	0.537716		
治理有效	0.863835 双因子增强	0.886094 非线形增强	0.797320 非线形增强	0.241735	
生活富裕	1.000000 双因子增强	0.956490 双因子增强	0.690800 双因子增强	0.804047 双因子增强	0.567464

（三）生态探测

表6-25为2010年的对乡村振兴五个子维度的生态探测结果，结果显示，除了乡风文明与生活富裕对新型城镇化综合评价得分空间分布的影响不存在显著的区别以外，其他的因子组合间均探测到了显著的差异。

表 6-25　　2010 年乡村振兴各维度生态探测

维度	产业兴旺	生态宜居	乡风文明	治理有效	生活富裕
产业兴旺					
生态宜居	Y				
乡风文明	Y	Y			
治理有效	Y	Y	Y		
生活富裕	Y	Y	N	Y	

二、2010 年新型城镇化五维度对乡村振兴空间分布的影响探测

本研究同时对新型城镇化五维度于乡村振兴综合评价得分的空间分布方面的影响进行探测。

（一）影响因子探测

表 6-26 展示了 2010 年新型城镇化五维度对乡村振兴综合评价得分的因子探测结果，可以发现五个子维度全部显著，其中空间城镇化的 *q statistic* 最大，即对乡村振兴综合评价得分的空间分布影响最大，最低的则是经济城镇化。

表 6-26　　2010 年新型城镇化各维度年因子探测

统计量	产业城镇化	绿色城镇化	社会城镇化	空间城镇化	经济城镇化
q Statistic	0.382452	0.355727	0.495512	0.608411	0.277624
P - Value	0.000	0.000	0.000	0.000	0.000

（二）交互作用探测

表 6-27 为 2010 年新型城镇化五维度两两因子的交互作用探测结果，易知对乡村振兴综合评价得分的空间分布影响最大的是“绿色城镇化∩空间城镇化”（0.968615），其次是“产业城镇化∩经济城镇化”（0.958345）以及“空间城镇化∩经济城镇化”（0.944293），而影响最低的是“产业城镇化∩绿色城镇化”（0.795418）。因子交互作用类型以非线性增强为主，仅“产业城镇化∩社会城镇化”“产业城镇化∩空间城镇化”以及“社会

城镇化∩空间城镇化”为双因子增强。

表 6 – 27　　2010 年新型城镇化各维度交互作用探测

维度	产业城镇化	绿色城镇化	社会城镇化	空间城镇化	经济城镇化
产业城镇化	0. 31948				
绿色城镇化	0. 76811 双因子增强	0. 539152			
社会城镇化	0. 851719 非线形增强	0. 971365 非线形增强	0. 423368		
空间城镇化	0. 993011 非线形增强	1. 000000 双因子增强	0. 967385 非线形增强	0. 533456	
经济城镇化	0. 777299 非线形增强	0. 902088 非线形增强	0. 798403 非线形增强	0. 901275 非线形增强	0. 261323

（三）生态探测

表 6 – 28 为新型城镇化五维度的生态探测结果，结果显示，除了产业城镇化与绿色城镇化对乡村振兴综合评价得分的空间分布的影响没有显著差别以外，其他各维度组合在此方面均表现出了显著差异。

表 6 – 28　　2010 年新型城镇化各维度生态探测

维度	产业城镇化	绿色城镇化	社会城镇化	空间城镇化	经济城镇化
产业城镇化					
绿色城镇化	N				
社会城镇化	Y	Y			
空间城镇化	Y	Y	Y		
经济城镇化	Y	Y	Y	Y	

三、2020 年乡村振兴五维度对新型城镇化空间分布的影响探测

（一）因子探测

表 6 – 29 为 2020 年乡村振兴五个子维度对新型城镇化综合评价得分的空间分布影响探测，五个维度的 *q Statistic* 全部高度显著，且可以发现到了

2020 年生活富裕的 *q Statistic* 最大，而最小的是产业兴旺。

表 6－29　　　　2020 年乡村振兴因子探测

统计量	产业兴旺	生态宜居	乡风文明	治理有效	生活富裕
q Statistic	0.425096	0.533979	0.587162	0.597507	0.807978
P－Value	0.000	0.000	0.000	0.000	0.000

（二）因子交互作用探测

表 6－30 展示了 2020 年对乡村振兴五个子维度交互作用的探测结果，结果显示，对新型城镇化空间分布影响最大的因子组合为“生态宜居∩乡风文明”（0.997729），其次是“生态宜居∩治理有效”（0.997386）以及“产业兴旺∩生活富裕”（0.996192），而影响最小的则是“产业兴旺∩乡风文明”（0.763527）。从各维度组合的交互作用类型来看，仅“产业兴旺∩生态宜居”属于非线性增强，其他各组合均为双因子增强。

表 6－30　　　　2020 年交互作用探测

维度	产业兴旺	生态宜居	乡风文明	治理有效	生活富裕
产业兴旺	0.425096				
生态宜居	0.966387 非线形增强	0.533979			
乡风文明	0.763527 双因子增强	0.997729 双因子增强	0.587162		
治理有效	0.893087 双因子增强	0.997386 双因子增强	0.97326 双因子增强	0.597507	
生活富裕	0.996192 双因子增强	0.983353 双因子增强	0.958072 双因子增强	0.995184 双因子增强	0.807978

（三）生态探测

表 6－31 列示了 2020 年乡村振兴五个子维度对新型城镇化综合评价得分空间分布影响的生态探测结果，结果显示，仅乡风文明与治理有效在对新型城镇化综合评价得分的影响方面不存在显著差异。

表 6－31　　2020 年乡村振兴各维度生态探测

维度	产业兴旺	生态宜居	乡风文明	治理有效	生活富裕
产业兴旺					
生态宜居	Y				
乡风文明	Y	Y			
治理有效	Y	Y	N		
生活富裕	Y	Y	Y	Y	

四、2020 年新型城镇化五维度对乡村振兴空间分布的影响探测

（一）影响因子探测

表 6－32 为 2020 年新型城镇化五个子维度对乡村振兴综合评价得分的空间分布的因子探测结果，同样可以发现所有维度的探测结果全部高度显著，其中影响最大的子维度为绿色城镇化，影响最小的是经济城镇化。

表 6－32　　2020 年新型城镇化各维度因子探测

统计量	产业城镇化	绿色城镇化	社会城镇化	空间城镇化	经济城镇化
q Statistic	0. 319480	0. 539152	0. 423368	0. 533456	0. 261323
P－Value	0. 000	0. 000	0. 000	0. 000	0. 000

（二）交互作用探测

从表 6－33 的交互作用探测结果可以发现，2020 年交互作用最强的因子组合为“绿色城镇化∩空间城镇化”（1. 000000），其次是“产业城镇化∩空间城镇化”（0. 993011）以及“绿色城镇化∩社会城镇化”（0. 971365）。而影响最小的组合为“产业城镇化∩绿色城镇化”（0. 768110）。从交互作用类型探测结果来看，仅“产业城镇化∩绿色城镇化”以及“绿色城镇化∩空间城镇化”为双因子增强，其他的因子组合皆为非线性增强。

（三）生态探测

从表 6－34 中的生态探测结果来看，有两个因子组合内部对乡村振兴综合评价得分的空间分布无显著区别，即“绿色城镇化∩空间城镇化”以

表 6-33　　2020 年新型城镇化各维度交互作用探测

维度	产业城镇化	绿色城镇化	社会城镇化	空间城镇化	经济城镇化
产业城镇化	0.319480				
绿色城镇化	0.768110 双因子增强	0.539152			
社会城镇化	0.851719 非线形增强	0.971365 非线形增强	0.423368		
空间城镇化	0.993011 非线形增强	1.000000 双因子增强	0.967385 非线形增强	0.533456	
经济城镇化	0.777299 非线形增强	0.902088 非线形增强	0.798403 非线形增强	0.901275 非线形增强	0.261323

及“产业城镇化∩经济城镇化”。其余各维度组合内每两两因子均在对乡村振兴综合评价的空间分布的影响方面存在差异。

表 6-34　　2020 年新型城镇化各维度生态探测

维度	产业城镇化	绿色城镇化	社会城镇化	空间城镇化	经济城镇化
产业城镇化					
绿色城镇化	Y				
社会城镇化	Y	Y			
空间城镇化	Y	N	Y		
经济城镇化	N	Y	Y	Y	

五、2020 年与 2010 年探测结果对比

利用 2010 年与 2020 年的因子探测结果生成雷达图 6-11 以进一步对比乡村振兴与新型城镇化各维度对空间分布影响的变化。

左侧为新型城镇化五个子维度对乡村振兴综合评价得分空间分布影响的变化，实线为 2010 年的探测结果，虚线为 2020 年的探测结果。可以发现，在 2010 年除了绿色城镇化以外的其他四个子维度对乡村振兴综合评价得分均在 2020 年略有降低。但是绿色城镇化的影响在 2020 年出现了大幅

的提升，得益于近年来习近平总书记提出的绿色发展理念，即基于“绿水青山就是金山银山”以及“保护生态环境就是保护生产力”等理念，我国生态文明建设取得一定进展，在新发展阶段持续提高了生态环境领域国家治理体系和治理能力现代化水平。

右侧为乡村振兴五个子维度对新型城镇化综合评价得分空间分布影响的变化，实线为2010年的探测结果，虚线为2020年的探测结果。相较于左图，乡村振兴除了产业兴旺以外的其他四个子维度在2020年对新型城镇化综合评价得分空间分布的影响力均有所提升，且治理有效、生活富裕与生态宜居的提升幅度相对较大。

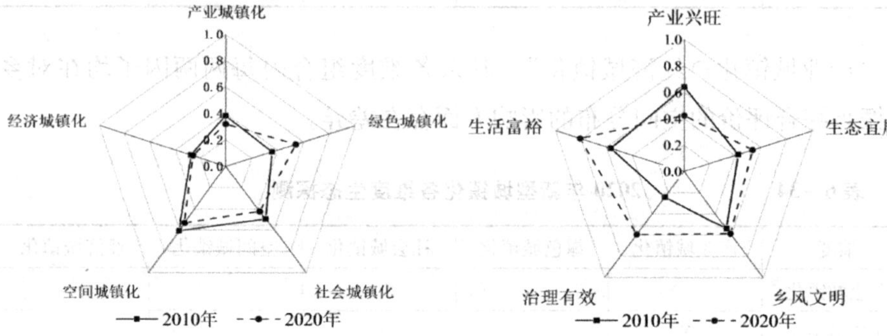

图6-11 2010年与2020年因子探测结果对比雷达图

表6-35与表6-36为乡村振兴与新型城镇化的因子交互作用及其类型在2010年与2020年的具体变化。

首先是乡村振兴五个子维度交互作用的变化情况。增幅最大的维度组合为“乡风文明∩生活富裕”（0.267272），降幅最大的为“产业兴旺∩乡风文明”（-0.182871）。在交互作用类型上，由双因子增强变为非线性增强的子维度组合有“产业兴旺∩生态宜居”，由非线性增强转为双因子增强的维度组合包括“生态宜居∩乡风文明”“生态宜居∩治理有效”以及“乡风文明∩治理有效”。生态探测结果方面，“乡风文明∩治理有效”由2010年的对新型城镇化综合评价得分空间分布的影响有明显差异到2020年的差异消失，而“乡风文明∩生活富裕”则经历了一个相反的过程。

表6-35　2010年与2020年乡村振兴五维度因子交互作用与生态探测结果对比

交互因子	年份	交互作用 q 值	交互作用类型	变化幅度	生态探测结果
产业兴旺∩生态宜居	2010	0.951446	双因子增强	0.014941	Y
	2020	0.966387	非线性增强		Y
产业兴旺∩乡风文明	2010	0.946398	双因子增强	-0.182871	Y
	2020	0.763527	双因子增强		Y
产业兴旺∩治理有效	2010	0.863835	双因子增强	0.029252	Y
	2020	0.893087	双因子增强		Y
产业兴旺∩生活富裕	2010	1.000000	双因子增强	-0.003808	Y
	2020	0.996192	双因子增强		Y
生态宜居∩乡风文明	2010	0.972455	非线性增强	0.025274	Y
	2020	0.997729	双因子增强		Y
生态宜居∩治理有效	2010	0.886094	非线性增强	0.111292	Y
	2020	0.997386	双因子增强		Y
生态宜居∩生活富裕	2010	0.956490	双因子增强	0.026863	Y
	2020	0.983353	双因子增强		Y
乡风文明∩治理有效	2010	0.797320	非线性增强	0.175940	Y
	2020	0.973260	双因子增强		N
乡风文明∩生活富裕	2010	0.690800	双因子增强	0.267272	N
	2020	0.958072	双因子增强		Y
治理有效∩生活富裕	2010	0.804047	双因子增强	0.191137	Y
	2020	0.995184	双因子增强		Y

以下是关于新型城镇化五个子维度的交互作用变化情况。变化幅度方面，上升最大的为“绿色城镇化∩经济城镇化”（0.258449），降幅最大的为“产业城镇化∩经济城镇化”（-0.181046）。交互作用类型变化方面，由非线性增强变为双因子增强的维度组合有“产业城镇化∩绿色城镇化”与“绿色城镇化∩空间城镇化”，由双因子增强变为非线性增强的维度组合有“产业城镇化∩社会城镇化”“产业城镇化∩空间城镇化”以及“社会城镇化∩空间城镇”化。同时，根据生态探测结果，“产业城镇化∩绿色城镇化”从2010年的对乡村振兴综合评价得分空间分布影响的不存在显著差异发展为2020年的出现明显区别，同时“产业城镇化∩经济城镇

化”以及“绿色城镇化∩空间城镇化”经历了相反的过程。

表 6－36　2010 年与 2020 年新型城镇化五维度因子交互作用与生态探测结果对比

交互因子	年份	交互作用 q 值	交互作用类型	变化幅度	生态探测结果
产业城镇化∩绿色城镇化	2010	0.795418	非线性增强	－0.027308	N
	2020	0.768110	双因子增强		Y
产业城镇化∩社会城镇化	2010	0.807753	双因子增强	0.043966	Y
	2020	0.851719	非线性增强		Y
产业城镇化∩空间城镇化	2010	0.934407	双因子增强	0.058604	Y
	2020	0.993011	非线性增强		Y
产业城镇化∩经济城镇化	2010	0.958345	非线性增强	－0.181046	Y
	2020	0.777299	非线性增强		N
绿色城镇化∩社会城镇化	2010	0.943922	非线性增强	0.027443	Y
	2020	0.971365	非线性增强		Y
绿色城镇化∩空间城镇化	2010	0.968615	非线性增强	0.031385	Y
	2020	1.000000	双因子增强		N
绿色城镇化∩经济城镇化	2010	0.643639	非线性增强	0.258449	Y
	2020	0.902088	非线性增强		Y
社会城镇化∩空间城镇化	2010	0.940157	双因子增强	0.027228	Y
	2020	0.967385	非线性增强		Y
社会城镇化∩经济城镇化	2010	0.899981	非线性增强	－0.101578	Y
	2020	0.798403	非线性增强		Y
空间城镇化∩经济城镇化	2010	0.944293	非线性增强	－0.043018	Y
	2020	0.901275	非线性增强		Y

第五节　乡村振兴与新型城镇化耦合协调的影响因素分析

在经济研究中，客观上存在的空间依赖性与空间异质性导致独立观测值假定很难得到满足，从而引起传统的估计方法得出来的结论存在潜在的不可靠性。Tobler 地理学第一定律指出，任何事物之间均存在关联，离得更近的事物比离得更远的事物相关性要高（Tobler，1970）。且在研究中涉及的空间单元越小，离得近的空间单元越可能呈现更高的空间相关性（Anselin et al.，1992）。因此在存在空间相关性的情况下使用空间计量方法更为合适。

一、空间计量模型选择检验

如本章第一节所述，空间计量模型具有多种形式，本章主要通过结合 LR Test 与 Wald Test 结果来确定具体的模型，如表 6－37 所示。

表 6－37　　LR Test 与 Wald Test 检验结果

指数	统计量	*Wc*	*Wd*	*We*	*Wn*
LR Test SDM & SAR	*Statistic*	31.97	37.13	68.84	73.94
	P－Value	0.00	0.00	0.00	0.00
LR Test SDM & SEM	*Statistic*	53.93	81.79	92.77	82.74
	P－Value	0.00	0.00	0.00	0.00
Wald Test SDM & SAR	*Statistic*	59.87	43.54	39.53	38.18
	P－Value	0.00	0.00	0.00	0.00
Wald Test SDM & SEM	*Statistic*	58.84	58.61	39.13	38.39
	P－Value	0.00	0.00	0.00	0.00

从以上检验结果可以发现，LR test 与 Wald test 均拒绝 SDM 可以退化为 SAR 或 SEM 的原假设。同时 Elhorst 指出，因为空间计量分析更看重固定地理单元空间—时间关系的连续性，如果使用随机效应模型则会影响空间权重的一致性，所以固定效应模型更适合进行空间计量研究（Elhorst，2014），并且固定效应能在一定程度上减缓模型的内生性，联合参考 Hausman 检验结果，本章选择时空双固定效应下的 SDM。

二、变量选择与统计学特征

（一）乡村振兴与新型城镇化耦合协调的影响因素变量选取

第一，城乡服务均衡化（*pub*）。选取城乡医疗保障支出比作为城乡服务均衡化的代理指标，该指标越大，说明城镇医疗保障支出差异越大，该指标越小表示城乡服务越均衡。

第二，地方创新能力（*inno*）。选取 R&D 人员占总人口比例作为地区创新能力的代理指标。该指标越大，表示该地创新能力越强。

第三，城乡共同富裕（*ric*）。此处主要通过主成分分析法构建城乡共同富裕指标。参考韩亮亮等的研究构建表 6－38 内指标体系（韩亮亮等，2022）：

表 6－38　　　　城乡共同富裕指标体系

体系	子系统	指标层	单位	指标方向
发展性	富裕度	居民人均可支配收入	元/人	+
		居民人均消费支出	元/人	+
		恩格尔系数		−
	共同度	基尼系数		−
		城乡居民收入倍差		−
		城镇化率	%	+
共享性	文化教育	人均拥有公共图书馆藏量	册/人	+
		平均教育年限	年/人	+
	医疗健康	每万人拥有执业（助理）医师数	人	+
		每万人医疗机构床位数	个	+
	基础设施	每万人拥有公交车辆	标台	+
		每万人拥有公共厕所	座	+
	信息化水平	每万人中互联网宽带接入用户数	人	+
	社会保障	社会保障支出占 GDP 比重	%	+
可持续性	科技创新	R&D 投入强度	%	+
		每万人专利授权数	件	+
	生态环境	森林覆盖率	%	+
		碳排放强度	元/人	−
	发展质量	人均 GDP	元/人	+
		全社会劳动生产率	元/人	+

第四，人口市民化（*urban*）。主要以城镇人口占总人口比例来指征人口市民化程度。

第五，城乡信息畅通（*info*）。通过每万人移动电话交换机容量来表示通讯基础设施的建设情况与普及度，进而指征城乡信息畅通。

第六，城乡空间开发（*lnspace*）。以人均房屋施工面积作为城乡空间开发的代理指标。此外，由于该变量与其他变量存在一定的量级差异，因此对其进行对数化处理。

第七，人口结构压力（*burden*）。以总抚养比来度量人口结构压力，总抚养比越大说明人口结构压力越大，越需要进一步优化。

第八，城乡文化繁荣（*cilv*）。以文盲、半文盲占15岁以上人口比例来指征城乡文化繁荣，该比例越小说明文化发展程度越高。

（二）各变量描述性统计

表6－39列示了后续计量模型中涉及变量的描述性统计结果，具体包括各变量的均值、极值、标准差。

表6－39　各变量描述性统计

变量	观测值数	均值	最小值	最大值	标准差	中位数
D	330	0.4119	0.2559	0.6047	0.0652	0.4054
pub	330	1.8380	0.6782	4.1915	0.4836	1.7394
inno	330	0.0040	0.0007	0.0216	0.0037	0.0026
ric	330	−0.0388	−0.9311	0.8683	0.3331	−0.0194
urban	330	0.5823	0.3380	0.9380	0.1263	0.5670
info	330	1.6538	0.7183	4.2668	0.5394	1.5283
lnspace	330	1.6067	0.2012	2.3373	0.3837	1.6443
burden	330	0.3671	0.1736	0.5260	0.0705	0.3691
cilv	330	0.0504	0.0103	0.1663	0.0277	0.0446

（三）变量间相关性特征

图6－12展示了各变量间的相关关系。其中，对角线的下三角为Pearson相关系数。为更直观地展示各变量的相关关系，下图将相关系数以可视化的方式呈现，各区块单元内为其对应变量间的Pearson相关系数，颜色越深表示相关系数绝对值越大。

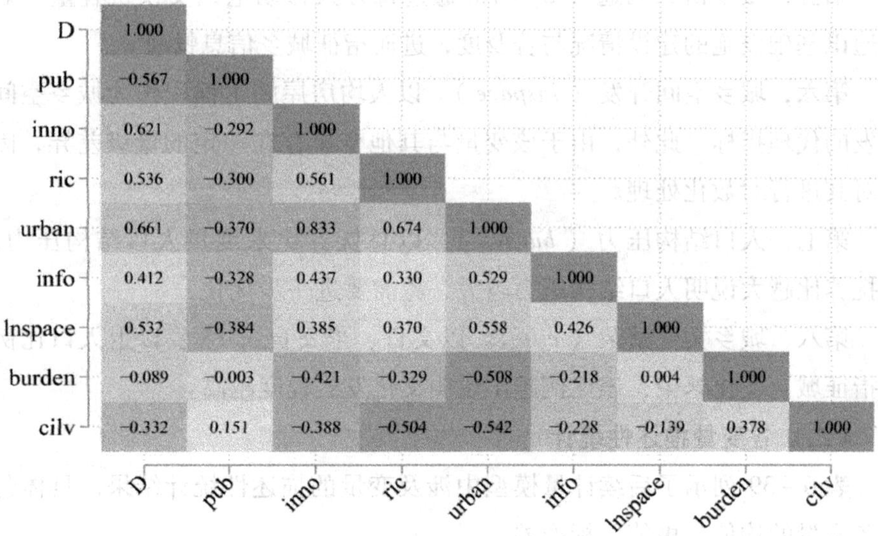

图 6-12　各变量间 Pearson 相关系数热点图

三、最小二乘法与普通面板模型估计

出于参考的目的，本研究先采用最小二乘法（OLS）与普通面板模型对变量进行回归，结果列示于表 6-40。其中，模型（1）基于 OLS 估计，模型（2）基于随机效应面板模型估计，模型（3）基于固定效应面板模型估计。

表 6-40　　OLS 与普通面板模型估计结果

MODELS	(1)	(2)	(3)
METHODS	OLS	Panel-RE	Panel-FE
VARIABLES	*D*	*D*	*D*
pub	-0.041***	-0.012***	-0.009***
	(-7.934)	(-4.345)	(-3.495)
inno	5.075***	3.894***	5.118***
	(4.496)	(3.899)	(4.638)
ric	0.024***	0.002	0.001
	(2.642)	(0.421)	(0.217)

续表

MODELS	(1)	(2)	(3)
METHODS	OLS	Panel - RE	Panel - FE
VARIABLES	*D*	*D*	*D*
urban	0.127 ***	0.343 ***	0.399 ***
	(2.678)	(10.105)	(10.568)
info	0.001	0.005 *	0.005 *
	(0.139)	(1.894)	(1.718)
lnspace	0.019 **	0.030 ***	0.028 ***
	(2.397)	(5.945)	(5.331)
burden	0.197 ***	0.205 ***	0.149 ***
	(4.889)	(6.614)	(4.174)
cilv	-0.101	-0.163	-0.159
	(-0.994)	(-1.571)	(-1.482)
Constant	0.294 ***	0.094 ***	0.078 ***
	(8.699)	(4.460)	(3.860)
Observations	330	330	330
R - squared	0.636	0.568	0.874

注：括号内为 t 值。“ *** ”“ ** ”和“ * ”分别表示 P 值 <0.01、P 值 <0.05 和 P 值 <0.1。

从回归结果来看，三个模型估计出来的系数方向均一致，仅在显著性和系数大小上存在微弱区别。在 OLS 估计下，仅 *info* 和 *cilv* 不显著，随机效应与固定效应面板模型下为 *ric* 与 *cilv* 不显著。具体而言，在模型（1）下，推动城乡服务均等化、地方创新能力提升、城乡共同富裕、人口市民化、城乡空间开发以及人口结构的优化均有助于促进乡村振兴与新型城镇化的耦合协调。从模型（2）以及模型（3）的估计结果来看，促进城乡服务均等化、地方创新能力提高、人口市民化进程、城乡信息进一步畅通、城乡空间开发力度以及人口结构的优化对乡村振兴与新型城镇化的耦合协调具有积极意义。

四、空间计量模型估计

考虑到前文测度到显著的空间相关性并联合模型选择检验结果，本研究基于经行标准化处理过的 0 - 1 邻接矩阵（*Wc*）、反距离矩阵（*Wd*）、经济距离矩阵（*We*）以及嵌套矩阵（*Wn*）的时空双滞后动态空间杜宾模型进行估计，基本估计结果见表6-41。根据检验结果，在四种不同的空间权重矩阵下，ρ 全部显著为正，这意味着地区间存在着明显的空间趋同。

表6-41　　　　空间杜宾模型的基本估计结果

MODELS	(4)	(5)	(6)	(7)
WEIGHT MATRICES	*Wc*	*Wd*	*We*	*Wn*
VARIABLES	*D*	*D*	*D*	*D*
		Main		
L. D	0.791 ***	0.761 ***	0.794 ***	0.779 ***
	(21.105)	(21.013)	(19.958)	(19.384)
L. WD	0.216 **	0.672 **	0.232 *	0.002
	(2.087)	(2.052)	(1.716)	(0.010)
pub	-0.004 **	-0.007 ***	-0.005 **	-0.005 **
	(-2.206)	(-3.465)	(-2.482)	(-2.442)
inno	2.651 ***	2.141 ***	3.849 ***	2.634 ***
	(3.533)	(2.916)	(4.186)	(2.880)
ric	0.004 *	0.007 ***	0.003	0.002
	(1.839)	(2.785)	(1.244)	(1.065)
urban	0.117 ***	0.093 ***	0.060	0.160 ***
	(3.508)	(3.064)	(1.536)	(4.428)
info	-0.003	-0.003 *	-0.003	-0.002
	(-1.574)	(-1.840)	(-1.557)	(-1.030)
lnspace	-0.005	0.002	0.001	-0.000
	(-1.126)	(0.558)	(0.138)	(-0.054)
burden	-0.035	-0.053 **	-0.032	-0.041
	(-1.411)	(-2.113)	(-1.230)	(-1.515)
cilv	-0.002	-0.130 *	0.060	0.052
	(-0.028)	(-1.952)	(0.830)	(0.705)
		Wx		
pub	-0.010 **	-0.025	0.002	0.003
	(-2.138)	(-1.314)	(0.259)	(0.450)
inno	-1.616	-1.358	-8.459 ***	0.088
	(-1.246)	(-0.298)	(-2.590)	(0.037)

续表

MODELS	(4)	(5)	(6)	(7)
WEIGHT MATRICES	*Wc*	*Wd*	*We*	*Wn*
VARIABLES	*D*	*D*	*D*	*D*
ric	0.007 (1.431)	0.057 *** (2.608)	0.004 (0.720)	-0.001 (-0.211)
urban	-0.054 (-0.841)	-0.198 (-1.039)	0.031 (0.231)	0.130 (0.909)
Info	0.001 (0.334)	-0.009 (-0.457)	-0.009 (-1.385)	0.001 (0.175)
lnspace	0.021 *** (2.873)	0.018 (0.785)	0.009 (0.665)	0.005 (0.344)
burden	-0.095 * (-1.919)	-0.529 ** (-2.470)	-0.068 (-0.861)	-0.070 (-0.865)
cilv	-0.581 *** (-4.282)	-2.686 *** (-4.831)	-0.001 (-0.005)	0.384 * (1.763)
Spatial				
rho	0.375 *** (4.046)	1.677 *** (5.837)	0.292 ** (2.529)	0.341 *** (2.805)
Variance				
sigma2_e	0.000 *** (13.331)	0.000 *** (12.662)	0.000 *** (13.374)	0.000 *** (13.447)
Statistics				
OverallR - Squared	0.871	0.781	0.934	0.871
Observations	300	300	300	300

注：括号内为 z 值。“ *** ”“ ** ”和“ * ”分别表示 P 值 <0.01、P 值 <0.05 和 P 值 <0.1。

从基于 0 - 1 领接矩阵的模型（4）检验结果来看，首先，时空滞后项 *L.D* 与 *L.WD* 全部显著为正，说明乡村振兴与新型城镇化的耦合协调度不仅存在时序上的强惯性，且其自身的空间溢出也存在较强的时间惯性。其次，*pub*、*inno*、*ric* 和 *urban* 均表现出了显著性，即每个地区通过各自提高城乡服务均等化水平、地方创新能力、城乡共同富裕水平以及加快人口市民化进程，这些都可以促进自身的乡村振兴与新型城镇化的耦合协调度。再次，*pub*、*lnspace*、*burden* 与 *cilv* 存在显著的空间溢出效应，即地方服务均等化水平的提高、城乡空间的开发、人口结构的优化以及城乡文化的繁荣能显著促进相邻省（区、市）乡村振兴与新型城镇化耦合协调水平的提高。

基于反距离矩阵 *Wd* 的模型（5）检验结果在时空滞后项上的检验结果与模型（4）基本一致，但估计出了更高的空间滞后项的系数。同时，*pub*、*inno*、*ric*、*urban*、*info*、*burden* 以及 *cilv* 表现出了显著性，即在 0－1 邻接矩阵下估计结果的基础上，*info*、*burden* 和 *cilv* 表现出了明显影响，即人口结构优化与城乡文化繁荣有助于促进本地区的乡村振兴与新型城镇化的耦合协调，*info* 的系数虽然很小但方向为负，可能的原因是在距离的基础上，信息通达在本地区的相对短途意义层面已实现通讯需求的饱和。空间溢出效应方面，*ric*、*burden* 与 *cilv* 也估计出了积极的结果，即本地区城乡共同富裕、人口结构优化以及城乡文化繁荣均有助于促进邻域乡村振兴与新型城镇化的耦合协调水平。

模型（6）为基于经济距离矩阵 *We* 的模型估计结果。易发现时空滞后项与 0－1 邻接矩阵的估计结果比较接近，但是 *L. WD* 仅通过了 10% 显著性水平的检验。各地区仅城乡服务均等化（*pub*）与地方创新水平（*inno*）能影响自身乡村振兴与新型城镇化的耦合协调度。从其空间溢出效应可以观测到地方创新水平（*inno*）显著的较大负值，一方面其数值大小可能跟 *inno* 变量本身较小的量级有关；另一方面，也或许与经济禀赋接近地区间相似的技术性人才激励有关，在各地人才引进政策的作用下，如果创新人才能被从其他地区引进本地区，将于本地区产生积极作用。

最后是同时考虑了空间距离与经济距离的嵌套矩阵 *Wn* 下的模型（7）的估计结果。此时仅时间滞后项显著而空间滞后项不再显著，结合模型（6）中 P 值偏高的空间滞后项，大致可以认为乡村振兴与新型城镇化耦合协调性的空间滞后时间惯性在空间距离相近的地区间影响更为深刻。其他估计结果大致与 0－1 邻接矩阵估计结果类似。

五、空间效应分解

参考 LeSage 和 Pace 的研究（LeSage et al.，2009），如前文所述，在

空间计量模型中可以划分出五个效应，表6－42与表6－43列示了各空间权重矩阵下短期与长期的空间效应分解结果，模型（8）至模型（11）为短期效应分解，模型（12）至模型（15）为长期效应分解①。其中，直接效应与间接效应相加即为总效应。

表6－42　　　　短期空间效应分解

MODELS	(8)	(9)	(10)	(11)
WEIGHT MATRICES	*Wc*	*Wd*	*We*	*Wn*
VARIABLES	*D*	*D*	*D*	*D*
SR_Direct				
pub	−0.004 *	−0.006 ***	−0.005 **	−0.005 **
	(−1.756)	(−3.191)	(−2.500)	(−2.565)
inno	2.840 ***	2.367 ***	4.232 ***	2.646 ***
	(3.690)	(3.084)	(4.407)	(2.790)
ric	0.004 *	0.004 **	0.003	0.002
	(1.756)	(2.100)	(1.233)	(1.155)
urban	0.127 ***	0.112 ***	0.061	0.159 ***
	(3.557)	(3.409)	(1.526)	(4.359)
info	−0.003	−0.003 *	−0.002	−0.002
	(−1.554)	(−1.877)	(−1.247)	(−0.987)
SR_Indirect				
Lnspace	−0.007	0.001	0.000	−0.001
	(−1.555)	(0.274)	(0.008)	(−0.173)
burden	−0.027	−0.030	−0.029	−0.037
	(−1.073)	(−1.164)	(−1.077)	(−1.426)
cilv	0.050	−0.001	0.065	0.038
	(0.721)	(−0.014)	(0.897)	(0.498)
pub	−0.007 *	−0.006	0.002	0.004
	(−1.897)	(−0.765)	(0.473)	(0.706)

① 此处模型编号仅出于便于解释的目的作单独编号，实际上根据其对应的矩阵各由同一个模型估计得到，即空间计量估计结果共四个模型。如编号模型（4）、模型（8）与模型（12）的估计结果由同一个基于 *Wc* 的模型估计得到。

续表

MODELS	(8)	(9)	(10)	(11)
WEIGHT MATRICES	*Wc*	*Wd*	*We*	*Wn*
VARIABLES	*D*	*D*	*D*	*D*
inno	-2.057 * (-1.783)	-2.030 (-0.997)	-7.682 *** (-2.594)	-0.467 (-0.218)
ric	0.004 (1.185)	0.019 ** (2.229)	0.003 (0.544)	-0.002 (-0.428)
urban	-0.078 (-1.391)	-0.148 * (-1.773)	0.019 (0.163)	0.071 (0.594)
info	0.002 (0.557)	-0.002 (-0.203)	-0.007 (-1.312)	0.001 (0.280)
lnspace	0.019 *** (2.871)	0.006 (0.623)	0.007 (0.698)	0.004 (0.325)
burden	-0.063 (-1.460)	-0.180 * (-1.956)	-0.042 (-0.627)	-0.037 (-0.596)
cilv	-0.476 *** (-4.183)	-1.064 *** (-4.471)	-0.010 (-0.049)	0.281 (1.546)
SR_Total				
pub	-0.010 *** (-2.922)	-0.012 (-1.575)	-0.003 (-0.514)	-0.001 (-0.241)
inno	0.783 (0.745)	0.337 (0.177)	-3.449 (-1.252)	2.179 (1.143)
ric	0.008 * (1.874)	0.024 *** (2.656)	0.005 (0.993)	0.000 (0.077)
urban	0.049 (0.970)	-0.036 (-0.465)	0.080 (0.711)	0.229 * (1.922)
info	-0.001 (-0.332)	-0.005 (-0.617)	-0.009 * (-1.822)	-0.001 (-0.166)
lnspace	0.012 ** (2.359)	0.008 (0.903)	0.007 (0.627)	0.003 (0.274)
burden	-0.090 ** (-2.258)	-0.210 ** (-2.405)	-0.070 (-1.088)	-0.075 (-1.068)
cilv	-0.426 *** (-3.913)	-1.065 *** (-4.724)	0.054 (0.250)	0.319 * (1.795)

注：括号内为 z 值。“ *** ”“ ** ”和“ * ”分别表示 P 值 <0.01、P 值 <0.05 和 P 值 <0.1。

表 6-43　长期空间效应分解

MODELS	(12)	(13)	(14)	(15)
WEIGHT MATRICES	*Wc*	*Wd*	*We*	*Wn*
VARIABLES	*D*	*D*	*D*	*D*
LR_Direct				
pub	-0.014	-0.033	-0.025	0.105
	(-0.926)	(-0.579)	(-0.982)	(0.034)
inno	16.838*	12.746	20.395	15.830
	(1.668)	(0.255)	(0.486)	(0.069)
ric	0.016	0.014	0.013	-0.005
	(1.127)	(0.102)	(0.957)	(-0.018)
urban	0.726	0.621	0.293	-1.445
	(1.087)	(0.248)	(0.758)	(-0.025)
info	-0.016	-0.015	-0.012	0.052
	(-0.973)	(-0.225)	(-0.782)	(0.040)
lnspace	-0.050	0.005	0.001	0.191
	(-0.698)	(0.048)	(0.022)	(0.044)
burden	-0.114	-0.063	-0.132	-0.719
	(-0.441)	(-0.056)	(-0.560)	(-0.048)
cilv	0.607	0.429	0.306	5.857
	(0.519)	(0.065)	(0.343)	(0.046)
LR_Indirect				
pub	-0.027	0.005	0.010	-0.108
	(-1.227)	(0.081)	(0.104)	(-0.035)
inno	-13.900	-12.116	-34.642	-10.432
	(-1.291)	(-0.241)	(-0.289)	(-0.045)
ric	0.015	0.039	0.018	0.006
	(0.716)	(0.272)	(0.313)	(0.021)
urban	-0.537	-0.708	0.204	2.019
	(-0.776)	(-0.282)	(0.123)	(0.035)
info	0.012	0.004	-0.031	-0.054
	(0.566)	(0.062)	(-0.143)	(-0.041)

续表

MODELS	(12)	(13)	(14)	(15)
WEIGHT MATRICES	*Wc*	*Wd*	*We*	*Wn*
VARIABLES	*D*	*D*	*D*	*D*
Lnspace	0.099 (1.339)	0.012 (0.122)	0.036 (0.150)	-0.183 (-0.042)
burden	-0.246 (-0.775)	-0.409 (-0.352)	-0.192 (-0.143)	0.535 (0.036)
cilv	-2.312* (-1.925)	-2.825 (-0.424)	-0.299 (-0.065)	-5.056 (-0.039)
pub	-0.041** (-2.138)	-0.028 (-1.430)	-0.014 (-0.143)	-0.003 (-0.225)
inno	2.938 (0.674)	0.631 (0.143)	-14.247 (-0.123)	5.399 (1.100)
ric	0.032* (1.655)	0.053** (2.228)	0.031 (0.521)	0.001 (0.062)
urban	0.190 (0.904)	-0.087 (-0.472)	0.497 (0.298)	0.574* (1.701)
Info	-0.004 (-0.313)	-0.011 (-0.582)	-0.043 (-0.194)	-0.002 (-0.153)
lnspace	0.048* (1.824)	0.017 (0.852)	0.037 (0.147)	0.007 (0.270)
burden	-0.360* (-1.860)	-0.472** (-2.094)	-0.324 (-0.239)	-0.184 (-1.024)
cilv	-1.705** (-2.569)	-2.397*** (-3.218)	0.007 (0.001)	0.801 (1.571)
LR_Total				
pub	-0.041** (-2.138)	-0.028 (-1.430)	-0.014 (-0.143)	-0.003 (-0.225)
inno	2.938 (0.674)	0.631 (0.143)	-14.247 (-0.123)	5.399 (1.100)
ric	0.032* (1.655)	0.053** (2.228)	0.031 (0.521)	0.001 (0.062)

续表

MODELS	(12)	(13)	(14)	(15)
WEIGHT MATRICES	*Wc*	*Wd*	*We*	*Wn*
VARIABLES	*D*	*D*	*D*	*D*
urban	0.190 (0.904)	-0.087 (-0.472)	0.497 (0.298)	0.574* (1.701)
info	-0.004 (-0.313)	-0.011 (-0.582)	-0.043 (-0.194)	-0.002 (-0.153)
lnspace	0.048* (1.824)	0.017 (0.852)	0.037 (0.147)	0.007 (0.270)
burden	-0.360* (-1.860)	-0.472** (-2.094)	-0.324 (-0.239)	-0.184 (-1.024)
cilv	-1.705** (-2.569)	-2.397*** (-3.218)	0.007 (0.001)	0.801 (1.571)

注：括号内为z值。“***”“**”和“*”分别表示P值<0.01、P值<0.05以及P值<0.1。

模型（8）与模型（12）列示了0-1邻接矩阵 *Wc* 下的短期与长期空间效应分解。可以发现，在短期内，*pub*、*inno*、*ric* 与 *urban* 的直接效应显著，*pub*、*inno*、*lnspace* 和 *cilv* 的间接效应显著，与直接估计结果基本一致。总效应方面，*pub*、*ric*、*lnspace*、*burden* 以及 *cilv* 表现出了显著性。因此在邻接关系下，城乡服务均等化、地方创新水平的积极作用既有来自本地区的作用也有来自邻域的空间溢出，而共同富裕带来的耦合协调度提升主要是来自本地区，城乡空间开发、人口结构优化以及城乡文化繁荣的积极作用主要来自邻域的空间溢出。在长期内，地方创新水平表现出了显著的直接效应，而间接效应主要是来自城乡文化的繁荣，长期总效应上，推动乡村振兴与新型城镇化耦合协调的主要是城乡服务均等化、城乡共同富裕、城乡空间开发、人口结构优化以及城乡文化繁荣。

反距离矩阵下的空间效应分解结果于模型（9）与模型（13）中展示。在短期内，其直接效应与0-1邻接矩阵下的估计结果大致相同，但在间接效应上存在一定区别，即短期间接效应内显著的主要是城乡共同富裕、人口市民化程度、人口结构优化以及城乡文化繁荣。在短期总效应下，可以看到主要是由城乡共同富裕、人口结构优化以及城乡文化繁荣来推动乡村振兴与新型城镇化的耦合协调。在长期效应方面，其总效应的影响与短期总效应的方向与显著性大致相同，且系数更大，影响程度更深。

模型（10）与模型（14）展示了经济距离矩阵 *We* 下的估计结果。经济距离矩阵下长期效应并不显著，短期效应内，直接效应方面起推动作用的主要是城乡服务均等化与地方创新能力，而间接效应主要表现在经济禀赋接近的地区在地方创新能力方面的“虹吸效应”。

模型（11）以及模型（15）为嵌套矩阵 *Wn* 下的模型估计结果。长期效应也几乎不显著，主要的影响基本体现在短期直接效应内。具体而言，短期直接效应方面能起显著积极作用的是城乡服务均等化、地方创新能力以及人口市民化，短期总效应内可以看到仅城乡文化繁荣显著为正。而长期效应方面也仅长期总效应下指示人口市民化程度的提高能促进乡村振兴与新型城镇化的耦合协调。

第六节　本章小结

本章通过熵值法、耦合协调度模型、主成分分析法、核密度估计法、包括全局与局域空间相关性分析与地理探测器在内的探索性空间数据分析、普通最小二乘法估计、面板数据模型估计以及空间计量模型估计等研究方法，基于2010—2020年的数据对我国30个地区的乡村振兴与新型城镇化的耦合机理展开了深入的实证分析。

首先，在共50个指标的基础上构建了乡村振兴与新型城镇化的综合评价得分，并采用修正的耦合协调模型对二者得分进行耦合协调水平的量化。结果显示，乡村振兴与新型城镇化的耦合协调水平目前刚大致脱离失调阶段进入勉强协调的阶段，因此探索如何在新发展阶段进一步促进两个系统的耦合协调以及二者的高质量发展仍具有积极且重要的现实意义。在此基础上再对乡村振兴、新型城镇化以及二者耦合协调度的时空演化特征进行了探索，经分析发现以上三者在空间分布上均存在不同程度的“东高西低”的阶梯型特征，在时序上虽存在不同形态的核密度曲线，但都呈现其量化值逐年递增的趋势。同时也对乡村振兴与新型城镇化两个系统下的五个耦合子维度组合进行了测度，发现生活富裕与经济城镇化的耦合协调的增长提级最快，乡风文明与社会城镇化的耦合协调情况整体最乐观，而治理有效与空间城镇化的耦合协调情况仍存在很大的提升优化空间。

其次，本研究设定了四个空间权重矩阵，分别是：修正的0－1邻接矩阵、反距离矩阵、经济距离矩阵以及嵌套矩阵。基于以上矩阵对乡村振兴、新型城镇化、二者耦合协调度的全局空间相关性以及局部空间相关性进行了测度，发现在所有矩阵下三者均表现出了显著的全局空间正相关关系。而在局部空间相关关系上，也探测到三者存在明显的局部空间相关，最直接的表现为四个矩阵下均发现了长三角地区的 HH 聚集与西南地区的 LL 聚集的相关关系。

再次，为了考察乡村振兴与新型城镇化各自的子维度是否会对对方系统的空间分布产生影响，本研究利用地理探测器对以上两个系统 2010 年与 2020 年的因子以及交互作用展开探测与对比。结果显示，乡村振兴五个子维度对新型城镇化空间分布的影响要大于新型城镇化五个子维度对乡村振兴空间分布的影响，且其 *q Statistic* 在 2010—2020 年的变化也更为显著。此外，两系统所有交互作用探测结果均为双因子增强或非线性增强，而大部分的子维度组合对对方系统空间分布的影响也都探测到了显著的区别。因此可以认为乡村振兴与新型城镇化之间存在系统性的相关关系，同时各维度的协同发展也对两大战略的推进与耦合具有积极意义。

最后，基于经验数据进行模型估计，普通最小二乘法与面板数据模型估计结果均显示，城乡服务均等化、地方创新能力、城乡共同富裕、人口市民化、城乡空间开发与城乡信息畅通对乡村振兴与新型城镇化耦合协调度具有促进作用。考虑到已检验到的空间相关关系，经过模型选择检验，采用时空双滞后的动态空间杜宾模型对各变量所指征的影响因素进行进一步分析，回归结果发现了显著的空间趋同，且乡村振兴与新型城镇化耦合协调度的空间影响较经济关联更多地体现在物理空间关系上，即存在较强的地域粘性。在四种不同的空间权重矩阵下，乡村振兴与新型城镇化的耦合协调水平表现出了较强的时序惯性与空间溢出的时间惯性。此外，上述的各影响因素也验证了理论预期的积极作用，即城乡服务均等化、地方创新能力、城乡共同富裕、人口市民化、城乡空间开发与城乡信息畅通以及城乡文化繁荣均能不同程度地促进乡村振兴与新型城镇化的耦合协调发展。

第七章　乡村振兴与新型城镇化协同推进机制构建

前文分别从理论和实证两个方面论证了乡村振兴和新型城镇化多维度的耦合协同机制。乡村振兴与新型城镇化是两个不同的空间范畴，耦合的目标是促进城乡融合发展，提升国家整体发展质量。关于如何协同推进乡村振兴和新型城镇化协调发展，本章首先构建乡村振兴与新型城镇化协同推进机制的总体框架，再分别阐述论证城乡基础设施一体化机制、城乡要素双向流动机制、新型反哺“三农”机制和城乡产业互动协同机制的内在逻辑和具体内容，综合形成乡村振兴和新型城镇化协同推进机制体系。

第一节　乡村振兴与新型城镇化协同推进机制总体框架

乡村振兴和新型城镇化发展存在目标上的一致性，并且由于它们在各自内部存在的耦合关联，在发展过程中相互影响，是同一事物的一体两面，因此有必要构建乡村振兴与新型城镇化协同推进机制，使城市和乡村在发展中责任共担、互为依托、彼此赋能，通过战略的耦合协同使整体效益大于其简单加总的效果。本部分以城乡融合关系为落脚点，构建由城乡基础设施一体化机制、城乡要素双向流动机制、新型反哺“三农”机制、城乡产业互动协同机制有机结合的乡村振兴与新型城镇化协同推进机制的整体框架（图 7－1）。

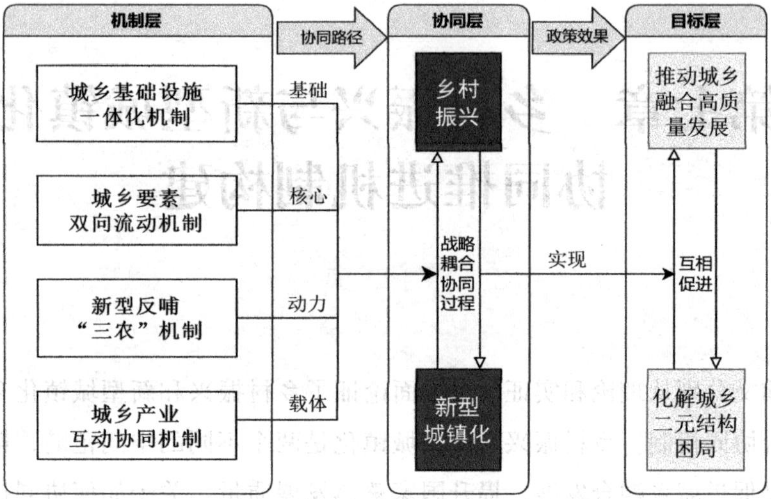

图 7－1　乡村振兴与新型城镇化协同推进机制框架

第一，城乡基础设施一体化机制是实现乡村振兴与新型城镇化建设协同推进的基础。乡村振兴和新型城镇化作为相辅相成的两个区域发展战略，乡村振兴离不开新型城镇化的带动，同时，新型城镇化的发展需要乡村振兴的支撑。而城乡基础设施一体化机制发挥桥梁作用，为乡村振兴和新型城镇化的协同推进提供了基础条件。从本质上来说，乡村振兴和新型城镇化的协同推进是实现城乡融合的过程，是区域基础设施建设积累社会财富、形成基础设施区域形态的过程。[①] 城乡基础设施建设对城乡经济发展具有重要意义。基础设施体量大且具有公共品的特殊性，城乡经济发展的积累决定了城乡基础设施的投入数量。城乡基础设施所提供的产品和服务能够间接参与经济生产，因此其体系的完善程度又反过来影响着城乡经济的快速持续发展。同时，基础设施的构建能够影响城乡空间布局，进而影响城乡发展趋势。基础设施的构建对于大城市而言，有助于解决由于急剧扩张导致超出其承载力的“城市病”；对于中小城镇而言，有助于引导

① 战金艳，鲁奇．中国基础设施与城乡一体化的关联发展［J］．地理学报，2003（4）：611－619.

城镇空间布局，增强吸引力；对于乡村而言，有助于解决因产业匮乏、发展滞后导致的“乡村病”。因此，城乡基础设施一体化推进程度决定着乡村振兴与新型城镇化协同推进能否顺利进行，并最终决定着城乡融合的进程。

第二，城乡要素双向流动机制是实现乡村振兴和新型城镇化协同推进的动力所在。生产要素作为城乡关系的纽带，是打破城乡二元分割的基础。根据资源禀赋理论，城乡区域的划分基础在于城乡所拥有的资源环境的差异性以及由资源禀赋差异带来的产业结构、经济结构、社会制度、社会意识的差异性。因此，生产要素在城乡区域间流动具有重要意义。从宏观上来看，地区原有的要素禀赋会吸引外来生产要素进行空间组合，从而促进产业结构优化，产生经济的集聚效应，这个过程使最初的城乡关系发生了演变，形成了城乡关系的分离。实现城乡要素双向流动，尤其是引导要素流入农村地区，有利于发展农村地区优势产业，有助于实现城乡融合。从微观上来看，生产要素作为影响生产函数变化的因素，其投入的多少以及投入的比例受供给市场价格和产品收益的影响。由于存在要素边际报酬递减规律，不同要素在不同区域和不同产业间的需求不同，得到的回报也不同，因此要素会在不同区域和产业间进行转移，从而使边际要素生产率提升。我国在着力发展工业化和城市化，地区间存在保护主义和要素市场分割等现象，这些阻碍了要素的自由流动，扩大了城乡收益差距。实现城乡要素双向流动机制是对要素的空间优化，有助于实现资源优化配置的效率与公平；同时，城乡要素在双向流动中既实现了价值增值，也使利益在城乡间得到均衡分配。因此，实现城乡要素双向流动是解决城乡二元结构失衡的根本，也是乡村振兴和新型城镇化协同推进的动力所在。

第三，新型反哺“三农”机制是实现乡村振兴和新型城镇化协同推进的核心所在。工业反哺农业、城市反哺农村是城乡融合发展过程中的一般规律。城乡发展存在经济差距从扩大到缩小的阶段性的特征，具体表现为城乡居民收入差距的扩大到缩小，经济从非均衡发展向均衡发展演化。在刘易斯的二元经济结构理论中，一个国家的工业部门初期以劳动密集型技术和生活资料工业为主，而农业部门资本和劳动力较为充足，因此，以农业部门支持工业部门、乡村支持城市的方式来发展工业化；至工业化成熟期，农业部门与工业部门的劳动边际生产率达到一致，此时二元结构消失，城乡差距消失。但是，在经济的实际运行中，往往在经济发展的早期，一个具有普遍意义的现象是工业从农业无偿取得资源的积累，各种资源的积累表现为从农业向非农产业流动以及从农村向城市流动。① 我国在工业化初期进程中也正是如此，以牺牲农村利益换取城市发展，并以此形成了“农业支持工业、农村支持城市”的长期路径依赖，以农村、农业、农民为主的“三农”问题突出。因此，要解决“三农”问题就要对工农关系进行调整，建立高效的反哺机制，使城市资源有效地流向农村，促进农业现代化、农村现代化建设，使农村居民与城市居民享有平等的就业机会以及生活保障。因此，建立高效反哺“三农”机制是乡村振兴和新型城镇化协同推进的核心所在。

第四，城乡产业互动协同机制是乡村振兴和新型城镇化协同推进的载体。通过城乡产业互动实现产业融合，重构产业链，提升产业价值，为城乡融合发展奠定基础。城乡产业的形成来自于社会大分工，并由此形成了以农业为主的第一产业、以工业为主的第二产业和以服务业为主的第三产业。根据库兹涅茨法则，产业之间的结构会随着经济发展进程而转变，第二产业和第三产业将会逐渐替代第一产业，成为国民经济增长的主要贡献者以及吸收劳动力的主要产业部门（郭俊华，2021）。我国的农村资源长期单向流入城市，造成乡村建设缓慢，农业发展滞后。我国工农业发展并不对等，三次产业结构的布局也并不合理，以至于落后的农业成为工业高质量发展的制约，且农村特有的生态资源也遭到破坏。因此，推进城乡产业互动协同，有利于发展现代化农业以及农村的二、三次产业，保护与有效利用农村特有的生态资源，并以此培育优势产业，为先进要素流入乡村提供承接条件。同时，也能通过农村产业结构的提升释放更多的剩余资源要素，促进高质量工业化建设。因此，城乡产业互动协同机制是城乡产业融合发展的要求，也是实现乡村振兴和新型城镇化协同推进的必要条件。

---

① 蔡昉．“工业反哺农业、城市支持农村”的经济学分析［J］．中国农村经济，2006（1）：11-17.

第二节　城乡基础设施一体化机制

城乡基础设施一体化是城乡融合发展的必备条件。为促进城乡基础设施一体化建设，加快城乡融合发展建设，党的十八大首次明确提出新型城镇化战略，针对传统城镇化导致的农村“空心化”现象，新型城镇化强调在城镇化推进过程中要守护好乡土村落，要“见人见物”[①]；《国家新型城镇化规划（2014—2020年）》中强调要统筹区域、城乡基础设施网络和信息网络建设，深化城市间分工协作和功能互补，加快一体化发展，并对以交通基础设施网络为主的经济性和社会性基础设施建设作了全方面的要求[②]。党的十九大提出要深入推进农村基础设施建设，改善农村人居环境，推进美丽宜居乡村建设，意在更好地解决城乡发展不平衡、农村发展不充分等重大问题[③]。通过近些年的城乡基础设施一体化建设，我国新型城镇化和乡村振兴建设都有了显著的成效。城市综合承载力、人居环境都得到了快速提升，农业转移人口市民化取得了显著进展。

一、城乡基础设施一体化机制的内在逻辑

城乡基础设施一体化是乡村振兴和新型城镇化协同推进的基础，其实质是为城乡要素的双向自由流动和优化配置创造物质环境，形成以产业互动为基础的城乡互动，并通过建立生态友好型经济，最终实现社会、经济、文化等多方面发展。实现城乡基础设施一体化是城乡融合的前提和基础，只有夯实基础设施建设才能促进经济生产和社会文化的融合发展。城

① 邢继雯，谢志强．协同推进新型城镇化与城乡融合发展的思考［J］．理论视野，2022（3）：63－68.

② 中共中央 国务院印发《国家新型城镇化规划（2014—2020年）》［EB/OL］．（2014－3－16）［2022－10－22］．http：//www. gov. cn/gongbao/content/2014/content_2644805. htm

③ 中共中央国务院关于实施乡村振兴战略的意见［N］．人民日报，2018－02－05（001）.

乡基础设施一体化机制，将城镇与乡村、城镇居民与农村居民作为一个整体纳入乡村振兴与新型城镇化耦合协调发展的全过程中，从经济性基础设施和社会性基础设施两个方面分别构建经济一体化、生态一体化、文化一体化、治理一体化、社会一体化全方位的发展机制（图7－2）。

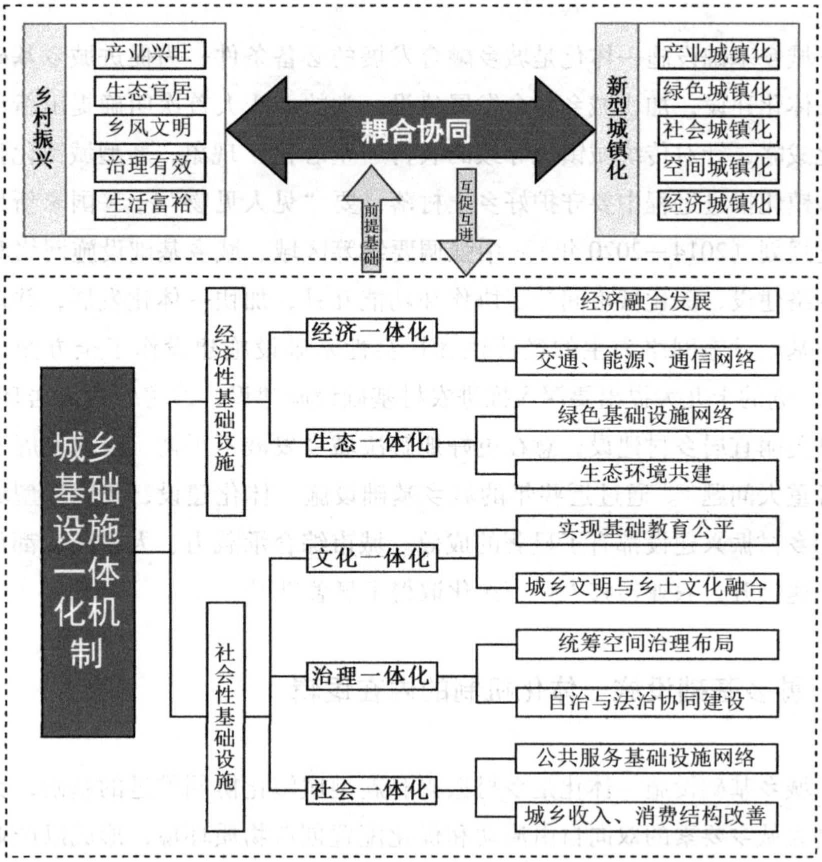

图7－2　城乡基础设施一体化内在逻辑图

城乡基础设施一体化是将城镇基础设施和乡村基础设施纳入一个整体系统进行规划，以实现城镇和乡村在经济、生态、文化、政治、社会方面的“五位一体”的统筹建设。从乡村振兴的角度来看，进行城乡基础设施一体化建设的关键在于加大乡村基础设施的投入，实现城乡基础设施的对接，以基础设施带动乡村经济发展，使其能够降低农业生产成本、提高农业生产质量。通过发掘乡村生态价值，协调乡村生态资源的开发与利用，有利于乡村产业多元化发展，实现乡村生态与经济的良性循环（程莉和文传浩，2018）。此外，乡村基础设施是打破乡村封闭空间的有效渠道，是实现乡村居民与外界交流的媒介，能够引入城市文明，转变农村传统观念，有助于乡村现代化治理的顺利进行。从新型城镇化的角度来看，进行城乡基础设施一体化建设的关键在于优化和完善城镇基础设施，通过系统化的基础设施网络建设，联通中小城镇。通过社会性基础设施的建设，以实现中小城镇和农村地区的教育、医疗卫生等公共服务的全覆盖，增强中小城镇的吸引力，促进人口集聚。

城乡基础设施一体化可以分为城乡经济性基础设施一体化和城乡社会性基础设施一体化[①]，前者是以“发展”为核心，实现经济一体化和生态一体化的基础建设，后者是以“人”为核心，实现城乡文化一体化、治理一体化以及社会一体化的基础建设。基础设施具有空间性，城乡基础设施的一体化建设有利于实现城乡资源共享，构建包括城市内部、乡村内部以及城乡之间的共享基础设施，实现城乡的融合发展。

城乡经济性基础设施一体化是指为城乡区域统筹提供生产服务的基础设施，包括交通网络、能源网络、通信网络和生态网络等覆盖城乡区域的基础设施网络化的建设，它能够直接参与城镇与乡村的生产过程。其中，城乡交通网络是指能够高效联结城市、城镇、乡村的交通基础设施网络，它有助于城乡土地的科学开发与利用，同时它也是城乡人口与生产资料双向流动的物质前提。城乡能源网络建设能够为城市、城镇、乡村生产建设提供综合性供能，缩小供能设施服务差距。城乡通信基础设施能促进城乡信息沟通与共享，促进城乡产业链的布局。城乡生态网络是对于城市、城镇、乡村的生态修复与生态廊道的综合建设，在具备景观功能的同时，也是保障粮食安全、促进城乡产业绿色转型的前提条件。因此，城乡经济性基础设施一体化有利于带动乡村产业发展，缩小城乡经济差距，实现城乡经济高质量发展。

城乡社会性基础设施一体化建设是指围绕“人”的社会经济活动而进

---

① 战金艳，鲁奇．中国基础设施与城乡一体化的关联发展［J］．地理学报，2003（4）：611－619.

行的城乡区域基础设施建设，包括科技、教育、文化、社会治理、医疗卫生等公共基础设施的建设①，目的在于使农村居民与城镇居民享有均等的公共服务，从而加快推进乡村振兴与新型城镇化的耦合协调发展。其中，城乡文化基础设施一体化涵盖两个层次，一是城乡基础教育基础设施的全覆盖与农村地区知识普及率的提高，二是在符合当地人文特色的景观建设的基础上实现城市文明与乡村文化习俗的融合。城乡治理基础设施一体化是指建立统一的城乡治理体系，实现全域化的管理，从而有利于城乡协同治理。城乡社会基础设施一体化旨在构建城乡公共服务基础设施网络，以实现社会保障基础服务的共享，增加社会的整体福利，提高城市居民和农村居民的生活水平。

二、城乡基础设施一体化机制的主要内容

城乡基础设施一体化既是协同推进乡村振兴和新型城镇化的前提和基础，也是城乡融合发展的桥梁和纽带。通过城乡基础设施一体化这一机制，能有效推进城乡经济一体化、城乡生态一体化、城乡文化一体化、城乡治理一体化、城乡社会一体化，最终实现乡村振兴和新型城镇化耦合协调发展。

（一）城乡基础设施一体化推动城乡经济一体化

城乡基础设施建设与城乡经济发展是互相影响的关系。城乡经济发展影响城乡基础设施的布局与资源投入，而建成的城乡基础设施具有的稳定性，又反作用于城乡经济的进一步发展。基础设施具有公共物品的特殊性，需要前期大量资金投入且建设周期长、收益慢。提供的产品和服务具有公共性，这使基础设施建设高度依赖政府财政投资。因此，城乡经济发展的差异性使基础设施的投入具有城乡差异性。在我国农村地区，长期以来经济发展滞后导致基础设施建设的投入过少，乡村基础设施相对匮乏，而基础设施的匮乏又进一步限制乡村经济的发展（胡海华，2022）。我国城镇地区则得利于前期工业化和城市化建设，具有较高的经济积累，城镇

---

① 中共中央、国务院印发《国家新型城镇化规划（2014—2020 年）》[N]. 中国县域经济报，2014-03-20（001）.

基础设施建设较为完善，但仍然存在大量改进的空间。现阶段，我国城乡基础设施的发展处于低质失衡向高质失衡过渡的阶段，处在历史发展的重要拐点期①，因此在城乡基础设施一体化建设的过程中，应强化城乡基础设施的协同联动，增强城乡经济联系，从而促进城乡融合发展。

（二）城乡基础设施一体化推动城乡生态一体化

根据田园城市理论，解决城乡不平衡发展的重点在于：在城乡布局规划中考虑乡村的生态健康功能对城市发展的互补。城乡生态基础设施一体化的建设有助于形成生态基础设施网络，从而在保护乡村绿水青山的同时，将乡村生态健康功能融入城市发展中，实现城乡生态环境的有机结合。我国早期的粗放式发展造成了大量的资源枯竭和环境污染问题。就城市地区而言，城市通过极化效应，以较高的工资、较多的就业机会、较高的劳动力素质发展提升空间，不断吸引人口流入，大大突破了城市原有的承载力。市内交通的拥堵使出行成本提高，高额地租带来了生产成本的上升，电力需求增大供应紧张不仅影响企业生产，也影响市民居住。水污染、噪声等更是大大降低了城市居民的生活质量，引起一系列的“城市病”。因此，有必要改善城市原有的基础设施网络，以加大城市承载力，实现可持续发展。就农村地区而言，乡村作为生态功能集聚的地区，其生态环境关系到城乡的生态安全和食品安全②。我国农村地区面临的问题是耕地遭到破坏以及被占用导致农业可持续发展不足，“粮食安全面临着粮食需求刚性增长、耕地和水资源硬约束下供给能力增长有限等问题与挑战”③。通过完善生态基础设施、保护农村生态环境、有效开发利用优质生态资源，促进农村产业高质量发展。

（三）城乡基础设施一体化推动城乡文化一体化

城乡基础设施一体化有助于实现城乡文化互动融合。城市以其沉淀的

---

① 王大伟，梁献超，宣卫红，等. 中国城乡基础设施发展差异梯度测度及时空演变规律研究［J］. 昆明理工大学学报（自然科学版），2020，45（1）：92-99.

② 程莉，文传浩. 乡村绿色发展与乡村振兴：内在机理与实证分析［J］. 技术经济，2018，37（10）：98-106.

③ 王思言. 全方位夯实粮食安全根基，“全”在哪儿？——对话杜志雄、姜长云、王秀东［EB/OL］.（2022-11-10）［2022-11-17］. https://new.qq.com/rain/a/20221110A05M0J00.

文化底蕴逐渐成为现代文明的标志，而农村由于人口流失，伴随着教育资源的流失以及年轻精英人才的逃离，农村居民的教育逐渐被边缘化，乡村文化传承也出现了断层，与城市文明相比，乡村成了落后的代名词。因此，通过协调文化教育基础设施，合理布局资源，城乡居民在社会中都能得到平等的接受教育的机会，有利于实现知识的外溢性，使农村地区的居民思想得到进一步升华，学习科技的能力得以提升。也有助于培养农民自强独立的现代意识，对传统乡村文化扬弃，从而实现乡风文明。与此同时，文化因开放交流而得到延续，城乡基础设施一体化有助于农民突破封闭的文化隔阂，也有助于城市居民了解乡土文化，从而实现人的素质全面提升，这也是社会主义文化建设的重要任务，是满足人民基本文化需求、保障人民基本文化权益的重要途径①。

（四）城乡基础设施一体化推动城乡治理一体化

城乡基础设施一体化是实现城乡统筹治理的基本。第一，城市和乡村作为人类两大聚落形态，是人们进行政治、经济、文化、社会活动的场所，而这两个空间也逐渐演化出了不同的功能性。城市容易因交易活动的集聚而更具有发展活力和影响力，成为区域的政治和商业中心，进而吸引更优质的资源汇集，城市基础设施和社会的法制建设也更加完善。与此相对应的乡村，随着优质资源的流出，发展缓慢，而逐渐走向城市的对立面，因此，需要通过城乡基础设施一体化建设协调统一城乡的功能性。第二，新时代城乡空间治理与融合的综合机制是“知理”“制理”和“智理”的协同，其中“知理”是城乡管理者和居民从主观上支持现代化城市建设，“制理”是以符合中国国情的制度解决城乡发展问题②。第三，城乡空间治理一体化是对新型城镇化的推动，是对过去城镇化建设中，人口城镇化不足、土地“农转非”问题的改善；受自然地域分布的影响，乡村居民的空间聚集散乱，乡村治理重点在于要解决人的精神思想问题、人的社会管理问题和人的公共服务问题③。因

---

① 蒋建国. 加快城乡文化一体化发展［J］. 求是，2011（23）：17－20.

② 刘荣增，王淑华. 新时代中国城乡空间治理与融合的机理与路径［J］. 学习论坛，2020（11）：39－45.

③ 秦中春. 乡村振兴背景下乡村治理的目标与实现途径［J］. 管理世界，2020，36（2）：1－6＋16，213.

此，城乡基础设施一体化建设有助于将城市治理理念传播到乡村，引导村民自治，实现法治与自治的统一。

（五）城乡基础设施一体化推动城乡社会一体化

城乡融合发展的目的是使城市居民和农村居民享有平等的生存与发展的权利，共享经济发展的成果，缩小城乡消费差距，最终实现高质量的生活。社会是人得以生存和发展的基础，在长期的城乡二元社会结构中，城市有较好的经济发展，能为劳动者提供更加多样化的就业机会和发展空间，因此，城市居民平均收入相较于农村居民要高。除此之外，相对完善的城市公共基础设施服务，又进一步提升了城市居民的生活福利，使城市居民生活更加便利，享有更高的生活保障，生活成本更低。而以第一产业为主的农村居民的收入本身就较低，并且收入的一部分还要用于农业生产投入，这大大降低了农村居民的消费能力，且农村的消费市场单一。此外，农村公共基础服务不够完善，这不仅增加了农村居民的生活成本，也难以满足人的发展需求。因此，需要构建城乡基础设施一体化网络，以解决农村居民的生存和发展问题，缩小城乡社会差距，实现人民生活富裕。因为，社会一体化是以促进人民生存和发展为基础，所以它符合新型城镇化中以人为核心的经济发展要求，实现人的生存权和发展权，有利于推进农业转移人口市民化的进程。同时，通过缩小城乡收入差距，改善农民消费结构，丰富农村物质生活；通过提供平等的公共基础服务，使农民的生活质量得到提高，从而实现生活富裕。

第三节　城乡要素双向流动机制

生产要素的流动对经济快速发展有着至关重要的作用，要素通过在空间上的流动和集聚深化了地区间的分工合作，使其得到了合理有效的利用，促进了生产率提升。打通城乡生产要素双向自由流动的制度性通道，有助于促进城乡要素融合以及城乡协同发展。在以往城镇化的过程中，城市以其中心地位吸引其他区域的要素流入以实现快速发展，但由此造成的马太效应会使乡村要素过度流失，因此，必须改变以往的要素单向流动现象，实现城乡要素双向流动。让农村人口愿意“留下来”建设家乡，吸引城市人口愿意“走进来”建设农村；积极引导城镇资本进入农村产业领域，确保实施乡村振兴对资金的需求；深化土地制度改革，统一城乡土地市场，使广大农民的合法权益得到合理的价值体现，这几点是实现城乡要素双向流动的关键，也是实现乡村振兴和新型城镇化协同推进的关键。

一、城乡要素双向流动机制的内在逻辑

要素通常指构成一个系统的必要因素，一个经济系统进行生产经营活动的必要因素有劳动力、土地、资本、技术和信息等。我国在2020年的中央文件中正式将数据定义为与土地、劳动力、资本、技术并列的生产要素①。一般来说，从传统的“重农”阶段到“产业现代化”阶段，必然会出现要素从单向流动向双向流动的变化规律。但对于发展中国家而言，要素单向流动的趋势更加明显且难以依赖市场自发调整，发展中国家前期以工业化、城市化为主，为实现经济的快速增长，多采用“城市偏重”政策引导各类生产要素流入城市，打造“增长极”产生极化效应，这种做法的确能在短期内快速聚集要素，使生产规模化。但也注意到它造成城乡割裂，甚至一些乡村由于要素流失导致衰落。因此，城乡要素双向流动机制是乡村振兴和新型城镇化协同推进的重要机制之一，其目标的实现过程中也包含了人口、土地、资源等要素的双向自由流动和平等交换的本质要求。而生产要素流动越充分，经济集聚与扩散的效应就越强。城乡要素双向流动机制如图7－3所示。

---

① 中共中央 国务院印发《关于构建更加完善的要素市场化配置的体制机制的意见》[EB/OL].（2020－4－9）[2022－8－29]. http://www.gov.cn/zhengce/2020－04/09/content_5500622.htm.

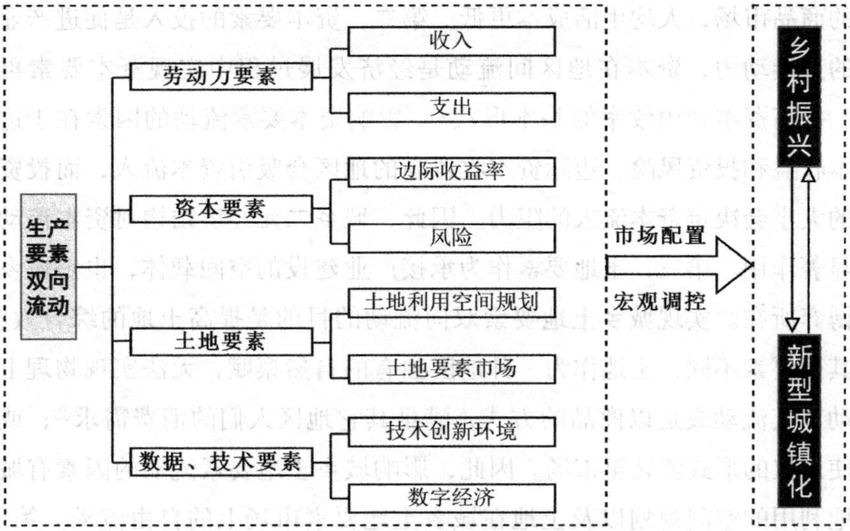

图 7-3　生产要素双向流动机制内在逻辑

要素流动的驱动因素可以分为市场和政府两个方面。从市场角度来看，要素总是倾向于从边际收益较低的地区流向边际收益较高的地区，这种自由流动是市场配置资源的体现。从短期来看，随着产量的递增，生产要素边际报酬是递减的，这个过程通过价格机制反映在要素市场上，要素拥有者根据要素价格调节要素供给，在商品市场上的生产厂商和消费者也相应调节生产规模和消费数量，体现为商品价格的变化，而这种变化进一步引导了要素价格变化，如此循环使市场上供求趋于均衡。从政府的角度来看，政府通过干预市场配置资源，提高了要素配置效率。这种干预是面对市场失灵的应对方式，要保证市场配置资源机制的正常运行需要一定条件，如市场的公平性、市场主体的理性决策，市场的开放程度等。政府通过相应的法制机制，使资源能够在市场上合理配置，激发市场活力，促进经济平稳健康发展。但若政府在干预的过程中出现目标偏差，诸如对目标定位认识不足、消极处理，或是严重越位、保障制度缺失等，就会导致政府失灵。

第一，劳动力要素作为价值创造的主体，劳动力的流动具有主观能动性，受到收入和支出的影响。从收入角度而言，城市之所以能够吸引周边地区的人口涌入，成为人口集聚地区，主要是有更多的就业机会和更丰厚的报酬；从支出角度而言，城市有着更完善的公共资源服务以及更具竞争力的商品市场，人均生活成本更低。第二，资本要素的投入是促进产业发展的直接动力，资本在地区间流动是经济发展过程中实现资本要素再配置、提高资本利用效率的基本形式①。影响资本要素流动的因素在于边际资本收益和投资风险。边际资本收益高的地区会吸引资本流入，而投资风险的大小会决定资本流入的阻力。因此，城乡二元经济结构对资本流动具有显著作用。第三，土地要素作为承接产业建设的空间载体，也是城乡利益博弈所在。实现城乡土地要素双向流动的目的是提高土地的综合效益。与其他要素不同，土地作为一种地区独有的自然禀赋，无法实现物理上的流动，其流动或是以商品的方式，满足其它地区人们的消费需求②；或是以使用权的形式流转至市场。因此，影响城乡土地要素流动的因素有城乡土地利用的空间规划以及土地在城乡土地要素市场上的自由流动。第四，技术要素是能引发生产变革的重要的生产要素，技术的流动主要借助作为技术的载体——具备专业知识技能和学习能力的高素质人才，因此，技术倾向于从经济不发达地区流向经济发达地区。这主要体现在以人为载体的空间流动上。第五，数据要素的流动得利于技术的进步，进入网络时代以来，数据以其传输速率的大幅提升、总量的几何式增长、载有信息的丰富程度以及类似公共品的非竞争性、非排他性等，成为一种特殊的、独立的生产要素。作为一种新型要素，数据对产出的作用主要体现在其载有的信息上。

二、城乡要素双向流动机制的主要内容

从前面的分析中，我们可以看出劳动力、资本、土地、技术、数据等要素在转移的过程中是协同作用的，市场价格和国家宏观调控在此过程中起着推动作用。劳动力要素作为其中最活跃的因素，其流动受到收入和支出的影响，城乡之间经济发展不平衡直接影响劳动力作出迁出、回流的抉

① 周月书．二元经济结构转换与城乡资本配置效率关系实证分析［J］．中国农村经济，2015（3）：44－55，83．

② 孙军，王先柱．要素流动的层次演进与区域协调发展［J］．云南财经大学学报，2010，26（2）：128－133．

择。在破除了制度阻碍后，劳动力自发实现的流动表现为“用脚投票”。同时，劳动力作为技术的载体，其流动带来了人力资本的积累，促进了先进技术和生产方式在城乡之间的传播。而技术要素在流动过程中，同样也伴随着劳动力和资本要素的流动，在满足农村发展对技术创新需求的同时，也为农村提供了高技能人才和丰裕的资本，为农村经济实现数字化转型奠定了基础，推动了城乡一体化发展。

（一）劳动力的“走出去”与“留下来”

长久以来，城乡区域存在要素报酬、产业结构、基础设施的差异，导致农村劳动力单向流入城市。对于高素质劳动力，城市文明意味着更广阔的职业发展空间以及后代接受精英教育的机会；对于普通劳动力，城市工业化带来的服务业及相关产业的发展意味着更多的就业选择、更友好的城市公共服务以及更丰富的消费市场。但是，在乡村内部，随着劳动力的外流及“空心村”的出现，产业难以形成规模效应，用工成本高，农村经济停滞不前，无法实现经济长期的可持续发展。同时，人口的减少、青壮年劳动力的离开导致农田荒废、农村优秀文化得不到传承。能否让农村人口愿意“留下来”建设家乡，吸引城市人口愿意“走进来”建设农村，是乡村振兴的根本。

解决农村劳动力匮乏问题的关键在于三点，一是如何以有利的政策引导城市高素质劳动力下乡，他们作为知识和技能的载体，能够为农村的发展引入先进的科学技术以及先进的治理方法，促进农村发展，带动传统农业转型，推动乡村文明治理。二是如何培育一批本土高素质劳动力，他们对于家乡有自发的建设动力，能够带动家乡人民进步，并且受过外界高层次的教育，对新型的技术和管理方式更易于理解和学习，也勇于创新。三是如何发展农村、留住当地青年劳动力，产业的发展、社会的进步、生活环境的优化、乡村振兴的实现，最终的落脚点还是在人。因此有必要加大农村建设，增强中小城镇集聚力，增加教育等公共资源投入，避免农村青少年优质资源流失这样的县中“塌陷”的情况反复上演。

分析近十年的农民工流动趋势发现，农民工的年龄结构呈现一定的老龄化趋势，年轻人的占比在逐渐下降（图 7－4）。导致这种现象出现的原因可能是随着他们经验和人脉的积累，一部分进入新兴行业，一部分在回流。根据2021年国家统计局发布的报告显示，本地农民工数量增速高于外出农民工数量（表7－1）。①

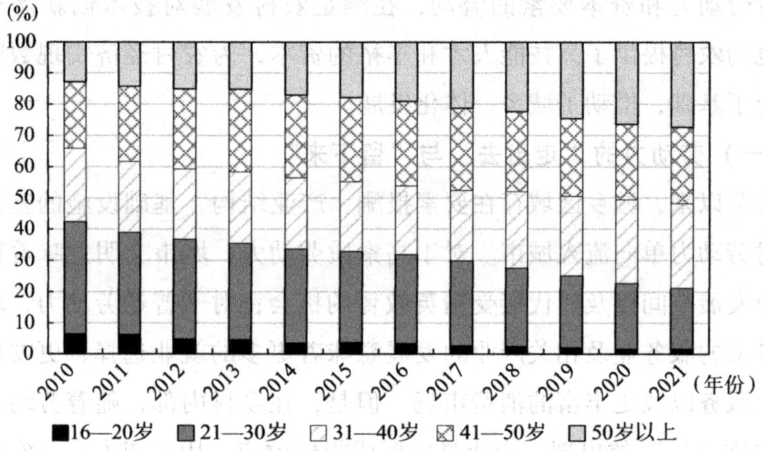

图7－4　2010—2021年农民工年龄构成

资料来源：《2021年农民工监测调查报告》。

表7－1　　　　2021年外出农民工地区分布及构成

输出地	规模（万人）			构成（%）		
	外出农民工	跨省流动	省内流动	外出农民工	跨省流动	省内流动
合计	17172	7130	10042	100	41.5	58.5
东部地区	4636	700	3936	100	15.1	84.9
中部地区	6320	3578	2742	100	56.6	43.4
西部地区	5582	2669	2913	100	47.8	52.2
东北地区	634	183	451	100	28.9	71.1

资料来源：《2021年农民工监测调查报告》。

可见，随着农民工年龄结构的进一步老化，对这些在城市中以从事建筑行业、服务行业为主的农村劳动力而言，他们的观念正在发生转变，而经济低迷和相关政策的影响会加速这种转变（魏后凯等，2020），导致农

① 2021年农民工监测调查报告［N］. 中国信息报，*2022－05－06*（*002*）.

村劳动力“回流”现象持续上演，这既为乡村振兴和新型城镇化政策的实施提供了基础，同时也对“见人见物”“就地城镇化”提出了更高的要求。

（二）资本双向流动

要实现城乡资本双向流动，重点在于发展农村经济，扭转资本单向流入城镇的趋势。古典经济学理论认为，资本是逐利的，受成本和收益的影响，会从边际报酬率低的地区流向边际报酬率高的地区。对于城市经济而言，城市和工业的发展来自资本的积累，无论是在投资回报率还是在资金经营风险方面，城市对资金的吸引力都远远大于农村，这点即使是在我国新农村建设进行得如火如荼的时期也是如此（高帆，2016）。城市拥有市场营商环境较好、投资风险较低等良好条件，因此，在发展过程中更加受到资本的青睐。此外，由于城乡产业的产品价格存在“剪刀差”，即农产品价格低于工业产品的价格，这使农民手中的钱直接流入城市。

在我国农村地区，农村因资金大量流出，产业难以为继，金融信贷规模依然较小，农业投资风险大、回报率低是影响资本下乡的重要因素。因此，农村资本稀缺是困扰农村快速发展的制约因素。而仅依靠市场力量是难以改变的，要改变这种结构失衡，必须采取政府宏观调控，引导和鼓励社会资本下乡，在吸引资本流入农村的同时实现其有效利用。所以，可以从政府财政、企业工商资本、社会金融资本三个角度来分析：首先，政府的政策扶持引导是促进资本流入农村的重要因素，通过扶持“三农”增加农业资金投入，完善农村基础设施建设。政策性金融的投入是为了培养特定的战略性产业而进行的资金投入，因此是攻克农村发展薄弱环节的有利手段。其次，通过发展农村产业，引导企业投资，工商资本下乡是企业追求边际资本收益率的体现，同时外来资本是作为高技术人才、先进的技术、知识、企业管理等现代生产要素入乡的纽带，有利于城乡三次产业融合。最后，农村产业发展需求与现行的金融供给存在缺口，因为农村产业基础差、投入风险大、回报周期长（程郁，2019），因此，发展农村金融，引导金融资本回流，有利于发挥金融资本的杠杆作用。我国在引导资本要素的认识上，从单一的建立农业社会化服务体系向与农业产业化、现代化融合。

（三）土地要素双向流动

在工业化和城镇化进程中，部分农村土地转变为城镇用地是一般规律，城镇用地为城镇的发展提供地理空间。同时，为缓解城镇由于聚集导致的不经济以及居住环境拥挤的现象，一些企业和居民考虑到成本和收益问题会选择从城镇向外迁移，伴随的是城镇在空间上向周边郊区扩张，郊区的土地被征用成为城镇用地，更远范围的农村演变为新的郊区，此过程会随着城市不断扩张而反复上演。但在我国，由于农村土地承包权转让市场与城镇土地使用权市场的价格分割，农村用地常常被低价征收成为工业园区建设用地、城镇居民住房改善的生活用地以及基础设施用地①，导致一部分农村居民并没有获得合理的利益，并且由于丧失土地被迫成为流动人口进入城市。此外，一部分进城的农村劳动力仍不愿放弃空置的农村土地，导致这部分土地资源闲置。

对于农村而言，土地是农民生产、生活的重要载体和基础，农民居住在农村，从事与土地相关的农业活动。一部分土地的价值通过农业以及相关产业反映在粮食等商品上，流入下游产业链中，最终进入消费市场；另一部分土地的价值在城市扩张过程中，通过土地使用权在市场上的流通得到体现。为了使城镇和农村居民在此过程中获得合理的利益分配，一方面要做好土地利用空间规划，实现城镇扩张的同时，优化农村土地利用效率，严守耕地红线；另一方面，建立城乡统一的建设用地市场，以实现城乡土地同地、同权、同价，从而让农民在市场上转让土地时能够以其拥有的农村资产获得相应的收益，实现农业转移人口“带资进城”。

（四）信息和技术要素双向流动

在我国，经济发达的城镇地区以其高密度的知识和学术底蕴成为高技术劳动力就业及定居的首选，不仅是本地高技术人才的集聚，也以其优势产业和政策优惠吸引着经济相对不发达地区的人才流入。随着城乡一体化进程中城市资本和产业下乡的推进，大量高技术人才带着先进的技术和管理理念流入乡村。此外，一部分高素质劳动力开始返乡就业，他们大都以

---

① 陶然，曹广忠．“空间城镇化”“人口城镇化”的不匹配与政策组合应对［J］．改革，2008（10）：83－88.

“八零后”为主，具有一定的资金资源和社会资源。社会学研究称之为青年职业农民，即伴随农业现代化而形成的、职业化的农业经营者[①]。但是，与此同时，也出现部分流失现象。如一部分返乡高技能劳动力因缺少合适的就业岗位而流失；近几年在教育上出现的“县中模式”塌陷问题等[②]。

（五）数据要素双向流动

数据作为一种新型生产要素，实现数据要素双向流动对于乡村振兴和新型城镇化具有重要意义。原始数据在经过收集、清洗、分析、评估后，在使用的过程中不但不被消耗，还能够为不同的使用者提供不同的需求。因此，数据具有极大的商业价值。城市作为高技术人才的聚集区，对于数据为载体的信息的需求大，数据流入这些地区能被高效利用，有利于推动产业创新，带动配套产业的完善与升级，促进新一轮的经济增长。与此相反，经济欠发达的农村地区由于人才流失、技术流失，逐渐失去竞争力。此外，随着互联网商品市场下沉，农村居民的消费数据也被大型互联网企业无偿利用。因此，要实现城乡数据双向流动，关键在于：一是解决数据权益问题，二是在城乡之间搭建的信息平台实现信息的畅通交流，并催生出新的商业模式，其载有的信息也能够影响要素市场上供求双方的决策，从而影响价格波动（蔡跃洲，2021）。

我国自 2013 年开始移动互联网蓬勃发展，4G 技术的提升更是催生新的商业大变革，电子商务、互联网金融、共享经济等新的业态经过 2015—2016 年的野蛮生长，不仅颠覆了个人消费者的生活模式，也改变了市场上的其他主体参与程度。在 2017 年，中央领导就指出数据是新的生产要素、新的生产力。2019 年，中央明确指出要健全数据要素市场。如今，5G 技术正在加速数字经济发展。根据《中国互联网络发展状况统计报告》（以下简称《报告》）显示，全国运营商 5G 累计投资 4016 亿元，加上移动流量、手机信息服务等消费，累计直接和间接带动经济产出 8.56 万亿元，经

---

① 夏柱智．农村青年职业农民发展的社会学研究——阶层视角的应用［J］．中国青年研究，2020（11）：5－10

②“县中模式”塌陷：即农村县城学校的生源流失，优质生源持续往市区、省会高中、民办高中单向流动，长久以来，由于农村人口减少，教育资源集中而采用的“县中模式”开始逐渐塌陷。

济增加值达2.79万亿元。至2021年，我国5G基站数量已有142.5万个，其中地级市城区全部覆盖①（图7－5）。

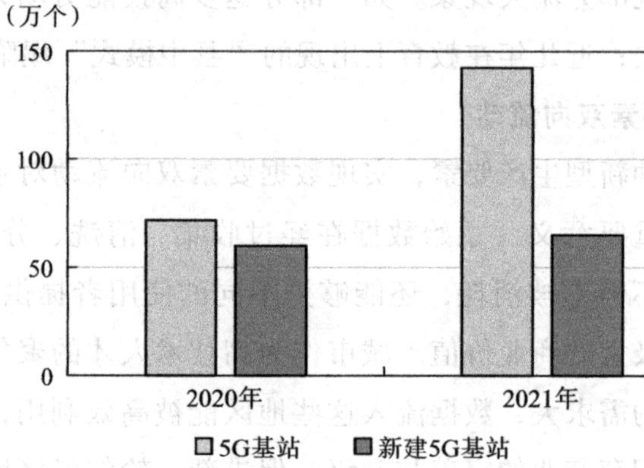

图7－5 2020—2021年中国5G基站及新建5G基站数量

资料来源：作者根据《2021中国互联网络发展状况统计报告》绘制而成。

在城市数字技术发展的同时，手机下沉市场也将移动互联网普及至农村，缩小了城乡居民之间的“数字鸿沟”。《报告》中也提到，随着农村光纤数量的增加，网民数量大幅提升，由此带来农村消费的增加。由此可见，在移动电商快速发展的推动下，我国农村消费端需求潜力正在被发掘，电商市场的下沉带来的是农村消费的升级以及现阶段对于农村电商这种新型商业模式的普及、对于农业数字化的尝试和未来的推广应用。

第四节 新型反哺“三农”机制

反哺思想的提出是以提升乡村振兴为目标，针对解决三农问题作出的战略规划。“三农”问题是指农民、农业、农村的发展问题，农民是进行

---

① 中国互联网络信息中心．2021中国互联网络发展状况统计报告［EB/OL］．（2021－9－15）．http：//www.cnnic.net.cn/hlwfzyj/hlwxzbg/hlwtjbg/202109/t20210915_71543.htm.

经济活动的主体，也是社会发展的根本，农业是社会稳定、经济发展的基础，农村承载着农民对生活的美好憧憬，是治理的核心。长期形成的以城市为中心、以工业为重心的发展规划导致了乡村经济偏弱、农业效率较低、农村人口大量流出、土地荒废。因此，“三农”问题一直是党中央关注的重点，2004—2022 年的中央一号文件都是以“三农”为主题的，内容由点及面，从增加农民收入、提高农业生产能力、加强农村建设到以统筹城乡的视角规划农村发展，再到全面推进乡村振兴工作的开展。新型反哺“三农”机制是指在一个新的格局下，以一种新的理念来解决因城乡发展不同步导致的农村、农业、农民问题。从产业、生活、社会、基层治理、生态环境五个维度加快农村建设，实现乡村振兴。同时，解决“三农”问题，发展农村经济也是有效推进人口城镇化、土地城镇化，实现新型城镇化建设的重要因素。

一、新型反哺“三农”机制的内在逻辑

新型反哺“三农”机制是从工业反哺农业和城市反哺农村两个渠道着手，结合党中央关于农村改革发展的目标任务，通过工商业对农业、城镇对乡村、城镇居民对农村居民精准对口支援，实现农业现代化和农村现代化，以达到农业增产、农村富裕、农民幸福三层次的目标，从而有效解决“三农”问题，推动乡村振兴与新型城镇化的耦合协调发展。新型反哺“三农”机制的内在逻辑如图 7－6 所示。

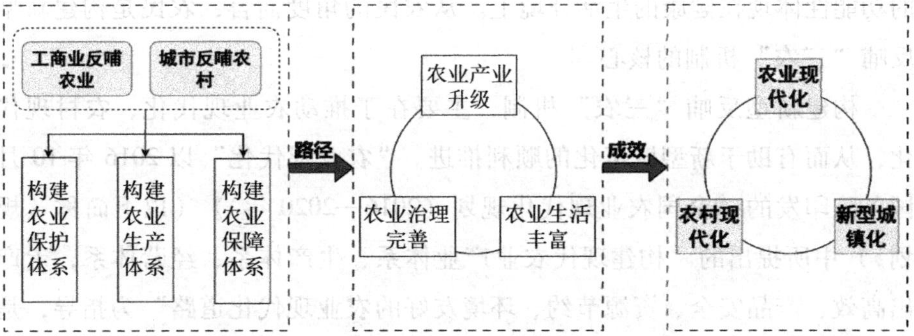

图 7－6　新型反哺“三农”机制内在逻辑

新型反哺“三农”的渠道是通过工商业反哺农业、城镇反哺农村两种方式，构建农业生产体系、农业保护体系、农村保障体系，从而促进农业农村健康发展。

工商业反哺农业是指在工商业快速发展的后期，通过向农业提供人力资本、组织创新和先进生产技术支持，推动农业发展，提升农业生产力，提高农业部门在国民经济中的地位，增加农业收入。城市反哺农村是指城市要素反哺农村，在城乡之间进行要素公平交换使农村得到合理的经济回报。通过以上两种方式，实现农业功能的演化和拓展，最终形成资源节约型和环境友好型的两型农业生产体系、能够充分调动农民生产积极性的农业保护体系以及围绕农民教育、就业、养老、医疗的现代化农村保障体系。

新型反哺“三农”的目标围绕农业、农村、农民三个方面进行。从农业的角度而言，农业是国民经济的第一产业部门，农产品是人们生存的必需品，也是用于进一步加工的原材料，对工业和服务业的发展起着基础作用。农业现代化有助于提升生产效率，实现农产品充足供给，降低农产品价格，满足三次产业发展需要。此外，实现农业稳增稳产是农村繁荣富裕、农民生活安定的基础前提，同时也是守护粮食安全的底线，实现农业现代化是实现国家现代化的必然要求。从农村的角度而言，农村作为人口的聚集地，是承载农业生产的主要空间，为农民提供生活发展空间。但是，也由于农村是相对于城市的外围区域，其发展要素被城市区域虹吸，使其在经济发展程度上低于城市区域。在霍华德的田园城市理论中，农村是以农业为主、围绕城市的生活地带，相较于城市人口的高度集中，农村的功能性体现在健康的生活环境上。从农民的角度而言，农民是构建新型反哺“三农”机制的核心。

构建新型反哺“三农”机制，主要在于推动农业现代化、农村现代化，从而有助于新型城镇化的顺利推进。“农业现代化”以 2016 年 10 月国务院印发的《全国农业现代化规划（2016—2020 年）》（以下简称《规划》）中所提出的“构建现代农业产业体系、生产体系、经营体系，走产出高效、产品安全、资源节约、环境友好的农业现代化道路”为指导，是指发展现代化的城乡产业协同互动的农村产业体系；“农村现代化”以

2022年中央一号文件为指导，是指涵盖经济、文化、治理、社会、生态等多层次多功能的农村发展过程。构建反哺“三农”机制，从而实现乡村振兴，解决“人口城镇化”和“土地城镇化”过程中出现的非均衡发展问题，实现新型城镇化。

二、新型反哺“三农”机制的内容

（一）农业现代化的实现

农村除了拥有自然资源的优势外，在人才、技术、资金要素等方面严重不足，在加工制造业、服务业方面的发展十分薄弱，仅依靠农村自身力量难以实现产业振兴，必须依靠城市要素的带动作用，形成以工补农的产业发展模式，使一、二、三产业在农村产业发展中实现互相渗透与包容，通过发挥城市人才、资金、技术优势促进农村产业规模发展，提高农产品的数量和质量（黄志海，2023）。在我国城乡关系发展的悠久历史中，城乡关系经历了互相哺育的过程，不像西方是由外来殖民者以驱除本地居民的方式建立起来的对立的关系，中国的城市繁荣依托本地经济圈为核心的、小农基础上的农业与手工业，城市与农村是唇齿相依的[①]。因此，城市反哺农村，促进城乡融合具有历史基础。我国工业已经具备反哺农业的条件。21世纪初我国工业增加值为4.03万亿元，2010年为16.51万亿元，2020年达到31.29万亿元，如图7－7所示。现代工业体系已完整涵盖了39个大类、191个中类、525个小类的全部工业门类。城镇化率2000年为36.2%，2010年达49.7%，2020年达到63.9%。我国工业化已进入中后期阶段，完全具备工业反哺农业、城市反哺农村的能力。

通过新型反哺“三农”机制实现农业现代化，一是利用现代农业物质装备提高农业技术含量。在有限的土地资源背景下，技术作为影响生产的因素之一，对产量的提升有着重要意义，比如，生产工具与装备机械化、农田水利设备完备化、农产品仓储技术提高等，从而在稳增产的同时减少

① 王海娟．发现“农村”：城市化研究的新拓展——《城市化的中国道路》述评［J］．云南行政学院学报，2015，17（4）：22－27.

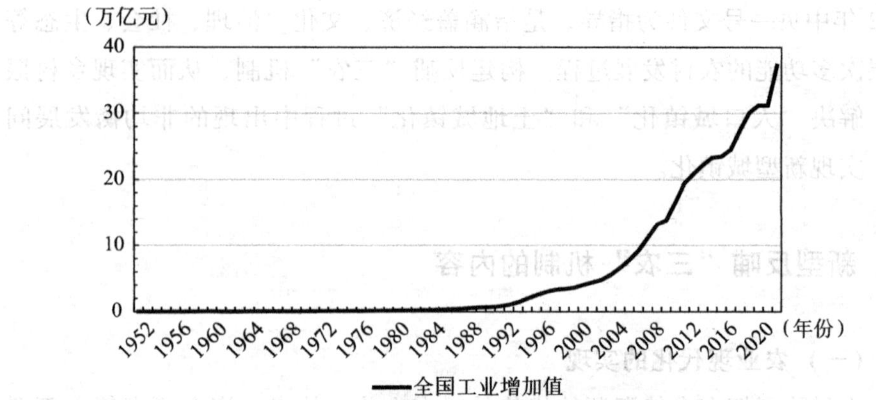

图7-7　1952—2021年全国工业增加值

资料来源：中经数据网。

粮食损耗；二是通过现代化的生产理念促进农业规模经营。生产资料的投入与产出具有边际效应，当多种生产资料参与生产时，根据各自投入比例的不同，将出现规模收益递增、递减、不变三种情况，因此，农业规模经营的实质在于优化生产资料的投入比例以提高农业生产效率，进而增加农产品的有效供给；三是通过市场化的经营管理方式延伸传统农业产业链。经济发展与人民生活质量的提高，导致人们对农产品消费需求在质和量上的提升，这又拉动供应链上游的农业生产者们提升科学的观念，利用先进农业科技，如科学育种、农业数据网络化等，使之能够在有限的土地资源内提升产值。

（二）农村现代化的实现

我国人多地少，农业经营收入不高。农村家庭除务农以外，多以兼业的方式弥补收入。因此，高效反哺的目的在于有效提高农民收入，促进农业转移人口市民化，从而实现人民安居乐业，社会发展。我国国情决定了推动农业农村现代化、促进农民持续增收，必须走以城带乡、以工补农的路径。协调推进新型城镇化与乡村振兴，能够通过引导农村富裕劳动力向城市转移提升工资性收入，通过引入城市现代技术、管理、人才等先进要素提升农业生产水平和农民经营性收入，通过建立城乡统一的土地市场增加农民财产性收入。现阶段的农村居民出现阶层分化，这意味着教育、就业、养老、医疗都将成为导致其形成底层焦虑的风险因素。因此，构建现代化农村保障体系有助于缓解底层焦虑，提升农村居民的归属感与幸福感。要通过吸收城市文化、激发本土文化活力，从而在改变农村风貌的同时，又保留乡土特色。要树立农村居民的文化自信，自觉保护农村生态，维护乡村治理。

此外，传统的农业生产过度追求产量，导致大面积的施加化肥，容易造成农业污染。通过城市要素反哺农村，吸引具有生产管理经验的人才进入农业生产，采用精细化的现代经营方式，从而能够节地、节水、节肥、节药、节种、节能，对资源采取综合循环利用，保护农业生态环境。农业天生容易遭遇自然风险、发生市场风险损失导致以逐利为目的的资本不愿意下乡。因此，依靠先进技术建立科学预防机制，合理评估农业风险，引入金融机制，将更有助于保护农业生产，调动农民生产积极性。

（三）新型城镇化的实现

对于城市而言，这个过程强调的是城乡互补合作，农村的发展并不是以为城市服务为目的的，它要求尊重农村的主体地位，促进城乡价值理念的融合，以实现“人的城镇化”，从而更有利于农村居民非农就业与市民化转型。农业现代化的过程必然导致农村剩余劳动力流出，然而如何使这部分劳动力更好地融入城市，在城市长久定居？一是靠专业化的知识培训，二是靠城市原著居民的接纳。对于农村，在产业反哺的基础上，以引进高技术劳动力的方式培育农村本地精英，有助于增强核心竞争力。

第五节　城乡产业互动协同机制

城乡产业发展既是乡村振兴的要求也是城镇发展的要求，城乡产业互动是城乡融合发展的体现。我国城乡经济发展不平衡主要原因是农村经济的单一化发展，表现为以传统农业为主，农村三次产业结构不合理。城乡产业互动有助于培育乡村特色产业，开发乡村生态产品。通过深化农业供给侧结构改革，延伸产业链，有助于增强整体产业实力，提升产业价值。2020年党中央、国务院印发《关于建立健全城乡融合发展体制机制和政策体系的意见》，对有效促进城乡产业融合发展，提出要通过打造城乡产业互动平台，在空间上实现城乡要素配置和产业的有机融合，形成示范效应[①]。2022年的中央一号文件提出，把“持续推进农村一、二、三产业融合发展”作为“聚焦产业促进乡村发展”的首要任务，充分挖掘农业的生产、教育、文化、景观、休闲、康养等多种功能，推动农村产业融合发展，构建各具特色的现代乡村产业体系的基础和前提[②]。基于此，探索城乡产业互动协同、城乡均衡发展是实现乡村振兴与新型城镇化的协调发展的重要议题。

一、城乡产业互动协同机制的内在逻辑

城乡产业互动协同的实质是基于共同利益这一目标，将分布在城市和农村地区的产业相互关联，实现“你中有我，我中有你”的产业链，这不仅能发展城镇产业，也能开发农业的多功能性。城乡产业是相对独立且具有各自优势的不同主体，产业之间的关联性是相互影响、相互作用的前提，产业各自优势资源禀赋是形成竞争合作关系的基础。因此，实现城乡产业互动协同是发展农业现代化、实现乡村振兴和新型城镇化的重要环节。城乡产业互动协同机制是通过将城乡产业之间的投入和产出相互依存，产业部门互为市场，以前向关联、后向关联、旁侧关联的方式参与产业链建设，从产业结构上构建全方位的经济发展机制，最终使其纳入乡村振兴与新型城镇化耦合协调发展的过程。城乡产业互动形成的内在逻辑如图7－8所示。

---

① 中共中央 国务院印发《关于建立健全城乡融合发展体制机制和政策体系的意见》[EB/OL].（2019－05－05）[2023－6－20]. https://www.gov.cn/zhengce/2019－05/05/content_5388880.htm.

② 中共中央 国务院印发《关于做好2022年全面推进乡村振兴重点工作的意见》[EB/OL].（2022－02－22）[2023－6－20]. https://www.gov.cn/zhengce/2022－02/22/content_5675035.htm.

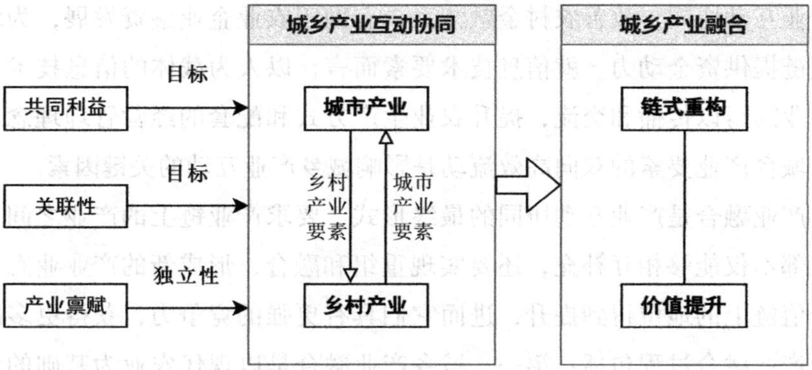

图 7－8　城乡产业互动协同机制的内在逻辑

城乡产业互动协同的前提是城乡产业本身具有各自的产业禀赋，以此在产业链上能够形成一定的关联性。同时，在相互协调合作中存在共同利益的目标。城市产业和乡村产业作为互动关系的主体，具有独立性和实现自身利益的需求，但在发展过程中又存在共同利益牵制，表现为不同产业部门在要素市场上以及在最终产品市场上对彼此的需求，城乡产业之间具有关联性。根据里昂惕夫的产业关联理论，在产业之间产生了产业链上的前后关联性，作为上游的乡村产业的产品一部分用于下游城市产业投入的中间产品，而城市产业的最终产品一部分也将服务于乡村产业。为了加强产业间的互动，还产生了以技术知识为基础的辅助产业以及以外包活动为主的新兴产业，即旁侧关联。根据科斯的交易成本理论，城乡产业部门间的竞争与合作，带来的结果是各部门的产品和服务成本下降以及各部门技术的提高，因此，城乡产业互动形成的是城乡产业合作共赢的关系。

城乡产业互动协同的实质是城乡产业要素的互动，各自具有的要素禀赋与要素依赖是城乡产业互动发展的前提，在资源配置得到优化的条件下，以信息沟通促进城乡之间的要素流动，这是一个动态而持久的过程。就劳动力要素而言，通过城乡产业互动协同使农业升级，在农村剩余劳动力大量流向城市、促进城镇化的同时，避免了优质农村劳动力因农业收益低而流失，减缓农业现代化的速度。就土地要素而言，在农业现代化的过程中，部分闲置土地流转成为城镇化的建设用地，有助于形成与城镇发展相配套的产业区位优势，提高了土地的使用率。就资金要素而言，通过城乡产业互动协同，改善农村金融体系，有助于农业企业融资发展，为农业产业链提供资金动力。就信息技术要素而言，以人为载体的信息技术在城乡产业间得以传播和交流，提升农业生产方式和配套的经营管理理念。因此，城乡产业要素的双向高效流动是影响城乡产业互动的关键因素。

产业融合是产业互动协同的最终形式，要求产业链上的产业之间、产业内部不仅能够相互补充，还要实现重组和融合，形成新的产业业态，同时价值链上的地位得到提升，进而它们具有更强的竞争力，获得更多的利润。产业融合过程包括：第一，城乡产业融合是以现代农业为基础的产业链和价值链的重构。通过延伸农业产业链，实现初级农产品的价值增值，使农业生产领域也得以分享农产品加工的增值收益。同时，农村三次产业的融合有助于提升农业的生产效率与质量，带动农村以及小城镇的产业多元化发展，以此实现产业兴旺，提供剩余农村劳动力转向非农业的平台。第二，城乡产业融合是城市与农村、城市居民与农村居民价值的融合。农民在参与生产的过程中，提供劳动力、资金、土地等生产要素，得到回报和劳动素质的提升。而随着部分城市产业的迁出，城市拥挤的居住环境得到改善。随着农村生态产业的开发，城乡居民的生活不断丰富。因此，城乡产业互动协同成为城乡融合的主要动力。

二、城乡产业互动协同机制的内容

城乡产业互动协同的目的是发展乡村产业，带动乡村经济、文化、生态的全方位发展，最终实现乡村振兴。我国仍然是一个农业大国，如何解决好农业发展问题，带动农村经济发展？产业结构调整升级，城乡产业互动协同是关键。目前，我国在发展农村产业的过程中仍存在诸多问题：农业在国民经济体系中的地位持续下降，增速明显落后于工业化和城镇化进程中的第二和第三产业的增长速度，农业生产收入相对较低，不少农民在农业生产中粗放经营甚至直接“抛荒”土地（项继权和周长，2017）；在农村产业协同主体上出现同质化运营、利益分配不均衡、带动效应不足等瓶颈，相关部门缺乏对于城乡融合发展的全面认识，割裂了产业结构调整以及城乡一体化发展的联动关系（陈运雄和姚玉梅，2022）。而在农村产业链的结构上，存在投入要素严重不足，加工制造业、服务业发展薄弱等问题。

实现城乡产业协同机制，其一要解决好各参与主体的利益诉求问题，实现利益联结，从而获得规模效应和范围经济；其二要发挥城市人才、资金、技术优势，一方面通过农业龙头企业的强大示范力和引领力带动乡村产业发展，另一方面通过非农产业向农村的蔓延为其带来先进的生产、管理经验和科学技术，改进管理方式和生产方式；其三要立足农业资源，在农业内部的子产业间形成互动协同，也形成农业与二、三产业的互动协同。通过促进加工制造业与农业的融合，对农产品进行就地加工，通过推动仓储、冷链物流、包装、销售、旅游、康养服务业对农业发展的支持，让农产品的产业链得到进一步延长、价值链得到进一步提升，进而带动农村产业多样化快速发展（黄志海，2023）。

城乡产业互动协同的另一个目的是促进新型城镇化的推进。新型城镇化过程中的产业发展和需求升级，将有效促进就业扩容和收入增长，使人民在城市享有更加富足安定的美好生活①。当前，人口城镇化和土地城镇化处于非协调发展状态，城镇人口增长速度明显滞后于城镇土地扩张速度，而产业结构的变动又是影响人口和土地的重要因素，因此要通过城乡产业互动协同提升经济效益、优化产业结构，实现人口城镇化和土地城镇化协调发展。此外，通过发展农业加工业，形成农产品生产、流通、加工的有机联系；同时培育非农产业，城乡三次产业实现合理分工与合作，在城乡间形成“产加销、贸工农”产业链，吸纳农村富裕劳动力，实现新型城镇化的推进。

构建城乡产业协同发展平台有助于城乡产业互动协同的落地实现（图7-9）。从城乡产业互动的形式来看，城乡产业链以平台为空间载体进行互动、重组、延伸，功能更加完善与多元化。这使城乡产业的旁侧关联更为完备，而有效的政策导向能够对资源在平台空间上进行合理配置，并且

---

① 中共中央 国务院印发《推进以人为核心的新型城镇化》[EB/OL].（2023-06-07）[2023-6-20]. https://www.ndrc.gov.cn/xwdt/ztzl/srxxgcxjpjjsx/xjpjjsxjyqk/202306/t20230607_1357320.html.

为城乡市场营造公平竞争的环境，照顾到产业互动主体的各方利益，从而保障着互动的有效进行。从前文对城乡产业形成的梳理中可以看到，城市产业的主体构成为第二、三产业，乡村产业的主体构成为第一产业。为了保证第一、二、三产业能够顺利对接，需要辅助产业。这些辅助产业的发展，提升了产业链上在分工合作中的专业程度和服务质量，构建了整体产业体系的完备性。

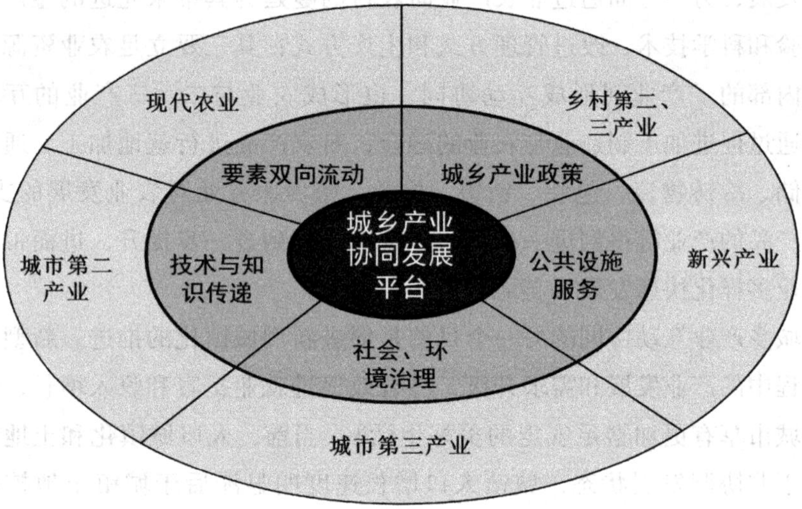

图7-9　城乡产业互动协同示意图

从城乡产业互动的有效性来看，互动主体的差异性决定着它们之间的关联程度，即城乡产业的发展水平决定着城乡产业的关联程度，进而决定着城乡产业互动的方式。基于产业链理论，若处于产业链上下游的其中一方具有绝对优势，那么它在协同合作中占主导地位，分享大部分利润（王改性，2010）。同理，在城乡区域经济中处于优势地位的城市产业，若在技术知识、资源禀赋等方面也占有绝对优势，那么无法形成良性互动，因为城市产业单方面占优。只有城乡产业存在各自优势，形成了差异性，才能形成良性互动，共同发展。

此外，城乡产业互动协同平台的搭建为人口集聚提供了发展空间，并由此形成独特的社会、经济文化、生活等环境，间接影响人的心理和认知，进而影响乡村振兴和新型城镇化的进程。因此，借助于城乡产业互动协同平台，有效利用城市具有的资源禀赋，如高素质劳动力、雄厚的资本、先进的技术，将乡村的潜在优势资源挖掘出来，实现农村劳动力的就地就近城镇化。如近些年农村电商为当地的特色农产品扩宽了销售渠道，打开了消费市场；以物联网为特色的农业数据化建设，收集农业生产端数据进行分析，从而打造高品质的农业生产；田园生态、文化历史这类特色资源与城市商业结合，打造新型的文旅项目，创造了就业机会，吸引了人口的集聚。

第六节 本章小结

本章以城乡融合视角，构建了乡村振兴与新型城镇化协同推进机制框架。城乡基础设施一体化机制是城乡社会经济发展的物质基础与前提条件，但我国前期城乡经济不平衡发展导致城乡基础设施建设布局的不合理，这严重制约着新型城镇化与乡村振兴的协同推进。因此，可以依据基础设施的功能性，将其分为经济性基础设施和社会性基础设施两个方面，以此结合新型城镇化与乡村振兴的经济、生态、文化、治理、社会五个角度，构建城乡基础设施一体化机制。城乡要素双向流动机制是城乡一体化发展的内在要求，目的在于改变由城乡二元经济结构造成的要素单向流动现象。促进城乡要素双向流动既有助于乡村振兴，又能推动新型城镇化的发展。高效反哺“三农”机制着重于现代化的乡村建设，使城市资源有效地流向农村，是城乡融合过程中的关键所在。解决“三农”问题是要实现农业、农村、农民的发展需求，符合乡村振兴新格局下，产业、生态、乡风建设、基层治理、农民生活五个维度的新要求；同时，解决“三农”问题也是推进新型城镇化的目标。城乡产业互动协同机制以产业融合为目标，打造新型产业，对于乡村而言能够实现农业现代化以及乡村三次产业的兴旺；对于城镇而言，能够扩展第二、三产业链，实现城镇产业高质量发展。

第八章　乡村振兴与新型城镇化协同发展路径研究

乡村振兴和新型城镇化具有相互补充、相互促进的关系。基于前述耦合协同推进机制，探索适合我国国情的乡村振兴与新型城镇化耦合协同发展路径，即五个“推进”：推进城乡产业融合发展、推进城乡要素市场一体化、推进城乡基础设施互联互通、推进城乡公共服务均等化、推进城乡生态环境共建共治。五个“推进”间相互联系，围绕“以人为本”这一核心要义，构成一个可持续协同发展系统（图 8-1）。城乡要素双向流动是各项推进的基础，要素市场一体化是打破城乡二元分割格局、推进城乡各项合作的根本。城乡产业融合和基础设施互联互通夯实乡村发展的经济基础，提高城乡居民的收入水平。城乡经济水平提高能够为城乡居民提供更优质的公共服务、塑造更好的生态环境，并进一步提高城乡要素的双向流动水平。城乡公共服务均等化和生态环境共建共治则为城乡居民提供更好的生存和发展环境，实现城乡高质量发展，也为城乡产业发展和基础设施建设提供更多的机会和要素资源。

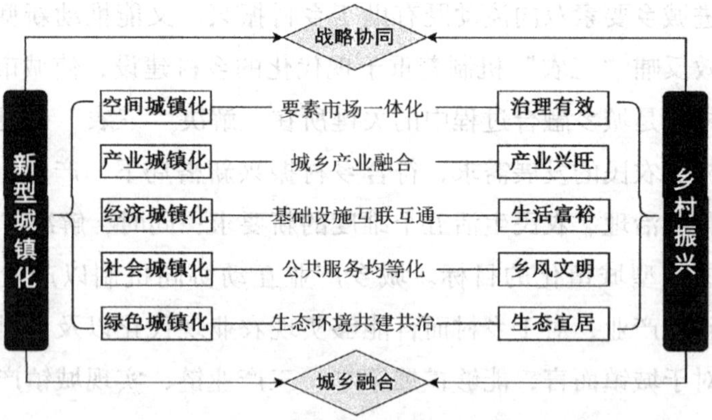

图 8-1　乡村振兴与新型城镇化协同发展路径

第一节　推进城乡要素市场一体化

城乡要素市场一体化是乡村振兴与新型城镇化协同发展的重要依托，是破解城乡二元结构的关键。旧有发展思路多是将城市和乡村两个地区区分发展，且把乡村在行政级别、产业规划以及产品地位等方面都置于城市之下，增强城市对周围乡村或小城镇的虹吸效应，从而出现城市各项要素逐渐过剩，乡村生产要素紧缺的分布不平衡现象。

当前，我国要素市场既包括劳动力、土地和资本构成的传统要素，也包括如技术、数据、信息和生态景观等新兴要素，各类要素在城市和乡村各有优势。但受制于城市和乡村的要素流动壁垒（图 8－2），城乡交换优势资源相对困难，制约城乡一体化发展。健全城乡要素市场一体化发展机制，促进各类要素城乡双向流动和双边高效集聚，是有效实现乡村振兴和新型城镇化各项目标的基础，也是推进二者协同发展的重要支撑。因此，需调动政府、城镇工商资本和农村居民等经济主体的积极性，着力破除城乡要素流动壁垒，促进城乡间各种资源要素按市场机制合理配置，并逐步实现要素双向流动。统一的城乡要素市场不仅为乡村振兴创造公平的市场条件和有利的发展环境，也为新型城镇化提供高效的生产条件和广阔的发展空间，进而推动乡村振兴与新型城镇化的良性互动和协调发展。

一、持续推进城乡要素市场化改革

充分发挥市场在资源配置中的决定性作用，建立统一开放、竞争有序的要素市场体系。当前，我国绝大部分的商品和服务都通过市场定价，但要素市场的市场化定价范围有限，甚至因市场经济运行体制不完善形成要

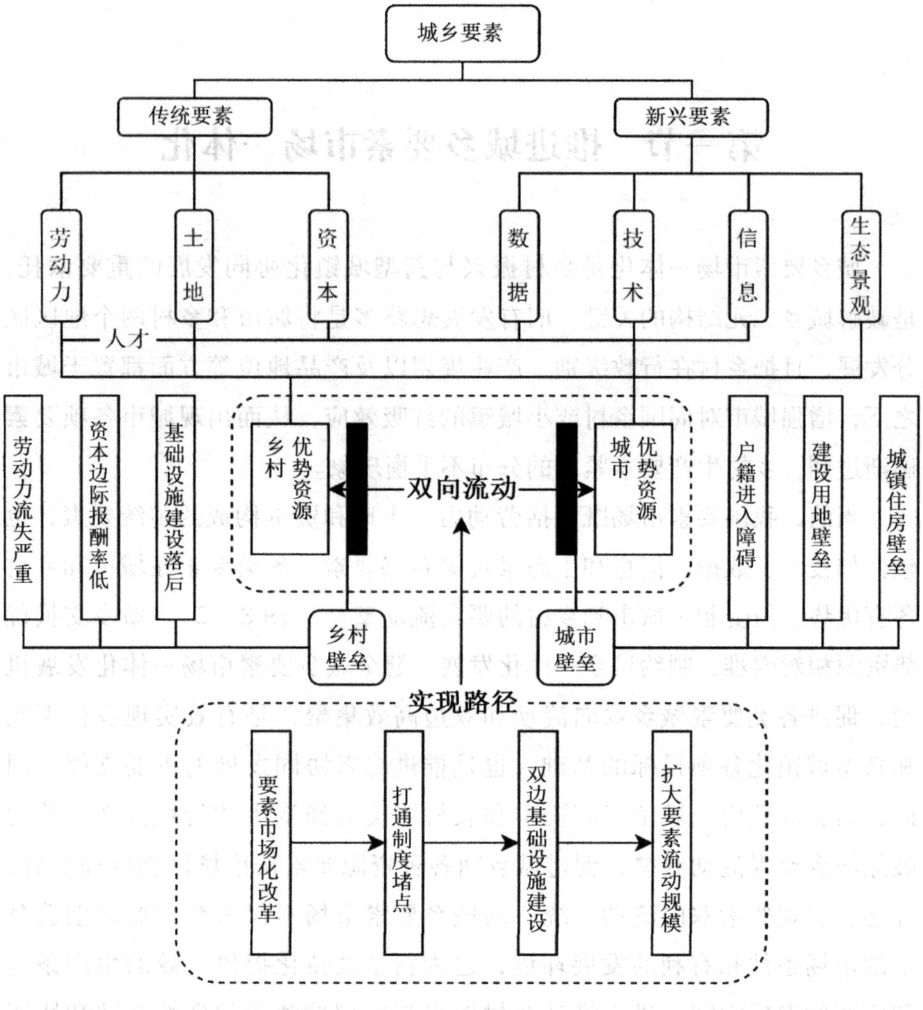

图8－2　城乡要素市场一体化内容、壁垒、路径示意图

素市场价格扭曲①。市场难以通过要素价格得知要素稀缺程度，企业难以匹配最高效的要素组合获得比较优势和产业竞争力，从而导致要素资源浪费、国民初次收入分配扭曲。因此，在城乡要素市场一体化过程中，需推进要素市场化改革，建立要素价格市场化形成机制，健全市场化要素供求

① 杨帆，徐长生．中国工业行业市场扭曲程度的测定［J］．中国工业经济，2009（9）：56－66.

匹配机制，完善要素市场体系建设，实现城乡资源配置达到帕累托最优[①]。

（一）建立要素价格市场化形成机制

我国市场体系长期处于“跛脚走路”的阶段，要素配给计划体制不适应产品市场的市场化定价体系。要素价格市场化是解决参与城乡融合建设经济主体利益分配的关键一步，通过要素价格反映市场供求和资源稀缺度，高效推进乡村振兴和新型城镇化协调发展。其一，就城乡劳动力市场而言，要保障进城务工人员劳动所得。通过加强地方工会建设，增强农民工在用工工资和时长方面的话语权；贯彻落实《中华人民共和国劳动法》，切实保障进城务工农民的合法收入，扭转农民工工资由务工企业单方面决定的现象。在按劳分配的基础上，衡量城镇对务工人员的供求关系，有浮动地调整用工工资。其二，就城乡土地市场而言，要夯实土地产权建设，引入市场竞争机制。在保证乡村土地所有权归属完整和用途明确的基础上，推动农村建设用地使用价格通过市场化机制形成、农业用地流转价格根据市场供求决定。其三，就城乡资金市场而言，要扩大城镇资本在乡村投资的准入范围，解除投资规模限制，通过探索土地使用权和宅基地等多项农民资产的抵押方案，放宽农民贷款条件。

（二）健全城乡统一要素市场体系

2022 年印发的《中共中央国务院关于加快建设全国统一大市场的意见》明确指出，打造统一的要素和资源市场是构建新发展格局的基础支撑和内在要求[②]。统一、开放、竞争的要素市场体系是城乡要素双向流动的载体，具有壮大市场主体、扩大市场规模、降低市场成本的重要作用。其一，统一城乡市场准入制度。建立城乡统一的市场准入负面清单制度，除涉及国家安全的产业外，城乡各部门不得自行发布妨碍要素流动的行政命令。其二，维护城乡要素公平竞争。须平等对待参与城乡融合建设的各类经济主体，保护下乡资本和进城务工人员的合法权益。其三，加大城乡要

---

① 周佳宁，段锴丰等．土地要素配置如何促城乡多维融合？——有效市场和有为政府［J］．中国土地科学，2022，36（3）：32－40，50.

② 中共中央 国务院关于加快建设全国统一大市场的意见［J］．中华人民共和国国务院公报，2022，1767（12）：24－30.

素交易监管力度。要加强城乡统一的社会信用体系建设，推进城乡要素市场信息平台建设，通过加大交易监管力度、提高要素价格透明程度，规范市场交易行为，防止损害经济主体利益的行为发生。

二、破除城乡要素双向流动制度壁垒

强化制度引领，破除城乡生产要素双向流动的制度壁垒，不仅要解决乡村各项要素向城市流动的既有障碍，更要引导城镇各项要素向乡村流动。由于城市的基础设施建设、劳动力收入以及城市户籍制度带来的隐形福利等，乡村的优质劳动力和资金等生产要素长期向城市单向流动，导致乡村空心化现象加剧。在我国要素市场化流动机制尚不完善的情况下，通过制度建设强化政府干预程度是推动城市各项要素向乡村流动的一项有力举措。

第一，引导城市工商资本下乡。乡村的产业配套设施较差，劳动力的受教育程度普遍较低，难以承接较高水准的生产工作，导致农村地区的相对资本边际收益水平下降。而资本要素具有天然的逐利性，更偏爱向产业配套设施齐全、生产率和资本边际收益水平较高的城市地区集聚。因此，完全依靠市场机制难以实现城市资本下乡投资。以四川省成都市引导工商资本下乡为例，该市一方面规范农村土地资产，通过对农村土地资产确权，便于招商引资；另一方面发挥政府引导作用，优先保障工商资本下乡所需非农建设用地，开通城市工商资本下乡投资手续办理“绿色通道”，政府部门提供全程指导和村企沟通服务，确保投资项目顺利落地①。因此，在当前大部分农村无法通过市场化手段实现城市资本流向乡村的情形下，可参照成都做法发挥制度引领作用。一是深化“放管服”改革。在确保耕地红线和农地农用的前提下，放开工商资本下乡管制，简化资本下乡投资手续，稳定城市工商资本下乡经营预期，打造农村便利化、法制化的营商环境。并通过政府购买服务、工商资本与集体经济合作等

① 李珊珊，李菁，郝雷．河北省推进城乡融合高质量发展研究［J］．经济论坛，2022（4）：17－24.

方式，提高工商资本在农村投资的收益率。二是完善政府融资担保制度。利用政府融资担保撬动更多杠杆资金，提高商业银行对下乡资本的金融支持力度，并通过政府产业基金与下乡资本合作的方式，缓解乡村企业的资金难题。

第二，畅通城乡劳动力流动渠道。如表8－1所示，劳动力要素在城乡融合发展中按教育程度分为两个部分，一部分是以农村为主要提供方，受教育程度集中在初中及初中以下的劳动者，另一部分则是以城市为主要提供方，受教育程度集中在高中及高中以上的劳动者。二者相互分割，劳动力要素流动面临城乡双向受阻的局面。一方面，农村劳动力受城市高工资影响具有向城市转移的强烈动力，但受城市户籍制约以及城市生存压力大等因素影响，农村转移人口的福利难以同城市户籍人口持平；另一方面，由于乡村生活质量低以及福利待遇差等原因，城市高素质人才向乡村流动的动力较低。因此，畅通劳动力双向流动通道，必须依靠乡村振兴和新型城镇化协同发展，城市和乡村共同努力。一是破除城乡户籍壁垒，健全农村转移人口市民化机制。要继续深化城乡户籍制度改革，降低城市落户门槛，简化落户程序。如湖南省株洲市在县级市人民政府驻地镇、其他建制镇实行落户零门槛政策，在市区实行落户低门槛政策，有效增加城镇就业人口与农村转移人口就业人数。二是提高城乡社会保障水平。健全以居住证为主要载体的城乡基本公共服务供给制度，保障进城务工农民的社会保障和城市福利与城市居民相同，保障返乡人才享受农村集体收益。三是激励人才入乡。坚持推动“大学生村官”“三支一扶”和其他创新型城乡人才交流方式等计划，为农村地区带来大量优质人才。财政支持、荣誉奖励、职称评定等激励方式适度向下乡人员倾斜，激励高素质人才向农村聚集，成为推动乡村高质量发展的有生力量。如贵州省湄潭县坚持“乡村发展靠能人”的工作思路，一方面允许破格选用乡村能人和返乡人才做村干部，在日常生产生活中发挥引导作用；另一方面放开村庄落户限制，通过让新进人口享受村集体经济收益的方式，吸引人才下乡助力乡村振兴①。

① 瞿欣含，王皓．湄潭县：奋力建设贵州最美乡村［N］．遵义日报，2021－12－08（015）．

表 8-1　按受教育程度划分的城乡人口数

受教育程度	城市人口（人）	占城市总人口比例（%）	农村人口（人）	占农村总人口比例（%）
小学以下学历	122147440	22	329463075	41
小学	92077817	16	257580916	32
初中	169796464	30	317298546	39
高中	115378689	21	96831233	12
本科及以上学历	151601269	27	65623382	8

资料来源：第七次全国人口普查公报。

三、完善城乡要素双边落地配套设施

空间是乡村振兴和新型城镇化协同推进的载体，城乡空间具有天然的地理差异性[①]。通过完善城乡空间的配套设施，增强双边对要素的吸引力和附着力，是推动城乡要素市场一体化的必要途径。

第一，加强城乡交通基础设施建设。城乡交通不便带来的城乡沟通成本上升，是当前城乡发展不均衡、要素资源流动不畅的一个重要原因，导致乡村产业发展类型受限、发展空间受限。如河北省冀西北地区与京津地区公路、铁路连接率较低，城乡间连结公路也因维护乏力而导致使用率降低。自 2017 年起，张家口市和承德市加密本地区城乡公路网，对农村街道进行现代化改造，截至 2021 年底，两市新建城乡连接公路 68 条，农村主街硬化率达 99%[②]。而且，两市还不断推动本地区交通网与京津地区互联互通，有效推动京津人才返乡建设，大量京津产业向河北转移。因此，要从新型城镇化和乡村振兴两个方面协同推进，加快城乡交通基础设施建设，推动“四好农村路”建设，优化乡村道路交通。鼓励有一定规模的村镇连入公路网，有能力的村镇接入铁路网，积极推动乡村融入城市群一体

① 宁志中，张琦．乡村优先发展背景下城乡要素流动与优化配置［J］．地理研究，2020，39（10）：2201-2213.

② 李珊珊，李菁，郝雷．河北省推进城乡融合高质量发展研究［J］．经济论坛，2022（4）：17-24.

化的发展格局中。发挥多种交通方式组合带来的成本节约优势，构建乡村与城市的立体式交通网络，增强农村地区对城市要素的吸引力。

第二，加强乡村产业建设。部分发展能级较弱的乡村，难以直接吸引城市资本下乡投资。即便有政府推动资本下乡，乡村产业发展不足也难以承接城市重大产业转移。例如，苏北地区通过发展大田农业，推进高标准农田建设，增强第一产业实力。并优先安排农产品加工业生产用地规划，提高苏北地区农产品竞争力，自发形成农村第二、第三产业，吸引城镇下乡投资并形成产业集群。借鉴苏北地区做法，乡村应不断提高产业发展水平。第一产业仍有发展空间的乡村应结合现代技术提高农业生产力，第一产业发展较好的乡村应逐渐发展基础型第二、第三产业，提高自身产业发展水平，增强承接城市要素下乡的能力。

第三，加强乡村配套市政公共设施建设。城乡要素流动除产业和交通等硬实力建设之外，更多体现在市政建设等民生方面。乡村市政规划远远落后于城市，用电、用水、用气、移动信号、乡村公园等建设与城市建设差距甚大，导致城镇要素向乡村转移后落差较大。需加大乡村市政公共设施的建设力度，推进现代化农村社区建设，逐步缩小乡村与城市的生活质量差距，降低要素转移落差，增强城市要素向农村地区转移的附着力。

四、扩大城乡要素流动规模

随着中国特色社会主义进入新时代，城乡要素内容和空间布局发生了巨大改变。技术、信息、数据、生态景观等广义生产要素近年来被广泛提及，城乡双向流动要素内容逐渐扩展到可以产生价值的一切要素。县城和中心镇作为要素流动载体之一，其要素集聚能力介于城市和乡村之间，具有承上启下的作用。通过丰富要素流动类型和壮大要素流动载体两种方式扩大城乡要素流动规模，使城乡富裕要素能够流得出，城乡稀缺要素能流得进、留得下，逐步培育城乡要素自我协同发展能力。

第一，丰富要素流动类型。城乡深化融合迸发出的新产业、新业态，导致仅依靠传统要素流动无法支撑新业态发展，必须扩大技术、信息等新兴要素的流动，支撑新业态发展，辅助传统要素双向流动程度进一步加深。探索新兴要素与传统要素交叉融合路径，刺激要素在城乡流动过程中衍生次级新兴要素，丰富城乡产业要素池内容，推动更多城乡要素双向流动。例如，河南省长葛市通过引进优质国内外科研院所，与种子企业在石象镇共建种业实验基地，集聚技术要素，建成国家级科研创新平台 3 个、省级科研创新平台 5 个，成为中西部地区最大的瓜果种子研发基地，有效推动科技成果入乡转化①。截至 2021 年底，长葛市已入驻科研院所和种子企业 30 余家，实验种植了 5000 多个瓜菜新品种，带动当地 2000 余户农民就业增收。

第二，壮大要素流动载体。根据增长极理论，要素在某一区域集聚形成增长极后，逐步向极外区域扩散。我国城镇结构已经初步建成国家中心城市和区域中心城市等层级，其要素辐射范围和能级各有区分。但是，部分城市对于乡村，尤其是对于不在中心城市都市圈范围内的乡村，要素辐射能级较低。因此，需要在乡村和城市之间培育一部分中小城镇作为要素汇聚的中继点，通过极化这一部分城镇的要素集聚能力，推动要素进一步向乡村扩散，从而打通城乡要素双向流动通道。如陕西省志丹县构建由县城、重点镇、农村新型示范社区三级组成的城镇体系，极化主城区城市服务功能，拓展农村地区发展现代农业，以县城为中心引领新型城镇化和乡村振兴协同发展②。因此，要深入推进新型城镇化战略，加快发展中小城市、有重点地发展小城镇，优化城镇规模结构。通过承接中心城市非必要产能，结合当地优势资源，提高区域发展实力。扩大有经济实力的重点镇管理权、统一镇级区域与城市发展规划，提高县、镇等区域的发展自主权。推动县域经济、特色小镇等发展战略，提高这些区域的“协同经济效应”和“边缘经济效应”，增强城乡交接带的要素集聚能力，从而扩大城乡要素双向流动渠道。

---

① 国家发展和改革委员会.《新型城镇化试点示范等地区典型做法之 102：河南省长葛市建设现代种业研发平台》. https：//www.ndrc.gov.cn/xwdt/ztzl/xxczhjs/dfdt/202112/t20211209_1307200.html?code=&state=123.

② 李德宏. 县级政府农村扶贫工作研究［D］. 西北大学，2016.

第二节　推进城乡产业融合发展

产业兴旺是乡村振兴的经济基础，也是新型城镇化的题中之义。把乡村产业纳入城乡产业发展的大格局中，用发展工业的理念发展农业，借鉴城市经济发展模式推进农村经济转型升级。一方面，新型城镇化有序推进农业转移人口市民化进程，促进城乡要素双向流动，推动农业规模化、机械化、信息化发展；另一方面，乡村振兴推动现代农业发展，提高农产品供给质量，满足城镇居民需要的同时带动乡村产业高质量发展。加强乡村振兴与新型城镇化产业融合发展，要推动小农户、农村集体经济组织、城市工商资本等经济主体围绕“生产、加工、物流、销售”四大环节，对城乡三次产业进行交叉重组、联动发展。从而延伸农业产业链和价值链，推动农业发展由数量扩张向质量提升转变，并进一步形成新业态、新模式。在融合过程中应实现城镇和乡村产业间的错位对接与互补发展，统筹规划城乡产业布局，并保留特色鲜明的先进农村传统文化，弘扬独特的农村魅力，为乡村振兴提供强有力的支撑。

一、城乡协同推进农业产业链延伸

产业链是产业融合的一个重要方面，各产业部门因客观经济技术联系形成一种相互交叉、联动发展的经济链条。城乡各产业部门在职能分工中优势互补形成专业化产业链，进一步提高城乡生产率。但长期以来，城市和乡村在产业链中的地位不平等。农村作为城市产业发展的原材料供应方，从事低附加值的传统农业生产，而城市则从事高附加值的先进制造业和现代服务业。要从乡村振兴和新型城镇化两大基本战略出发，推动城镇和乡村双方相互主动对接产业，破除城乡产业边界，增强城乡产业连结程度，延伸农村产业链条，提高城乡产业生产效率。基于产业链上下游关联，根据产业链融合方向将产业链延伸分为前向一体化延伸和后向一体化延伸两种形式。

第一，前向一体化延伸。前向一体化延伸是指基于乡村第一产业，即某一初级农产品的生产，向农产品加工业、冷链物流业、农产品直销等涉农下游产业进行交叉融合。培育一批有规模生产能力的家庭农场、农业集体经济组织以及农业生产龙头企业作为前向一体化的实施核心，主动对接城镇优势资源。在对接城镇产业资源的过程中，乡村第一产业融合城镇第二、第三产业的先进发展理念和技术经验提高农业综合生产能力，强化农业对人力、科技、资金等生产要素的整合与开发能力。如山西省云州区围绕黄花产业，以“品牌化、电商化、数字化”为支撑，积极推出果干、酱料、化妆品等以黄花为主的相关加工品达50余种，建成了一批黄花采摘观光、手工加工体验、健康养生的乡村旅游点，有效拓宽大同黄花的产品类别和市场空间①。地方政府可以借鉴大同黄花产业“以农为主，为农所用”的发展思路，推动农村积极对接城镇产业，实现农业生产质量提升、农民种养初级农产品价值增加、农村产业转型升级等多重目标。积极推动当地特色初级农产品就地进行初加工、精深加工、综合利用加工以及主食加工，通过延伸产业链的方式提高初级农产品价值链，从而实现初级农产品的多环节转化、多层次增值。并结合各地资源禀赋，融合城乡居民消费升级新趋势，与文化旅游业相结合，增加乡村生态产品和服务供给，让农村分享消费升级红利。

第二，后向一体化延伸。后向一体化延伸是指基于城市第二、第三产业，向初级农产品生产进行上游产业融合。相较于前向一体化延伸，后向一体化延伸中城市产业对乡村产业在管理、技术、资金等方面的转移层次明显提高，且有效调动社会资本参与城乡建设的积极性。企业通过直接控制上游优质农产品原料，可以降低采购产生的原料成本溢价、价格波动风险以及相关运输成本，从而增强企业的市场竞争力，拓宽利润来源。鼓励和引导城市第二、第三产业主动与初级农产品生产进行对接，

---

① 大同市人民政府：《小黄花迈向高质量发展大产业》，http：//www.dt.gov.cn/dtzww/dtyw/202201/7a0628ef311b4384bebc50906fa66893.shtml.

通过让城市工商资本在农村建设或经营优质、绿色的农产品原料生产基地，实现城镇第二、第三产业向第一产业的后向一体化延伸。例如，中国养殖业龙头公司——温氏股份，创立“公司+农户”的发展模式，加强城市资本与农村产业的合作。通过农户合作、合伙入股的方式将公司与家庭农场的利益紧紧相连，并依靠公司强大的销售网络体系和养殖技术提高农户养殖产出，减少了农户寻找市场的销售成本，建立起公司与农户紧密合作的共赢增收体系。因此，结合后向一体化延伸可以深化城乡产业链分工，扩展现代农业的产业范围与内涵，并通过主动向农业注入现代生产要素改造和提升传统名优品种，塑造一批具有国际竞争力的农业品牌。

二、推动城乡产业集群化发展

城乡产业集群是以特定区域为载体，通过集聚城乡产业主体和生产要素，实现城乡三产相互渗透、融合发展的经济群落。要实现城乡产业的空间规模集聚和深度融合发展，需推动城乡产业集群化发展，在区域内实现各项要素重组整合。城乡产业集群化发展是我国城乡生产力发展到一定阶段的必然结果，从政策层面推动城乡产业集群发展将进一步提高生产效率，释放产业活力。具体而言，通过建设一批如现代农业产业园、特色小镇以及产业强镇的区域产业集合载体，实现乡村振兴对接新型城镇化，集聚城市和乡村的劳动力、资金、科技等生产要素，令城市和乡村共建共享产业集群的发展成果。以河南省兰考县民族乐器产业集群为例①，县政府在徐场村设立民族乐器专业村，在村内形成民族乐器加工制造、运输、产地直销、制作体验、泡桐林观光等三产融合的特色集群。村内 95% 的农户都从事乐器生产，为提高城乡合作水平，当地专门成立行业协会负责协调种植和加工、制造和销售之间的分工，进一步提高制造效率，降低了城乡协作难度和制造成本。因此，要以农业农村为核心，稳定提升集群内相关

① 李二玲，魏莉霞．衍生、集群形成与乡村空间重构——以河南省兰考县民族乐器产业集群为例［J］．经济地理，2019，39（6）：127－135．

经济主体的合作关系。发挥政府在城乡产业集聚方面的引导作用，结合各区域乡村发展水平和城乡产业发展成熟度，各级政府应从顶层设计层面加强对城镇和乡村统筹发展的力度，进而实现区域内集群产业健康可持续发展。

第一，对于乡村发展水平较低且周围城镇产业成熟度较低的区域而言，政府要着重提升城乡基础设施建设水平和公共服务业发展水平，逐步满足城镇产业到乡村发展所需的用水、用电、用人的必要生产条件。同时要积极承接适宜当前发展水平的制造业和服务业转移，并根据产业转移经验，结合自身区位优势及自然资源优势，有选择性地培育重点产业，为日后发展区域特色产业奠定良好基础。如陕西省石泉县先行先建道路交通、特色景点、星级农家乐等基础设施项目，加快工业园区基础设施建设，重点推进围绕养蚕业的加工业和旅游观光业布局。形成具有独特陕南农耕文化的旅游景区——七十二作坊，并跻身3A级景区，从贫困县变为安康市一张靓丽的名片。

第二，对于乡村发展水平适中且周围城镇产业成熟度较高的区域而言，政府要推进特色产业园区建设，降低园区内企业的交易费用，引导产业自主集聚、集聚产业自主强化、强化产业自主竞争，培育和发展一批具有竞争优势的区域特色产业。邻近产业园区的区域要抓住产业集聚的重大机遇，通过城乡产业集聚引进新增劳动力人口，带动乡村服务业高质量发展，并积极培育与产业园区相关的配套产业，增强乡村的要素集聚能力，促进当地经济发展。如陕西省榆阳区依托当地发达的煤炭产业实施多元化转型布局，发展体育小镇、康养小镇，吸引煤炭产业剩余劳动力向服务业再就业。

第三，对于乡村发展水平较高且周围城镇产业发达的区域而言，该区域的城市产业种类较多、辐射范围较广，并且乡村完全有能力承接城镇产业。政府应更多吸引创新型产业在乡村集聚，激励知识创新和扩散，提升集聚区域产业经济的正外部性。逐步构建城乡集聚区域“产学研”协同发展体系，提升农业科技创新能力，形成战略性新兴产业。要在更高水平上促进城乡产业集聚，重点提升会议展览、文化创意、数字经济等行业的发展水平，并推动其行业技术向当地传统制造业和服务业渗透，促进区域内产业升级。通过城市和乡村联动发展、先进制造业和高端服务业相互渗透，促进城乡产业集聚进入高质量耦合协同发展阶段。如陕西省西安市作为国家中心城市，实施多核心发展战略。借第十四届全国运动会举办之机，西安市在城郊布局会展中心和文体中心等设施，集聚相关产业向城郊拓展，有效推动周围新寺村、西庄村、贺韶村等发展会展经济。

三、推动城乡产业以发掘农业新功能为导向的融合

农业的多功能性是乡村产业发展的重要基础。早在20世纪90年代，农业多功能性就已在联合国出现模糊概念，其主要含义指农业除了提供初级农产品外，还具有向城镇居民提供美丽的生态环境、独特的乡村文化以及其他尚未发掘的非商品性产出等功能①。由此可见，乡村产业并不局限于农业生产，还有诸多可以提供高经济附加值的新功能尚未发掘。然而，由于乡村要素集聚能力低，独自发掘农业多功能的可能性较低，需借助城镇的技术、人才、资金等先进生产要素和经营理念，融合乡村自然禀赋，从而实现深度发掘农业新功能的目标。并且，我国经济处于“三期叠加”的发展时期，经济增速缓慢，城市资本急于寻找新的经济增长点以实现资本增值。以发掘农业新功能为导向融合城乡产业，需转换乡村经济发展思路，以更开放、更包容、更有特色的思维深度发掘农业可能提供的非商品性产出，深度发掘农业新功能，并在此基础上交叉融合城乡产业，迸发乡村经济新业态。如全国首批田园综合体试点之一的浙江省漓渚镇，基于当地特色产业——花木种植，结合城市消费热点，扩展花木种植新功能。在区委、区政府的领导下，培养兰花观光集群、书法文化旅游、兰花嫁接研发以及婚庆花卉等新业态，吸引大量资本到漓渚投资生产，并通过举办“中国春兰节”等会展活动，持续扩大当地花木经济的影响力，推动当地花木销售超10亿元。基于上述分析，结合漓渚镇的兰花种植实践，本书认

① Kentaro Yoshida. Economic Valuation of Multifunetional Roles of Agriculture in Hilly and Mountainous Areas in Japan [J]. Journal of Political Economy, 2001 (5): 152 - 174.

为城乡产业以发掘农业新功能为导向融合应分“两步走”：

第一，深度发掘农业新功能。乡村经济除农业种养功能外，还具有文化功能和生态功能等，充分挖掘农业新功能的增长空间是实现城市和乡村高质量融合发展的必经之路。重塑乡村经济发展思路，从传统的单一发展农业向以农业生产为基础、促进农业非商品产出转变，激活农业多功能发展路径，赋予农业文创、教育、康养、科技等内涵，横向拓宽乡村产业的发展边界。结合区域特色资源要素，资源要素不同，各地区农业新功能也不尽相同。主要包含以下几类：其一，深度挖掘乡村文化功能。文化具有相对地域性，城市文化与乡村文化在生活习俗、风土人情、审美情趣等方面的不同使乡村文化在文化产业中具有一定的比较优势。通过研究县志发掘地方历史，通过保留传统工艺发展区域特色手工业，结合城镇文化消费热点，逐步培育具有区域特色，富有文化魅力的乡村。其二，深度挖掘乡村生态功能。生态环境具有独特性和不可复制性，尤其是在城市空气污染日益严重的情形下，具有良好生态环境的乡村成为城市居民向往的旅行地点。要逐步开发新的农业景观，实现绿色农业生产，在实现生态涵养的基础上逐步与城市产业融合对接。

第二，积极培育乡村新业态。发掘农业新功能后，乡村必须要积极与城镇进行产业对接，通过城镇产业与乡村特色交叉融合后培育新业态。新业态的形成是城乡产业高质量融合发展的重要标志，是促进乡村经济发展、提高城市资本参与城乡建设积极性的重要抓手。如表8－2所示，积极发展“农业＋”融合，结合农业新功能，发展乡村旅游、农耕体验、教育科普、生态康养等产业，重点发展“农字号”特色小镇、农耕文化展示区、文化产业特色村等。

表8－2　农业新业态发展路径

农业新功能	重点领域	建设内容
生态服务功能	生态环境服务	共享农庄、水利工程、人工湿地、城乡绿化等
	循环农业	节水农业、桑基鱼塘、白色农业、生物治虫等
	林下经济	森林牧业、中药种植、避光作物种植等

续表

农业新功能	重点领域	建设内容
文化传承功能	弘扬和传承农耕文化	非物质文化遗产保护、乡愁经济等
	农业科普教育	研学基地、种植实践、田间课堂等
	现代农业展示	种子科研展示、设施农业、数字化种植等
	农业会展	数字化展览、舞台装备、远程会议服务等
社会服务功能	创业孵化	返乡创业工作室、众创空间、农村电商平台等
	就业保障	新型职业农民、种养技术培训、文创空间等
	农业生产配套	仓储物流、农机制造、精细加工等
	科技产品转化	科研试验田、数据库云端平台、知识产权保护
休闲娱乐功能	生态田园观光	乡土餐饮、农家住宿、农业主题公园等
	农业休闲体验	市民农场、CSA 认养农业、果蔬采摘园等
	农村康养度假	亲子牧场、银发田园、生态度假村等

资料来源：作者自行整理。

第三节　推进城乡基础设施互联互通

基础设施是推进乡村振兴与新型城镇化协同发展的物质基础。旧有基础设施建设模式以城市优先发展为导向，较少顾及农村地区，导致城乡基础设施差距逐渐扩大。并且，受制于发展思维惯性、行政权限以及资金投入等障碍，城乡基础设施建设难以实现统筹，严重影响城乡协同发展。

根据公共物品理论，基础设施按照竞争性和排他性可以划分为公共物品、俱乐部物品、公共资源和私人物品（图 8 – 3）。狭义的城乡基础设施主要指政府对公共物品和俱乐部物品的提供。但值得注意的是，受行为惯性和收入状况影响，依靠农村居民自主实现公共物品的“最后一公里”建设相对困难，要真正提高居民生活质量，须将私人物品考虑在城乡基础设施统筹中。另外，公共物品和俱乐部物品在维护不当的情况下会产生一定的竞争性，向公共资源转化，增加城乡居民使用基础设施的边际成本，降低基础设施的使用率。并且，基础设施的服务对象具有不确定性，一项基础设施的经济效益往往无法在其自身体现，更多是在经济发展中起到加速剂的作用，难以量化效益。因此，城乡基础设施建设是一项系统性工程，除向居民提供公用设施外，必须结合乡村环境的特殊性，统筹考虑私人物品建设和公共资源转化的问题。有关部门要推动城乡基础设施统一规划、统一建设、统一管护，构建分级分类投入机制，明确投入主体和产权归属。通过基础设施在规划、投资、建设和维护四个环节的城乡协同推进，做到城乡基础设施"无缝对接"、互联互通，城乡居民共享现代文明的成果。

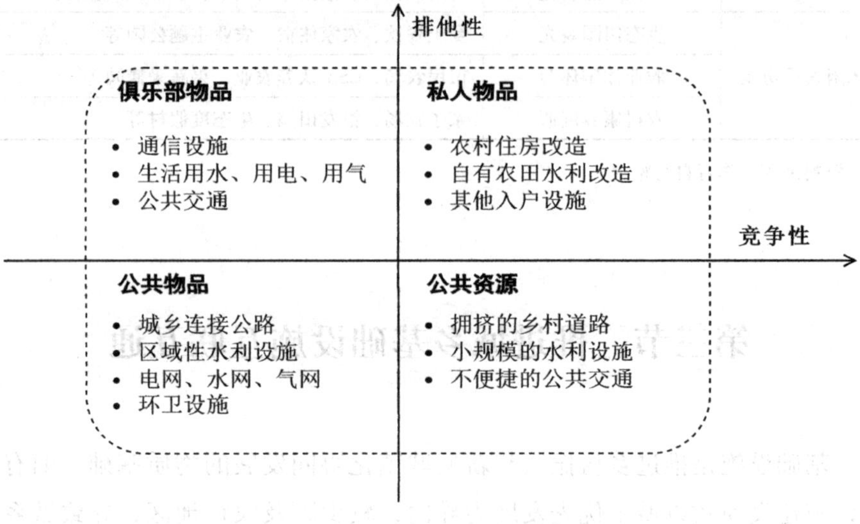

图8-3 城乡基础设施分类

一、推进城乡基础建设统筹规划

将乡村基础设施建设统筹纳入城市规划，促进城乡基础设施网络化、标准化。当前多数乡村已经开展村庄规划，不少乡镇都设有专门的村庄规划机构，但是村庄与城市的协调规划仍发展不足，在城市规划中将乡村和城市看作是两个分割的独立区域，没有系统性规划二者发展。要树立"以人为本"的规划理念，建立群众利益表达机制，充分采纳城乡居民的意见，修城乡居民最需要的设施、写城乡居民最满意的规划。通过建立"无缝对接”的城乡基础设施规划体系，推动发展规划多规融合，在区域内从规划内容、信息平台、协调机制、维护管理等方面构建城乡统一平台，实现城乡基础设施规划“一张蓝图绘到底”。推动基础设施在市中心、市郊区和偏远乡村合理布局，使基础设施的区位优势最大化，提高设施利用率。

第一，推动城市公共交通规划向乡村延伸。城乡基本公共交通包括城市公共交通和村镇客运交通两个部分，而城市公共交通又分为轨道交通和公共汽车两个部分。当前，一些中心城市的轨道交通网已逐渐成型，轨道交通不断向城市郊区延伸，拉大城市“骨架”，促进城市与近郊乡村相互融合。如江苏省南京市，区分市区线和市域线服务职能，将市域线向郊县延伸，加强市中心与周边乡镇的联系，将南京轨道交通服务半径扩至40千米，服务近90座行政村[①]。而另外一些没有能力建设轨道交通网的地方城市也已逐步建立城市公交，向郊区村镇开通城市公交线路。如山东省菏泽市，坚持“453”的公交规划思路，建成了城市、城际、城乡、镇村四级公交网络，有效缩短村镇与市区的交通时间[②]。

因此，地方政府要将城市交通同周边乡村统筹规划。有能力建设轨道交通的城市，在加密城市轨道交通网的同时要加强轨道交通辐射状建设，向市郊区铺设轨道交通，扩大城市辐射范围。对于经济发展水平较低的城市而言，这类城市的村镇一般具有人口较少、空心化严重等问题，直接建立城市与村镇公交线路的成本和空置率较高。因此，要通过“城市—县城—村镇”三级公共交通建设，加密城市与县城的公共交通在时空上的联系，加强县城与村镇的客运巴士建设，在控制转运成本的同时保证农村居民能够便捷地来往市区和县城。

第二，逐步建立以乡村为中心的基础设施规划思路，并确定基础设施建设重点。乡村振兴战略提出之前，我国城乡基础设施建设工作主要以城

① 凌小静．南京都市圈轨道交通体系研究［C］．//中国城市规划学会城市交通规划学术委员会，品质交通与协同共治——2019年中国城市交通规划年会论文集．北京：中国建筑工业出版社，2019：1582－1592.

② 冯友平．关于菏泽推进城乡公交一体化建设的做法［J］．人民公交，2021（4）：51－53.

市建设为中心。随着城镇化战略持续推进，城市基础设施建设已经得到了长足发展，在有些规划不科学的城市甚至出现了基础设施重复建设、利用率较低等问题。反观乡村则普遍面临基础设施数量不足、质量不高的困境，在用水、用气、环卫以及交通等方面与城镇相比仍有较大差距（表8-3）。因此，城乡基础设施建设工作思路应逐步从城市切换到农村。首先，协调新型基础设施建设（以下简称“新基建”）与传统基础设施建设。“新基建”是针对我国经济动能切换所作出的新型发展战略，但需要注意的是，我国农村地区在用水、用电、用气等传统基础设施建设方面仍存在较大缺口。需避免资金和政策全部向城市“新基建”倾斜而忽略农村地区传统基础设施建设。其次，以“补短板”为规划重点。围绕“美丽乡村、产业强村”目标，完善农村地区用水、用电、交通和环卫等与居民生活息息相关的基础设施建设。农村水网、电网逐步与城市“并网”，提升城市和乡村初级基础设施建设一体化水平，确保农村水电与城市衔接，农村标准与城市一致。最后，以着力提升村容村貌为核心，统筹推进农村生活垃圾和污水处理、天然气建设与城市标准平齐，全面推进“厕所革命”，重点鼓励燃气下乡，全面改善农村地区居住环境，与城市共享发展成果。

表8-3　2019—2020年城乡基础设施建设与公共服务供给差距

基础设施与公共服务指标	2019年			2020年		
	城市	乡村	城乡差距	城市	乡村	城乡差距
用水普及率（%）	98.78	88.98	9.81	98.99	89.08	9.91
燃气普及率（%）	97.29	54.45	42.84	97.87	56.94	40.93
人均道路面积（平方米）	17.36	15.23	2.12	18.04	15.79	2.25
人均公园绿地面积（平方米）	14.36	2.71	11.64	14.78	2.72	12.06
生活垃圾无害化处理率（%）	99.20	65.45	33.75	99.75	69.55	30.20

数据来源：中国城乡建设统计年鉴。

二、创新城乡基础设施资金投入机制

没有广泛资金来源的基础设施建设就像是无源之水、无本之木。纵深推进城乡基础设施资金投入机制建设，既要拓宽资金来源、创新融资模式，也要完善财政拨款机制、加强资金监管。除政策资源向城市倾斜等外生因素外，城市地区要素集聚水平与居民收入较高，具备基础设施高消费的能力，也是推高城市基础设施收益的因素。另外，由于城市居民内部收入差距较大，且消费人群较多，资本可从差异性供给和资源竞争中获益，使城市公共物品具有一定的公共资源属性。因此，城市基础设施建设可在一定程度上拓展非财政的融资渠道。反观农村地区，基础设施内生增长动力不足且难以产生收益，若非政府资金、政策等外生因素推动，农村地区的基础设施建设进展将十分缓慢。因此，必须要系统筹措城乡基础设施建设资金，分别要考虑资金投入主体多元化、融资方式多样化、财政投入资金专门化，在实现财政投入效果最大化的基础上尽可能节约投入成本，不断创新资金投入机制，推动城市和乡村基础设施共建共享。

第一，完善财政资金投入机制。当前乡村基础设施建设经费执行专款专用制度，其资金来源于不同部门。并且，基础建设经费大多来源于上级政府财政投入，并通过“省—市—县—镇”层层转移，导致政府资金投入呈现“碎片化”的特点，经济效益较低、使用限制较大，难以发挥政府财政的引领作用。当前，诸多省份鼓励以县为单位整合建设资金，如山西省万荣县在县级层面整合各类涉农专项资金，精准投入乡村基础设施建设，重点补齐城乡道路、水电、卫生等基础设施突出短板，其建设成果如表8－4所示[①]。万荣县还创新地提出竞争性财政资金使用制度，通过不同项目公开竞争、演讲答辩、联合勘探，选择村民急需、生产急用的重点建设项目，财力有限的万荣县真正实现“用小钱，办大事”的目标。借鉴万荣县的做法，可以总结如下财政投入路径。一是要完善城乡基础设施经费财政拨款机制，上级政府应确定乡村基础设施建设方向，统一规划来自各部门、各级政府对乡村的转移支付经费，努力推进乡村基本基础设施建设规模化，尽快发挥正的外部经济效益。二是要扩大乡镇政府的资金使用权。乡镇政府是最贴近农村生产生活的基层政府，了解当地村庄基础设施缺陷

---

① 山西万荣：竞争性用财机制推进城乡公共服务均等化［J］. 中国经贸导刊，2021（4）：14－16.

和漏洞。乡镇政府自由分配上级经费，有助于精细化基础设施建设工作，将资金分配到最需要的领域中去。三是要加强资金运用监管，既要防止各级政府在转移支付经费中滋生腐败，也要防止政府官员为了“政绩”滥用经费搞“面子工程”。

表 8-4　万荣县 2016—2020 年城乡基础设施建设成果

建设项目	2016 年	2017 年	2018 年	2019 年	2020 年
供水管道长度（千米）	87.70	94.76	95.65	95.65	105.65
供气管道长度（千米）	56.20	58.10	76.68	76.68	90.68
道路长度（千米）	51.48	55.82	57.97	57.97	59.65
安装路灯道路长度（千米）	37.00	37.00	40.17	46.07	52.00
排水管道长度（千米）	80.66	94.8	102.9	110.9	140.5

资料来源：中华人民共和国住房和城乡建设部。

第二，拓展资金来源渠道。在我国“三期叠加”的经济背景和农村基础设施需求日益增加的时代背景下，政府财政压力不断增加。必须要充分发挥社会资本和农户自有资金的作用，推动全社会共同参与城乡基础设施建设。城市基础设施已经普遍形成“财政投入为主、市场化融资为辅”的融资模式，并探索出 BOT、BT、PPP、ABS、城投公司专项债券融资等融资方式，有效降低财政投入的压力。要分梯度引导社会资本进入公共基础设施建设领域。一是城市地区具有诸多优质基础设施，可以通过转让经营、资产证券化等方式，将城市固定设施转化为资金，为城市反哺农村基础设施建设提供大量的资金支持。二是近郊地区产业转移趋势明显、城乡人口交流密切、建设成本低，这部分地区应放开社会资本进入限制，让社会资本参与城乡基础设施建设运营，可以将整项基础设施采用 ABS 形式打包进行证券化，或采用 BOT/BT 模式将其转让私人运营。三是农村地区基础设施的资本收益率低，难以直接吸引社会资本参与建设，要发挥财政资金的引导撬动作用，采用 PPP 和城投专项债券融资的方式与社会资本合作，形成财政资金与社会资本共同建设的机制。如广西壮族自治区大力实施农村 PPP 项目奖补政策，对不同投资额度和投资方式区别奖励，有效激励 PPP 模式在广西城乡基础设施建设中的推广与应用①。广西还探索发行县级农村基础设施项目集合债，支持符合条件的城投企业运用多种融资工具融资，盘活城乡基础设施。

三、推进城乡基础设施统一建设

基础设施的建设是从规划到落地的一个重要过程。因技术要素汇聚，城市基础设施的更新换代速度较快，城乡基础设施建设呈现显著的代际差异，从根本上阻碍了城乡基础设施互联互通进程。要引导城市基础设施建设的先进技术向乡村流动，借鉴城市经验建设乡村基础设施。

第一，完善城乡基础设施建设标准体系。2015 年，我国在国家层面推行了《美丽乡村建设指南》② 作为指导乡村基础设施建设的推荐性国家标准，各城市也逐步制定了适应当地经济社会发展状况的建设标准。但是乡村标准和城市标准仍有差别，如城市道路和乡村公路的铺设材料和验收标准不同，导致城乡道路破损率差异较大。要从国家层面推动城乡重点基础设施建设的统一推荐性标准建设，结合行业特性对地方城乡建设给予符合行业规范的指导意见。在国家相关标准的基础上，地方政府应结合本地城乡基础设施建设现状制定符合当地发展状况的地方性标准，加强城乡基础设施建设标准一体化。在标准制定前建设的基础设施要升级改造，满足当前标准，对于标准制定后建设的基础设施要严格按照标准进行建设，从标准一致的路径推动实现城乡基础设施互联互通。如浙江省鄞州区在宁波市内率先制定《鄞州区农村生活污水治理项目管理技术指导意见》③，对标城市排污标准明确农村生活污水治理工作的建设质量标准和程序规范，并围绕技术标准在建设全程把关建设质量，切实提高农村生活污水处理质量。

第二，推动基础设施领域打通“最后一公里”。人民满意度不高是当

---

① 封北麟．欠发达地区创新农村基础设施投融资体制机制研究——以广西壮族自治区为例［J］．经济纵横，2021（4）：103－110.

② 国家标准化研究院．GB/T 32000－2015 美丽乡村建设指南［S］．2015－04－29.

③ 鄞州区人民政府．宁波市鄞州区农村生活污水治理近期建设规划［EB/OL］，https：//www. nbyz. gov. cn/art/2022/7/4/art_1229137185_4005944. html.

前乡村基础设施建设中出现的重要问题，不少基础设施仅象征性地作为绩效考核指标设立在乡镇政府，对周围农村居民实质影响程度并不高。尤其是生活性基础设施，如果不打通“最后一公里”，将其真正送入每个农户家中，基础设施的正外部性无法完全体现。一是要推动自来水、光纤、电缆等管道设施完全接入农户家中，真正做到农户与城市在水网、电网、宽带等方面互联互通。二是要推动卫生设施入乡，不搞象征性的现代化公共厕所和垃圾投放点，推动水厕入户，垃圾投放点集中设立在村民聚集地，并通过垃圾回收车和污水处理管道将乡村卫生设施统筹纳入城市管理范围。

四、建立城乡基础设施长效维护管理机制

在基础设施建成后要同样重视维护工作，建立城乡基础设施长效维护管理机制，增进人民福祉。当前，城市已具有完善的基础设施维护机制，从人员、设备到资金、管理，保证城市基础设施在建成后能够持续有效运转，发挥更大的经济外部性。但农村基础设施则在维护管理方面存在巨大短板：一是维护基础设施的效果难以显现，地方政府偏好将有限的资金投入到基础设施的兴建中，从而造成“有钱建，没钱修”的局面；二是受农村居民素质影响，农村居民没有动力自觉维护基础设施，“搭便车”行为较多，甚至出现盗取公共设施的现象。缺乏维护机制的基础设施使用率逐渐下降，难以发挥经济效益，甚至产生一定的负外部性。

江苏省宣堡镇经过多年的探索，形成了一套较为完整的基础设施管护方案①。一是建立了专门的维修队伍。宣堡镇按镇、村、组建立不同层级的基础设施维修队伍，负责维护不同服务半径的基础设施。各村安排一名村干部兼任管护队长，按照区域确定管护人员，管护人员接受镇村的共同领导，并定期考核。二是具有稳定的维护资金来源。宣堡镇按市政府和村集体 7：3 的比例分担管护人员工资，镇政府每年投入补贴资金用于基础设

① 泰兴市人民政府发布的《宣堡镇关于农村基础公共设施管护调研报告》，http：//www.taixing.gov.cn/art/2021/2/26/art_56090_3044251.html.

施的管理维护。三是软约束和硬约束共同完善管护制度。通过制定新村规民约、评选美丽庭院，引导群众主动参与基础设施维护，共同保护美丽家园。并对管护人员实行严格的考核奖惩举措，管护区域出现问题的，扣除当月工资，确保管护人员报酬与区域状况挂钩，提高管护积极性。

因此，必须重视城乡基础设施维护管理问题，从资金、人员、教育、监督等方面入手，推动乡村逐步建立基础设施维护制度。

第一，设立农村基础设施专项维护基金，作为日常维护的资金来源。要确定基金的资金来源。农村基础设施受众群体具有不确定性，关联利益方较多，基金来源要以上级政府财政拨款为主要资金来源，村集体组织自有资金作为重要补充。可以向受益群体征收专项维护税，并将基础设施收益纳入专项维护基金。维护基金应交由乡镇政府统一管理，并配备专业管理部门。由于该种基金属于大量投入、小额支出的类型，有能力的基金应尽量市场化运营，通过多种金融方式匹配期限结构，扩大利源。出现需要维护的设施，则由村委会向镇政府统一报备，镇政府考察确需维护的，则由基金管理部门统一划拨资金进行维护。

第二，配备专业维修人员，作为日常维护的技术来源。配备专业维修工对村镇而言是一项较大的人力成本负担，要根据当地基础设施建设状况和村庄地域、人员构成合理规划当地维修岗位，城市维修部门需要扩大维修范围，推动城乡地区维修一体化。就交通而言，公路的破损率较低，且维修需要人员较多，该类设施应划入城市维修队维修范围，通过城市调拨人员维修乡村设施。就卫生和用水设施而言，维护频率较高，但需要人员较少，对于该类设施，乡镇政府或人口较密集的村庄可以设置专门岗位用以日常维护，并由专项基金对其发放工资。

第三，构建基础设施维护监督制度，提高农村居民自觉性。一方面，要制定相关村规民约，加强村庄思想道德宣传，逐渐对居民形成舆论压力。通过软约束的方式，让农村居民自发爱护公共设施。另一方面，要加大处罚力度，通过制定相关行政法规，加大普法宣传力度，让农村居民清楚哪类行为是要付出代价的犯罪行为。通过硬约束的方式，增加基础设施的破坏成本。

第四节　推进城乡公共服务均等化

推进城乡公共服务均等化是让全体居民共享改革发展成果的重要举措。城乡公共服务均等化指的是匹配当前经济社会发展水平，保证城乡居民对公共服务享有机会平等、水平相当、选择自由等权利，最终实现城乡公共服务的均等化（图8-4）。城乡公共服务均等化并非“一刀切”式的平均主义。由于城乡的自然禀赋和经济社会发展水平不同，公共服务供给能力必然存在差异。平均主义弱化了对私有财产的保护，可能导致城乡居民丧失创造财富的动力，从而抑制经济发展。同时，均等化体现一种“底线保障”，不能因经济社会发展水平差异而进一步拉大城乡公共服务供给水平，导致乡村居民福祉更加得不到保障。要加强顶层设计的作用，打通

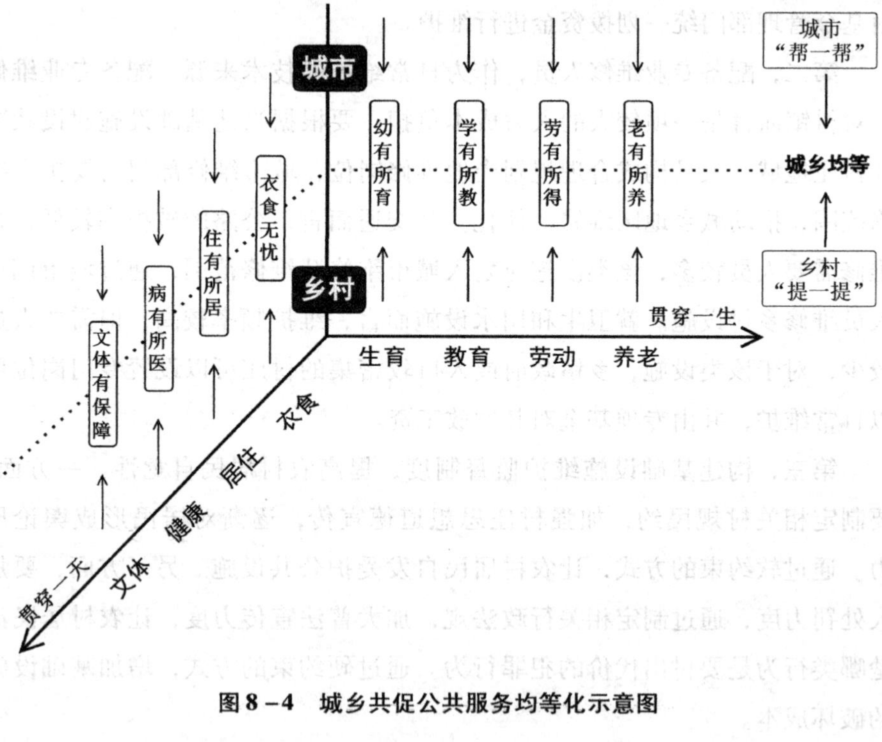

图8-4　城乡共促公共服务均等化示意图

城乡公共服务均等化中各项制度梗阻，制定国家公共服务标准。以省级政府为主要行动主体，结合省内经济社会现状，统一调配省内城市和乡村公共服务资源，有限度地浮动国家标准。在城市地区主要推动农业转移人口市民化、农民工纳入城市社会保障等接纳农村进城人员的工作，并推动公共服务所需资源向农村转移，建设包容型城市。在农村地区主要推动公共服务达标提质、增加农村公共服务供给等提高农村居民生活质量的工作，构建幸福乡村。“中央—省—市—县—镇”五级政府共同发力，最终构建城市和乡村互帮互助、协同推进的公共服务均等化体系。

五、完善城乡公共服务标准体系建设

基本公共服务标准是衡量城乡基本公共服务均等化的重要尺度，能反映各省市间、城乡间的公共服务供给差距。2021 年国家发展和改革委员会连同 20 个部门联合印发《国家基本公共服务标准》[①]，在“幼有所育”等九个方面共计列出 22 项基本公共服务，标志我国在基本公共服务供给方面已经建立了相关的国家标准体系。国家标准委员会起草的《基本公共服务标准实施评估指南》《基本公共服务标准化工作指南》以及《县乡政府基本公共服务标准体系建设指南》三份有关落实工作的国家标准已经进入公开征求意见阶段，并且部分省、市、县也已经逐步建立起地方标准。如四川省成都市结合本地经济社会发展状况研究制定《成都市基本公共服务标准》，其中有 23 项高于国家标准（表 8 –5），20 项为创新项目，做到国家标准全面覆盖、地方特色充分体现[②]。成都还创新制定以基本公共服务政策清单、基础数据清单和高品质公共服务基础设施建设重点项目清单为核心的“三张清单”管理机制，在全国范围内首创城乡联动推进基本公共服务供给标准落实，不断扩大城乡优质公共服务供给。但是，根据中共中

① 国家发展和改革委员会印发《国家基本公共服务标准（2021 年版）》，https：//www.ndrc.gov.cn/xxgk/zcfb/tz/202104/t20210420_1276841.html?code = &state = 123.

② 成都市发展和改革委员会，《2021 成都市基本公共服务标准》，http：//cddrc.chengdu.gov.cn/cdfgw/fzggdt/2021 –08/17/content_7674d12cd2f642b1bfb13f7847414193.shtml.

央、国务院在2018年印发的《关于建立健全基本公共服务标准体系建设的指导意见》[①]，当前标准体系建设在建设深度和建设广度方面还存在很大差距。因此，必须要继续完善基本公共服务标准体系建设，以标准化促均等化，在地方层面细化服务标准并根据社会经济发展状况动态调整。

表8-5　成都公共服务提供标准较国家标准优化内容（部分）

服务项目	国家标准	成都标准	优化部分
免费孕前检查	农村计划怀孕夫妇	城乡计划怀孕夫妇	服务对象扩大
特殊儿童生活保障	发放孤儿基本生活费	发放孤儿基本生活费，将孤儿纳入医疗保障体系，资助孤儿教育费用	服务内容增加
义务教育阶段免除学杂费	公用补贴经费小学650元，初中850元	公用补贴经费小学950元，初中1150元	服务标准提高
义务教育免费提供教科书	教科书补助小学生每年105元、初中生每年180元，小学一年级字典每生14元	免费提供教科书、作业本和正版字典	服务标准提高
12333电话服务	综合接通率80%以上	综合接通率85%以上	服务标准提高
计划生育奖励扶助	农村部分计划生育家庭	城乡全部计划生育家庭	服务对象扩大
城乡居民基本养老保险	符合条件的参保居民	除城镇职工养老保险覆盖外的全部城乡居民	服务对象扩大
残障人康复服务	0—6岁残障儿童	0—15岁残障儿童	服务对象扩大
残疾儿童教育服务	提供12年免费教育	提供15年免费教育	服务内容增加
公共文化设施免费开放	基本公共文化服务健全	基本公共文化服务免费提供	服务内容增加
观看电视服务	卫星未覆盖地区不少于15套电视节目	卫星未覆盖地区不少于25套电视节目	服务标准提高

资料来源：《国家基本公共服务标准》《成都基本公共服务标准》。

第一，结合各地发展状况，细化国家标准，适度建立新的标准。我国

① 中共中央办公厅 国务院办公厅印发《关于建立健全基本公共服务标准体系的指导意见》，http://www.gov.cn/xinwen/2018-12/12/content_5348159.htm.

幅员辽阔，各地社会经济发展状况差异巨大。国家标准仅是在综合了国家综合发展水平情况下提出的公共服务最低供应标准，对于部分经济发展状况较好、有能力提供更好服务的地区应制定高于国家标准的新地方标准。在地方标准方面，必须要统筹考虑乡村振兴和新型城镇化两大发展战略，结合本地城市和农村经济发展、人口流动、资源禀赋等状况细化地方标准，并保证地方标准不低于国家标准。

第二，推动城乡基本公共服务达标提质。一般而言，基本公共服务制定的标准介于欠发达地区和发达地区、城市和乡村之间，保证地域间既有高出标准的地区，也有低于标准的地区。在完善国家标准和地方标准建设后，须加强对标准实施情况的监测预警，以低于标准的地区为主要工作目标。要加快推广重点领域城乡基本公共服务标准，教育、医疗、公共文化等领域加快开展标准化工程。如在义务教育阶段统一城乡教材和教学内容，保障足额学位供给，在城乡基础医疗方面，提供统一就医服务和医疗救助服务等。除增加数量以期达标外，还要保证城乡基本公共服务供给质量相同，提高公共服务水平。

第三，城乡基本公共服务标准动态调整。城乡经济社会发展并非静态的、一成不变的，而是一个不断演化前进的过程。随着某一标准的完全实施，乡村的公共服务水平终将达到标准水平，而此时城市的发展水平可能又到了一个更高的阶段。因此，须结合经济社会发展状况，动态调整公共服务标准，适应新的发展阶段。

六、纵深推进城乡社会保障一体化建设

社会保障是政府向城乡居民提供的一系列用于抵御收入降低风险的保障措施。长期以来，我国城乡发展不同步，城镇户口与农村户口严格区分，人口城镇化滞后于土地城镇化进程，城乡社会保障系统逐渐分裂，尤其是进城务工人员，在患病和退休时因无城镇户口而无法得到与城市居民相同的社会保障。我国多数城市的社会保障制度呈现城乡分治的特点，城镇职工社会保障由社会劳动保障局统筹、企业强制交保，而农村地区则普

遍实行自愿参保、民政等多部门协同的制度。在当前城乡一体化和城市群建设的背景下，劳动力在城乡间大量流动，城乡分治的社会保障制度阻碍了流动人口从流出地到流入地社会保障的迁移。

江苏省苏州市是我国城乡社会保障一体化最发达的城市之一。通过建立不分城乡的统一报销比例和出险门槛、以财政补贴建立补充养老保险，可以弥补农保参保者的待遇不足①。将乡镇各类企业务工的农村劳动力全部划归城镇企业职工养老保险制度范畴内，推动农民与城镇职工地位平等。允许灵活就业的农村居民根据自身经济状况选择是否参加职工养老保险和医疗保险，并保证财政补贴照常发放。允许进城务工人员在没有城镇户籍的情况下，同其他职工一样参加各项城镇社会保险。借鉴苏州实现城乡养老保险和医疗保险统筹的成功经验，可以看出，推进城乡保障一体化既要深化城乡社会保障一体化建设，加强养老保险和医疗保险的城乡合作，尤其是加强人口流出地和流入地的社会保障迁移合作，也要拓宽城乡社会保障一体化建设的覆盖面，填补农村的社会保障空白，拓展农村社会保障内容。

第一，整合优化各部门的政策和职权范围。广义的社会保障贯穿居民一生，包含的内容十分广泛，在供给侧体现为供给主体较多、涉及政府职能部门较多，从而导致政策“碎片化”倾向。并且，由于各部门保障自成体系，均有单独的资金来源，在保障支出时也是分部门支出，从而导致资金支出分散，人均受益有限且受部门限制较大，社会保障功能无法体现。须整合各部门职能，按城乡统筹的原则将社会保障服务整合为单一部门负责，坚持“一站式”社会保障服务原则，简化新流入人口申领社会保障流程。

第二，提高城乡部门社会保障统筹层次，有效对接城乡转移人口享有当地社会保障，尤其是要解决进城务工人员的社会保障问题。进城务工人员涉及城乡间跨地区流动、城市间跨区域流动，必须要提高社会保障统筹层次。其一，要从市县统筹转移至省级统筹。降低城镇职工保险进入门槛，建立职工保险和居民保险便捷转化机制，保障进城务工人员在城市务

① 王伟．权利义务对等服务高效便捷［N］．中国劳动保障报，2015－02－03（004）．

工福利，使其在城市的投入与收获成正比。其二，针对一部分特大城市与周围省市的经济合作水平较高，劳动力在特定城市群区域内流动规模较大，要建立城市群社会保障协同发展机制。须以特大城市为引领，加强城市间合作，在区域内实现城乡社会保障一体化，保障流动人口在流入地和流出地享受均等社会福利。

第三，拓展乡村社会保障覆盖面，拓宽城乡社会保障一体化范围。当前农村社会保障覆盖程度较低。如表8－6所示，城乡居民在养老保险和医疗保险方面已基本做到城乡均等，但失业保险、工伤保险和生育保险等社会保险在农村地区几乎没有，并且，在社会救助和社会福利等方面城乡待遇也十分悬殊。伴随农业规模化、农民职业化推进，农村居民务农人员逐渐减少，从农村生产力中解放出来的进城务工人员和职业农民对社会保障的需求更高。因此，须推动乡村建立失业保险、工伤保险和生育保险制度，尤其是要提高农村失业保险中职业教育补贴的比例，提高农民工高危工种工伤保险赔偿比例，针对进城务工人员可能面临的风险提供全方位保障。另外，要加强农村地区社会救助和提高社会福利待遇，积极引导社会资本参与城乡互助，尤其对于没有能力正常参加工作、获得收入的人员，要发扬互助精神，开放一些力所能及的工作岗位拓展收入来源，对于因工、因公致残的彻底丧失工作能力的人员，要发挥人道主义精神，拓展筹资渠道引导社会资金保障其基本生活。

表8－6　城乡社会保障差异

社会保障项目		城市	农村
社会保险	养老保险	社会统筹与个人账户相结合	社会统筹与个人账户相结合
	医疗保险	社会统筹与个人账户相结合	社会统筹与个人账户相结合
	失业保险	按职工工资一定比例强制缴纳	较少地区建立
	工伤保险	按职工工资一定比例强制缴纳	较少地区建立
	生育保险	按职工工资一定比例强制缴纳	较少地区建立
	补充医疗保险	企业与个人自愿参加	无
社会救助		城市低保、特困人员救助供养	农村低保、专项救助、救灾扶贫
社会福利		城镇社区服务、敬老院、福利院	农村敬老院、五保户供养

资料来源：作者自行整理。

七、提升城乡基本公共服务供给水平

城乡公共服务供给不平衡是导致城乡基本公共服务非均等化的最重要原因。一方面，乡村供给数量相对不足、供给质量相对较低，推动一部分农村居民为追求更好公共服务向城市地区流动；另一方面，城市公共服务供给数量无法满足大量涌入城市的农村居民，导致乡村公共服务因质量不高而逐渐荒废，城市公共服务因数量不足而引起普遍拥挤，形成城乡公共服务供给水平普遍较低的局面。切实提升城乡基本公共服务供给，需不断深化城乡合作，通过政府、市场和城乡居民互动，搭建城乡均等的公共服务体系。如浙江省杭州市余杭区在新一轮国土空间规划中锚定区域服务人口、人民需求，完善城乡各类专项规划，为余杭区功能性公共服务设施落地提供科学规划引领。并依托“科创大走廊”的区位优势推进教育合作，依托杭州优质教学资源组建教育联盟，通过建设网上教育平台“乐学吧”，强化教育数字化建设，加快拓展城乡优质教育资源供给。参考余杭区做法，城乡公共服务供给一方面要由政府引领，促进城市公共服务资源下乡，提高乡村公共服务质量，另一方面要通过市场化机制加快城市公共服务供给速度，提供能够覆盖绝大多数新流入人口的公共服务数量。

第一，推动城乡基本公共服务供给方式创新。大部分城市因经济发展水平较低，地方财政收入难以支撑城乡公共服务高质量供给，公共服务供给水平难以提高。因此，需创新城乡基本公共服务供给方式，调动国有企业、社会组织、民营企业等多个主体供给城乡公共服务，降低政府财政支出压力。一是国有经济在参与公共服务建设中具有重要作用，要鼓励国有经济以多种方式提供公共服务、降低公共服务成本，并引导国有资本参与社会公益事业，推动城乡社会福利、社会救助水平提升。二是要积极扩大政府购买服务范围，培育能够提供公共服务的社会力量，适当引入竞争机制，以政府购买的方式向社会提供公共服务产品。开放部分公共服务领域开展市场化运营，在确保政府投入为主的基础上引入社会资本，充分发挥市场机制的作用，采用“基础+补充”的方式，在发挥兜底作用的同时赋予城乡居民更多的选择权和灵活性。三是要畅通城乡互助渠道，开放更多渠道引导社会组织和慈善基金会等社会力量参与社会救助和社会福利建设，推动全社会参与公共服务均等化建设。四是要创新城乡社会保险筹资方式。通过加大中央财政划转力度、提高社保基金风险容忍度、提高公司和集体经济等组织代缴保险比例等方式创新社会保险筹资渠道，从而扩大社保基金来源，提高社保基金收益率，缩小社保基金收支缺口。

第二，科学规划城乡基本公共服务内容布局架构。城乡公共服务供给难点在于城乡人口分布不均衡、公共服务使用率不对等。因此，必须科学规划城乡基本公共服务布局，综合考虑城乡人口分布、需求层次、供给覆盖范围。一是统筹规划城乡公共服务半径。服务半径按区域内人口和需求梯度进行划分，如幼儿园和小学、卫生站等服务对象多、需求频率高的设施，应实现乡镇一级覆盖。要提高县城在公共服务供给布局中的地位，积极推动市区重点学校到县城开办分校、三甲医院在县城开办分院，将城市优质资源向县城逐步转移。二是要加强相邻地区公共服务共建共享，避免公共资源重复建设。鼓励相邻地区打破行政区划限制，顺应人口城镇化要求，将不适合居民生活的自然村集体搬迁，并适当裁撤合并一些小的行政村和乡镇，提高中心节点的辐射范围，以服务优先、功能优先的原则提高城乡居民就近享有公共服务设施的便利度。

第五节　推进城乡生态环境共建共治

生态环境是城乡居民生存发展的重要基础，也是乡村振兴与新型城镇化高质量协同发展的必由之路。尊重自然、遵循规律是新型城镇化的必要前提，必须要以优质的生态环境为基础，提升城市的可持续发展能力。生态宜居是乡村振兴的重要内容，乡村具有保护生态环境、提供绿色空间的重要任务，良好的生态环境是乡村的最大优势和宝贵财富。推进城乡生态环境共建共治是平衡城乡生态资源、保护城乡生态环境、推进乡村振兴与新型城镇化协同发展的重要手段之一。然而，在城乡二元分割的框架下，城市因工业化发展需要排放大量污染物，排放地则主要集聚在城市周边的农村地区。并且，随着城乡产业转移及城市减排压力增大，大量高污染企业被转移到农村地区，农村地区却没有完备的污染物处理设施，从而形成“城市生态日益向好，农村生态逐渐下滑”的局面[①]。因此，要实现城乡区域均衡发展，必须综合考虑城乡在发展中产生的环境外部性。如图8-5所示，须从乡村振兴和新型城镇化两大战略同时出发，推动城乡共同整治生态环境、共同激励绿色发展，共同提升生态产品供给、共同树立生态理念，实现工业生产同环境保护结合，城市人工绿化同乡村自然风貌结合，促进城乡生态环境正向循环发展。通过恢复农村生态环境，统筹城乡生态治理，构建城乡生态环境共建共治新格局。

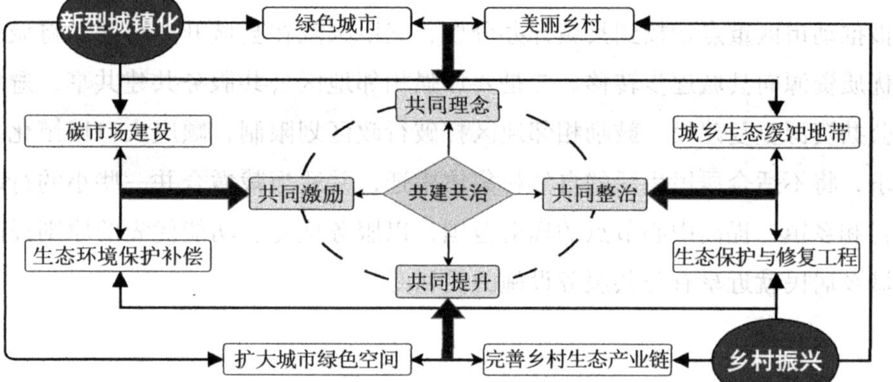

图8-5 城乡生态环境共建共治路径示意图

一、树立“绿水青山就是金山银山”的生态理念

我国经济过去几十年的高速发展是以牺牲环境为代价换来的，与之相伴的是土地荒漠化、土地盐碱化、雾霾天气常态化等环境问题，对城乡居

① 孙久文，夏添，张静．中国区域经济发展报告［M］．北京：中国人民大学出版社，2019.

民的生产和生活带来了极大的负面影响。环境问题与经济发展之间并非此消彼长的关系，尤其是对于以自然环境为主要生产资本的农村地区而言，环境恶化直接导致生产效率下降，从而降低农村居民的收入水平和生活质量。2005 年，时任浙江省委书记的习近平同志在浙江安吉考察时提出了“绿水青山就是金山银山”的科学论断，将生态环境和经济发展辩证地联系在一起。自此，安吉以“生态立县”为发展路径，建立了以县、镇党政一把手牵头，村干部、分管部门担任组员的生态工作领导小组，协同各环保公益组织，形成全方位的工作推进网络①。取消对官员的工业指标考核，强化企业环保审批和生产污染监管，发展绿色工业经济，培育绿色食品生产、休闲旅游等新兴绿色产业。加大自然生态的保护力度，对开发过的矿山、盐碱地实施生态修复保护工程，全面提高城乡生态质量。安吉县还将生态理念编进《县民守则》，把生态教育融入学生素质教育。开办一年一度的安吉县生态日，建设生态文明展览馆和生态博物馆，不断强化安吉人民的生态环保意识。因此，必须要全面树立“绿水青山就是金山银山”的生态理念，推动城乡绿色可持续发展。

第一，转变政府施政理念。政府要推动当地经济结构转型，树立人与自然和谐共生的绿色发展理念，尤其是能源型城市，要积极推动增加绿色产出占比，培育可持续发展动能。为实现绿色发展，政府政策应逐渐向恢复生态环境、开发生态环境、保护生态环境倾斜，并逐步实现生态环境资源与社会资本联动实现收益。在推动经济发展的同时，积极恢复生态环境，加大对地方政府官员绿色发展和生态环境保护的绩效考核力度，并提高绿色发展考核权重。通过晋升压力向地方政府官员施压，迫使转变发展理念，更多向环境保护和经济发展和谐共生方面转变。

第二，强化城乡生态环境保护的实践教育力度。长期以来，生态保护理念仅停留在象征性层面，城乡居民仅知道生态环境与人类生存发展息息相关，但并未从根本的教育思想和意识中改变居民行为，将理念付诸于实践的居民较少。要建立全民参与的环境保护实践教育体系。首先，要将实

---

① 佚名. 绿水青山就是金山银山的实践样板——记浙江省安吉县生态县建设工作领导小组[J]. 中国生态文明，2016 (3)：16－18.

践教育融入基础教育阶段，通过基础教育，对城乡居民普及生态环境知识，全面了解我国生态国情，让保护环境成为居民从小到大的生活习惯。其次，要在城乡居民中经常性组织实践活动，通过与环保公益组织合作，鼓励居民参与环保义务劳动，并引导居民参与植树护绿、垃圾分类、废物利用等生态保护活动。让城乡生态环境保护理念深入人心，营造全民参与、城乡互助的生态环境建设氛围。

二、提高城乡生态产品供给水平

生态产品是自然本身提供和人类改造自然时产生的产品与服务，它能提高城乡居民健康水平，为经济发展提供可持续动力。生态产品是城乡居民的必需品，城市居民需要依靠公园绿化完成运动和娱乐等项目，农村居民需要依靠自然生态完成农业生产等。受城市工业化进程影响，商业建筑和写字楼占用大量城市绿化面积，破坏了城市地区的生态涵养功能，并导致城市绿地无法满足城市居民需要。而农村地区则具有丰富的生态资源、较高的植被覆盖率，不少城市居民会在闲暇时间到农村地区享受当地的生态服务。因此，乡村的生态功能对城市具有一定的溢出效应，能够通过生态系统循环调节城市生态，并为城镇居民提供生态产品。如江苏省徐州市通过“控制—开发—治理—保护”四个步骤，统筹规划城市与近郊乡村的绿色空间，打破城乡绿色壁垒、修复城乡生态系统①。要开发新的生态空间，整合近郊绿地资源，保护公共绿色空间，通过建立绿色步道、循环水道，丰富绿色景观线条，形成以点带面的绿色空间转换，满足城乡居民娱乐活动和休闲需求。借鉴徐州市案例，实现城乡生态共建共治须提高城乡生态产品供给水平，融合城乡生态边界，提升城乡生态互动水平，运用城市资本提高农村生态质量，缓解城市居民生态资源需求紧张，提高农村居民收入和改善生活环境，平衡城乡生态资源供需矛盾。

第一，联动城乡生态景观。城乡生态景观整体呈现不平衡态势，城市

---

① 江旭雅，胡彬．基于生态宜居理念下的城乡生态联动路径探讨——以徐州市近郊村为例［J］．现代城市研究，2022（5）：106－110.

生态景观少且多为人工造景，维护成本较高，而农村生态景观较多并由自然提供，维护成本较低。须优化城乡生态景观资源配置，调节城乡景观资源的非平衡性。要提高对农村生态景观的投资比例，在保护农村自然基底和不破坏农业生产的前提下，让农村生态景观向乡村旅游业靠拢。尤其是城市近郊的农村生态景观，具有较高的经济转化价值，在满足城市居民生态需要的同时能提高农村居民的经济收入。而农村地区则需要提供有特色的生态景观，创新景观供应方式，通过独特的农耕文化、绿色景观和广阔的农村景色满足城乡居民的生态需求。

第二，协同城乡绿色空间。受行政区划分割和生态无序开发影响，城市和乡村的绿地空间呈现“碎片化”发展状况，从而限制城乡绿色空间服务半径，降低生态环境的承载力。需促进城市公园、城乡绿道、山脉河流、乡村农田等城乡绿色空间的“点—线—面”结合，以绿色走廊连结城市和乡村的绿色空间，形成城乡生态联动的高效循环，增强城乡绿色空间协同。须将城乡绿色空间作为一个整体统筹规划，防止非生产性绿地无序扩张占用生产建设用地。通过城乡绿色空间协同树立城乡生态环境利益共同体意识，增强城市对乡村生态环境的建设动力，并减少对农村的污染排放。

三、完善城乡生态环境激励机制

从“收益—成本”的视角来看，通过破坏生态环境换得经济效益是旧工业社会发展的普遍模式①。城市企业或居民通过排放污染获得个人利益，而污染成本则由公众分担，从而达到个人利益最大化。对农村地区而言，生态环境是农业生产的基础，但农村地区的生态环境可以分为如农田、鱼塘等生产性生态环境以及如自然森林、天然湿地等非生产性生态环境。农村居民为达到利益最大化，通常会改造非生产性的生态环境为生产性，导致农村地区的自然基底被破坏，生态循环链条被打乱。但是，乡村居民改

① 王腾．理性选择视阈下我国城乡生态融合的社会基础与制度构建［J］．理论月刊，2021（8）：114－122.

造生态环境造成的破坏远比城市居民排放污染造成的破坏要小，城市和乡村对生态环境理性选择的机制有所不同，导致双方在推进城乡生态环境共建共治方面的动力不同。必须一方面从激励角度入手，提高城乡居民保护生态环境的收益，能够使其重新权衡破坏生态环境的收益与成本，有效改变其理性选择；另一方面，通过行政手段增加排污成本，从而遏制企业或个人恶性排污的行为动机。

第一，通过市场化机制直接提高环境保护经济收益。生态环境资源是一种具有非排他性和非竞争性的公共产品，而在法律限制的情况下，生态环境从非竞争性向竞争性转变。但是，法律作为一种硬约束，仅能固定破坏环境的总量，而无法向城乡居民提供保护生态环境的激励。因此，要在法律限制的基础上，进一步建立市场机制，将非排他性向排他性转化，从而向城乡居民提供经济激励。当前，我国已经依靠政府平台搭建起碳排放权交易和排污权交易等交易平台，但参与主体主要是一些大中型企业，交易标的也较少。要进一步对生态环境交易市场进行扩容，尤其是对部分排放不规范、污染危害性较大的乡镇小作坊，制定一系列非标或记名式的排放权证，并创建流通渠道。就城乡差异而言，要搭建专门针对农村的交易平台，让农村居民因主动减少农药、化肥和焚烧引起的农业污染而获得经济收益，因破坏非生产性生态环境而承担更高的污染成本，从而提高农村居民保护生态环境的积极性。

第二，加强对城乡居民的诉讼索赔激励。城乡居民对生态环境应享有同样的权利，即平等的“环境权”。但在客观现实中，城市居民往往拥有比农村居民更强的经济能力、法律能力以及信息收集能力。由于城乡双方实力不对等，污染证据搜集困难，污染损失难以量化等原因，农村居民难以通过法律途径对城市转移污染进行诉讼，诉讼的索赔也远不够生态环境恢复的成本。以福建省晋江市人民检察院起诉楼某等非法倾倒危险废物案为例①，被告人楼某长期将 14.1 吨煤焦油泥水混合物——HW11 精（蒸）馏残渣——非法倾倒在农村草地中，严重破坏当地生态环境。经群众举报

---

① 生态环境部公布《第五批生态环境执法典型案例》，https：//www.mee.gov.cn/ywdt/xwfb/202208/t20220819_992080.shtml.

后，晋江生态环境局运用无人机等科技手段迅速取证，随后移交司法机关。晋江人民检察院向晋江市法院起诉楼某等人，判决被告人楼某环境污染罪，并给予举报群众1万元奖励。因此，要提高农村居民在环境保护方面的实力，尤其是法律诉讼能力。一方面要完善环境破坏的量化机制，强化污染取证手段，提高生态环境破坏的赔偿。另一方面要推动生态环境诉讼纳入公益诉讼范围，降低农村居民诉讼的经济负担。通过加强对城乡居民的环境诉讼激励，城乡居民将会向监督环境污染方面投入更多的精力，从而平衡二者实力。

第六节　本章小结

乡村振兴与新型城镇化协同推进是新时代推动我国经济高质量发展的强大动力，更是推动城乡居民共同富裕的必然要求。本章基于我国乡村振兴与新型城镇化协同发展中存在的现实问题，结合当前部分城市、乡村推动二者协同发展的实践案例，综合分析二者协同发展中的结合点、梗阻点，并提出以下五条实现路径：

第一，推进城乡要素市场一体化，助力城乡要素双向流动。我国城乡要素流动呈现农村向城市单向流动的局面，为推动城市和农村高质量发展，必须持续推进要素市场化改革，通过强化城乡要素双向流动制度建设、完善城乡要素双边落地配套设施、扩大城乡要素规模，促使城市的人才、资本等要素有效流向乡村，农村进城务工人员能够在城市获得平等权利，为乡村振兴和新型城镇化发展提供要素支撑。

第二，推进城乡产业融合发展，平衡城乡经济发展实力。为实现城乡经济的深度融合、联动发展，需要城乡协同推进农业产业链延伸，推动城乡产业集群化发展，推动城乡产业以发掘农业新功能为导向融合。既要推动城镇产业向农村地区转移，又要提高农村产业自我成长动力，为乡村振兴和新型城镇化夯实经济基础。

第三，推进城乡基础设施互联互通，提高城乡交流和生活水平。为缩小城乡在基础设施方面的差距，必须将城乡基础设施统筹规划、统一建设，创新资金投入机制，并增强基础设施管理维护力度，助力实现城乡交通、水网、电网、燃气、环卫等基础设施互联互通，共同提升城乡居民交流和生活水平。

第四，推进城乡公共服务均等化，补全城乡民生短板。通过城市帮扶机制和农村自我提升机制协同发展，统一城乡公共服务标准，提高城乡公共服务供给水平，并推进城乡社会保障一体化建设，注重人民需求，增强公共服务供给的精准性，最大程度保障城乡居民福祉。

第五，推进城乡生态环境共建共治，推动城乡可持续发展。为实现城乡经济高质量发展，必须走绿色可持续的发展道路。城乡应树立“绿水青山就是金山银山”的共同理念，提升城乡生态产品供给水平，完善城乡生态环境激励机制，强化城乡生态环境共同体的集体认同，保证城乡生态环境的有序安排，构建城乡生态环境共建共治新格局。

总之，乡村振兴与新型城镇化协同推进是一项系统性工程，需要加强城乡协同，推动政府、企业、城乡居民、农村集体经济组织等多个主体共同参与建设，在要素流动、产业融合、基础设施建设、公共服务供给、生态环境治理等多个方面共同推进，最终缩小城乡差距，实现城乡均衡发展。

第九章 乡村振兴与新型城镇化融合协调发展的政策研究

乡村振兴与新型城镇化之间是相互渗透、相互影响、动态发展的耦合协调关系。乡村振兴战略的实施离不开城镇产业、人才、资金、技术、文化等不同层面的支持，新型城镇化战略也蕴含着对乡村劳动力、土地、自然生态景观等资源要素的需求。二者通过实现产业、市场、资本、技术、信息、土地、人口等不同层面的双向衔接，共同推动城乡在各个层面的协调共生与融合发展。目前，城乡发展差距大、生态空间分布不平衡、要素流动不畅通等是乡村振兴与新型城镇化耦合发展亟待解决的突出问题。城乡二元户籍制度，在户籍制度基础上衍生出的资本、土地、工业化发展、社会公共服务与社会治理等城乡二元经济社会结构体制是阻碍乡村振兴与新型城镇化耦合发展的制度壁垒。城乡服务均等化、地方创新能力、城乡共同富裕、农业转移人口市民化、城乡空间开发与城乡信息畅通以及城乡文化繁荣等是影响乡村振兴与新型城镇化耦合发展的重要因素。根据乡村振兴与新型城镇化耦合发展面临的突出问题、制度壁垒以及影响因素，本章展开相关政策研究，提出乡村振兴与新型城镇化耦合协调发展的政策取向。

第一节　深化户籍制度改革，建立城乡有序流动的人口迁移制度

自《中华人民共和国户口登记条例》① 通过立法的形式确立了一整套户籍管理制度以来，中国一直在平稳有序地推进户籍制度改革。户籍制度改革先后经历了严格管控（1958—1978 年）、制度松动（1978—1992 年）、有限突破（1992—2002 年）、均等化公共服务制度构建（2002—2013 年）、加快推进（2013 年至今）等发展阶段（赵军洁等，2021）。近几年中国户籍制度改革均致力于全面放开、放宽城镇落户限制，推动农业转移人口市民化进程。目前，户籍制度改革的最新政策是“放开放宽除个别超大城市外的落户限制，试行以经常居住地登记户口制度”②。户籍制度改革自此形成了“全面取消Ⅱ型大城市和中小城市落户限制、全面放宽Ⅰ型大城市落户限制、完善超大特大城市落户限制”的发展格局③。户籍制度改革的目的在于促进城乡资源要素自由流动，并解决城乡发展不平衡、资源分配不均等现实问题，进而实现乡村振兴与新型城镇化耦合协调发展。深化户籍制度改革不仅有利于促进城乡劳动力的自由流动，满足城镇经济、政治、社会、文化等不同层面的发展对于人力资本的巨大需求，也有助于缩小城

---

① 《中华人民共和国户口登记条例》于 1958 年由全国人民代表大会常务委员会第九十一次会议通过实施。

② 中国国家发展和改革委员会规划司．《“十四五”新型城镇化实施方案》［EB/OL］.（2022－07－28）［2022－09－10］. https：//www. ndrc. gov. cn/fggz/fzzlgh/gjjzxgh/202207/t20220728_1332050_ext. html.

③ 2014 年 11 月 20 日，《国务院关于调整城市规模划分标准的通知（国发〔2014〕51 号）》中以城区常住人口为统计口径，将城市划分为五类七档。城区常住人口 50 万人以下的城市为小城市，其中 20 万人以上 50 万人以下的城市为Ⅰ型小城市，20 万人以下的城市为Ⅱ型小城市；城区常住人口 50 万人以上 100 万人以下的城市为中等城市；城区常住人口 100 万人以上 500 万人以下的城市为大城市，其中 300 万人以上 500 万人以下的城市为Ⅰ型大城市，100 万人以上 300 万人以下的城市为Ⅱ型大城市；城区常住人口 500 万人以上 1000 万人以下的城市为特大城市；城区常住人口 1000 万人以上的城市为超大城市（以上包括本数，以下不包括本数）。

乡在医疗、教育、收入、社会文明、公共服务和基础设施等不同方面的差距。户籍制度改革在超大城市进展缓慢、利益分配功能难以剥离、不同规模城市落户难度差异大、落户政策异化为“人才引进”政策、落户政策与人口迁移方向的错配等是当前户籍制度改革面临的难题和痛点（唐琼，2022）。深化户籍制度改革根本是要剥离户籍制度的利益分配功能并建立城乡有序流动的人口迁徙制度，不仅要考虑不同城镇的发展规模和承载力问题，还要考虑乡村经济社会发展对人才的需求和人才返乡就业创业的自主意愿，具体从以下三个方面推进：

一、实施区域差异化户籍制度改革政策

在户籍制度改革最新政策的基础上，全面实施区域差异化户籍制度改革政策，健全农业转移人口市民化成本分担机制，推进“人地钱挂钩”制度的落实、完善和精准匹配。

第一，全面实施不同城镇、区域差异化户籍制度改革政策。因经济社会发展水平、资源承载力等不同层面的差异，不同城镇的人口规模和人口吸引力有所不同。由于降低城镇落户限制对城镇人口吸引力的影响由核心城市向核心区外城市逐级递减（李沛霖，2021），降低城镇落户门槛和人口流动方向出现错配现象，即如果不同城镇同时降低落户门槛，农业转移人口仍更倾向于流入核心城市进行落户。这是由核心城市所具有的高福利待遇、良好的发展机会等多重因素造成的。这种错配现象不仅使核心城市的人口压力加剧，城镇化发展质量下降，也使核心城镇周围的城镇发展所需的劳动力不足。因此，应充分考虑不同城镇的人口规模和承载力进行户籍制度的分类、分阶段、差异化改革。

第二，构建“政府为主导、多方参与”的成本共担机制，由政府、企业、社会组织和个人等多方主体共同担负农业转移人口市民化成本。构建政府、企业、社会组织、城镇个人等多元主体参与农业转移人口市民化的成本分担机制有利于完善城镇公共服务及资源的配置，提高城镇人口承载力，保证城镇人口增加的同时不降低公共服务和资源的人均享有量。农业

转移人口的流入地通常为经济相对发达的城镇，地方政府有义务也有能力承担农业转移人口市民化在义务教育、劳动就业、基本养老、基本医疗卫生、保障性住房以及市政设施等方面的公共成本。同时，企业应与政府共担农业转移人口市民化成本，这是企业本应承担的社会责任。企业要落实农民工与城镇职工同工同酬制度，加大职工技能培训投入，依法为农民工缴纳职工养老、医疗、工伤、失业、生育等社会保险费用。另外，慈善机构、社会基金组织等社会组织对农业转移人口尤其是农民工的关注、支持和帮助能体现出一个城镇所具有的人文温度，也能彰显城镇社会文明的进步，为农业转移人口市民化分担一部分成本的同时能为这部分人群真正融入城镇创造良好的社会环境。城镇个人既是城镇建设的参与者也是城镇化发展成果的共享者，有责任和义务同政府和企业一道分担农业转移人口市民化成本。这里的“个人”是指城镇户籍人口和农业转移人口。城镇户籍人口享受着农业转移人口建设城镇所带来的益处，有责任帮助农业转移人口更快更好地融入城镇生活，减少农业转移人口市民化所要承担的就业歧视、社会歧视等心理成本，增强其在城镇的落户意愿。农业转移人口是城镇的建设者和参与者，市民化后能享受与城镇居民同等的社会福利，因此也应被纳入农业转移人口市民化分担机制中。除了按照规定承担相关费用，农业转移人口要积极参加城镇社会保险、职业教育和技能培训等，提升融入城市社会的能力。

第三，落实、完善和精确匹配“人地钱挂钩”制度，维护市民化人口在农村的合法权益。“人地钱挂钩”制度是指通过实现城镇人口数量的增加、城镇建设用地指标增加和城镇财政支持三者的动态挂钩和有机衔接来推进农业转移人口市民化进程和城乡统筹发展的制度性安排（段浩和许偲炜，2018）。城镇建设用地指标划拨和政府财政支出应以农业转移人口市民化数量的变化为主要依据进行动态调整，以实现精确匹配，优化劳动力、土地、资金等要素的配置，促进城乡统筹发展。此外，应通过二轮土地承包和农村土地确权登记维护农业转移人口在乡村的合法权益（欧阳慧，2020），促进其在城镇安居乐业。

二、建立人才入乡激励机制

建立人才入乡激励机制，允许符合条件的返乡就业创业人员在原户籍地或者就业创业地落户。人才对于农业现代化水平的提高、新型农民的培育、环境的治理、乡土文化的传承与保护等乡村振兴具体方面至关重要。目前，乡村全面建设和发展的人才需求缺口仍较大。只有乡村建设和发展对人才的需求得到满足了，乡村全面振兴才有源源不竭的内生动力。首先，应提高人才入乡创业就业的待遇和财政、税收等政策激励程度，吸引各类人才返乡入乡就业创业（谢天成，2021），推动乡村全面发展。科技、教育、医疗、文化等各类专业人才返乡入乡就业创业能为乡村产业发展、生态建设与保护、文明进步、社会治理等提供人才支撑，推动乡村的全面建设和发展。乡村的全面建设和发展反过来会提高乡村对人才的吸引力，促进人才主动返乡入乡发展，逐步实现从制度和政策吸引人才入乡的“输血式”发展方式到人才主动入乡的“造血式”发展方式的内生性转换，形成城乡人才流动的良性循环。其次，允许符合条件的返乡就业创业人员在原户籍地或者就业创业地落户，同时政府相关职能部门应出台一系列专项配套政策，不断拓宽“引才聚智”渠道，吸引和留住人才建设乡村、发展乡村（李海金等，2021），扩大乡村人才队伍，推动构建“能人能回乡、市民能下乡、乡贤能助乡、企业能兴乡”的人才发展长效机制，持续为乡村振兴提供人才支撑。

三、剥离户籍制度的利益分配附加功能

剥离户籍制度的利益分配附加功能，将户籍制度与利益分配功能进行脱钩管理，回归户籍制度进行人口登记和管理的原本属性。长期以来，户籍制度的利益分配差异固化了城乡间、区域间户籍的利益分化格局，严重阻碍了资源要素在城乡间、区域间的优化配置（赵军洁等，2021）。改革户籍制度根本上是要推动户籍制度与其隐含的利益分配制度实现脱钩，其

目的在于：促进社会公平，使全体公民共建共享城镇经济社会发展成果；实现要素的自由流动和社会资源的高效利用与优化配置。首先，建立人口流入地和流出地的双向衔接体制机制，保证流动人口常住地发生变化后能同等享有流入地在义务教育、社会保障和社会福利等不同层面的全国普遍性权利。其次，应用区块链技术构建不同区域数据交流和共享平台，避免税费、医疗保险、社会保险、养老保险等费用的重复缴纳，消除人口流动的不必要成本。最后，继续深化居住证制度改革，降低居住证申领门槛，实现居住证制度与户籍制度的并轨发展（孙伟和夏锋，2018），使流动人口享受和城镇户籍人口同等水平的公共服务，推动流动人口市民化进程，解决城乡公共服务资源配置不均衡问题。

以上深化户籍制度改革的三个层面内容有利于破解城乡二元户籍制度障碍，不仅能提高不同经济发展规模城镇的人口吸引力，推进农业转移人口市民化进程，也能优化劳动力、土地、资金等要素的配置，缓解城乡长期的资源配置不均问题，提高新型城镇化发展质量；同时也有助于吸引人才返乡入乡支持乡村建设和发展，促进城乡人口自由流动，充分激发新型城镇化发展内生动力和乡村振兴发展活力，进而推动乡村振兴与新型城镇化耦合协调发展。

第二节　深化城乡土地制度改革，加快城乡土地市场化改革进程

1982 年《中华人民共和国宪法》对城乡土地的所有权规定以及政府对城乡土地使用权的差异化制度规定催生了城乡二元土地交易市场，形成了城乡分割的二元土地制度（刘同山等，2020）。城乡二元土地制度是制约乡村振兴与新型城镇化耦合协调发展的制度性障碍之一。改革完善城乡土地制度，有助于建立土地的价值体系，实现城乡空间一体化规划与发展，推动城乡空间融合发展。由于制度具有普遍性、长期性、稳定性和根本性

等特点（张道根，2022），制度的改革和完善是一个长期、渐进的过程，每一个发展阶段的制度改革都应针对该阶段制度所面临的主要矛盾和关键问题来进行。改革城乡土地制度应从城乡融合发展的视角出发，以目前城乡土地发展所面临的突出矛盾和主要问题为抓手，分别对城镇土地制度和乡村土地制度进行改革和完善。

一、城镇土地制度改革

（一）城镇土地使用与管理制度改革

首先，建立城镇用地规模和用地结构的调控机制，避免城镇的无序扩张和“城市病”问题的出现，确保城镇吸纳农业转移人口数量与城镇用地规模扩张相适应。在城镇用地规模上，应根据城镇常住人口规模的实际变动情况动态调整不同城镇建设用地供给的增减规模（熊柴等，2021），促进人口城镇化与土地城镇化协调发展。控制特大城镇新增建设用地数量的同时，可适当增加集约用地程度高、发展潜力大、吸纳人口多的卫星城、中小城市和县城的建设用地供给。在城镇用地结构上，应统筹安排工业用地、生态用地、住宅用地、公共基础设施和公共服务用地，将不同类型用地的比例控制在合理范围，提高城镇持续吸纳农业转移人口的能力。其次，建立健全土地集约节约使用制度，以“盘活存量、控制增量”为原则，提高城镇土地利用效率。完善不同类别建设用地标准体系和严格执行土地使用标准的同时，充分发挥政府的引导作用和市场的资源配置作用，以利益共享机制和政策激励机制吸引企业和公众参与老城区、旧厂房、城中村的改造和保护性开发，提高城镇建设用地的经济效益。再次，应探索建立城镇土地国家公有制和集体公有制并存的土地制度（熊柴等，2021），充分保障乡村用地转化为城镇用地后的合法权益。对于转化为城镇建设用地的乡村土地，若是出于公共利益的需要，可征收为国有；若不是，则必须采用乡村集体土地入市的方式进行处理。最后，政府应继续改革国有土地有偿使用制度，扩大国有土地有偿使用范围，优化土地资源配置。经营性基础设施用地和社会事业用地也应逐步被纳入土地有偿使用范围。同时，要“减少非公益性用地划拨，对以划拨方式取得用于经营性项目的土地，通过征收土地年租金等多种方式纳入有偿使用范围”①。

（二）进行土地收益分配制度改革

中国土地收益分配制度在改革中得到不断完善，先后经历了减租减息的调整、征地补偿制度的建立、土地出让收益的管理、土地增值收益多元主体共享制度建设等发展阶段（邹旭等，2021）。目前，中国土地收益分配制度还存在不同主体之间分配比例不合理、收益用途管理不规范、土地财政的依赖性严重等方面的现实问题，亟待进行改革和完善。首先，应全面落实国家《关于调整完善土地出让收入使用范围优先支持乡村振兴的意见》（以下简称《意见》）中支持乡村振兴的精神指示，提高城镇土地收益用于乡村全面发展的财政支持比例，弥补乡村全面振兴所面临的巨大资金缺口。其次，应降低地方政府在土地收益分配中的比例，降低地方政府最大化财政收入的“经济人”行为激励，以提高城镇建设用地利用效率（钟成林等，2016），使地方政府摆脱对土地财政的依赖，防范化解土地财政带来的金融风险。再次，应细化土地收益的使用范围、投入比例等内容，加快数字化技术在财政支出与管理中的应用（李贞等，2021），提高财政支出效率和监管力度。最后，应释放地方政府的事权和财权，给予其在新型城镇化建设和乡村全面振兴上的政策和资金支持，同时加强监管力度，使财政资金的收入再分配功能落到实处。

二、乡村土地制度改革

从家庭联产承包责任制的确立到三权分置改革，乡村土地制度经历了40多年的改革历程，最终确立了乡村土地“所有权、承包权、经营权”三权分置格局。目前，乡村空心化导致农业“老龄化”，耕地非农化导致耕地减少、土地流转缓慢、土地利用效率低，不同类别土地权能差异引起的土地市场扭曲等问题制约着乡村土地的集约利用和规模化经营，乡村土地

① 新华社. 新型城镇化规划（2014—2020年）[EB/OL].（2014-03-16）[2022-09-10]. http://www.gov.cn/zhengce/2014-03/16/content_2640075.htm.

制度亟待改革和完善。

第一，建立严格的耕地保护制度，防止农地“非粮化”。加大农业财政支持，稳定农业生产，保证国家粮食安全。耕地保护事关国家粮食安全，对于城乡经济社会的可持续发展具有重要的依托作用。首先，应该实行严格的耕地保护制度，严守“耕地红线”不突破，防止农地“非粮化”。要建立耕地修复制度，推广休耕轮作制度，降低耕地开发利用强度（韩长赋，2019）。对“占补平衡”的土地数量和质量实行标准化制度，落实各级政府耕地保护考核制度，保护中国耕地数量不减少、质量不下降。其次，要加大农业生产的财政支持力度，加大对农民进行农业生产技术培训和专业人员服务对接投入力度，培育新型职业农民，提高农业生产中农民的积极性和创造性，为不断提高农业现代化水平以助力乡村产业兴旺发展提供人才支持。

第二，继续深化农村土地流转市场化改革，加快推动乡村土地流转进程。建立进城落户农民依法自愿有偿转让退出农村权益制度，盘活乡村土地资源，提高乡村土地利用效率。首先，进一步改革完善农村土地“三权分置”制度，明确所有权、承包权和经营权三者之间土地权利平等关系。三权分置改革有利于显著提高农户收入（周力等，2022），但由于所有权主体和经营权主体具有相对承包权主体的强势地位，承包权主体处于地位弱化和固化的现实困境（杜姣，2022）。要运用制度化规定明确不同权利主体的界线，充分保障承包权主体的合法权益，促进农村土地顺利流转。其次，推广实施土地数字化改革，促进乡村土地公平、公开、规范地交易和充分、高效、顺利地流转。土地数字化改革是指通过建立政府、企业、农户等多元主体的网络数字化交易平台对土地进行公开、公平、公正的拍卖和土地交易的方式改革；有利于明确政府、企业、农户等多元主体之间的权责界线，能极大地避免农地流转失败导致的撂荒问题，也有助于推动乡村土地集约化利用和规模化经营。最后，在维护三权不变的基础上，按照依法、自愿、有偿的原则，探索建立进城落户农民土地权益流转和退出制度，包括耕地的流转和退出制度、宅基地的流转和退出制度、集体建设用地的流转和退出制度。要在充分保障进城落户农民土地合法权益的基础上，运用市场化手段吸引其依法自愿有偿转让或退出农村土地权益体系，推动农村土地集约化利用和规模化经营。

第三，建立农村集体经营性建设用地入市制度，激发乡村发展的内生动力。首先，应建立农村集体经营性建设用地的债务清算制度，彻底清理土地债务，保证土地入市前满足土地界限清楚、权利归属清晰、无权属争议问题等流转条件。其次，应结合城镇土地相关制度制定农村集体经营性建设用地的价值评估和等级划分制度，统筹管理农村集体经营性建设用地，促进农村集体经营性建设用地和城镇土地同等入市、同权同价。再次，政府建立土地入市规则和入市平台，并实施监管措施（严金明等，2022），创建平稳、有序的土地市场交易环境，平稳推进农村集体经营性建设用地入市交易。最后，建立争议争端调解法律通道和制度，保障农村集体经营性建设用地的主体权益，调动各市场主体的积极性。

深化城乡土地制度改革有利于缓解城镇用地扩张与耕地保护的矛盾，清除城乡土地要素无法自由流转交易、城乡土地同地不同权、土地收益分配不均等城乡二元土地制度障碍，能为城乡融合发展建立完善的土地制度框架、创造良好的市场环境和汇聚多方力量，进而推动乡村振兴与新型城镇化耦合协调发展。

第三节　建立城乡普惠的金融服务体系，完善农村产权抵押担保权能

全面推进乡村振兴和农村农业现代化发展离不开财政、“社会资本”、金融等多方面的资金支持，其中作为现代经济核心的金融体系的支持作用尤为重要。2022 年中央一号文件中明确指出要“强化乡村振兴金融服务，对机构法人在县域、业务在县域、资金主要用于乡村振兴的地方法人金融机构，加大支农支小再贷款①、再贴现支持力度，强化涉农信贷风险市场

① 支农支小再贷款是国家对于小微企业和涉农的信贷政策支持再贷款。支小再贷款是央行为支持小型城市商业银行、农商行、农村合作银行和村镇银行四类金融机构而发放的小微企业贷款。

化分担和补偿，发挥好农业信贷担保作用”①。支持乡村发展的金融改革一直在持续推进，对于乡村振兴和农村农业发展的积极效应显著，但还存在一些问题：农村金融的发展水平不高和发展不平衡；农村金融的发展不成体系，应对金融风险的能力不足；农村金融的均等化和普惠程度较低，对乡村发展的支持作用不足；农村集体经营性建设用地的经营权、农村房屋产权、农村集体资产股权等权益还不具备担保功能，农村“融资难”“融资贵”等问题突出；农村金融服务效率低且服务质量不高。因此，要充分发挥金融对乡村振兴和城乡融合发展的支撑作用，就应从城乡统筹的视角出发，改革和完善农村金融发展体制机制。

一、健全财政资金投入保障机制

一是减少地方财政收入上缴比例和提高中央财政对地方财政的支持力度，减轻地方政府支持乡村振兴的财政压力。继续扩大乡村振兴专项资金的资助规模，充分满足乡村全面建设和发展对资金的巨大需求。二是建立专项资金的使用与监管制度，保证资金落到实处、产生实效。以乡村全面振兴唤醒地方经济增长活力，让地方政府从对土地财政的依赖中解放出来，形成财政资金投入的良性循环，持续为乡村建设和城乡融合发展提供资金支持。三是在乡村振兴财政资金的使用上，增加对地方商业银行、农村中小金融机构涉农信贷业务的财政支持力度，引导金融资本下乡，支持乡村全面发展。四是拓展农业政策性金融机构的业务向乡村振兴项目延伸，并完善政策性农业担保体系和农业信贷风险补偿机制（文丰安，2022），解决农村“融资贵、融资难”的问题，充分发挥农业政策性金融机构支农助农兴农的作用。

① 新华社．中共中央国务院关于做好 2022 年全面推进乡村振兴重点工作的意见［EB/OL］．(2022-02-22)［2022-09-10］．http：//www.gov.cn/zhengce/2022-02/22/content_5675035.htm.

二、建立健全城乡普惠金融服务体系

一是统筹商业性金融机构、合作性金融机构和政策性金融机构等不同类型的金融机构，加快发展业务多样化新型金融机构和定向支农的地方性小银行，形成资金充足、服务完善、结构完整、功能健全、运行稳定的支农助农兴农金融体系。二是增加县域金融市场银行分支机构数量，提高银行市场的竞争性，促进金融机构服务深化（牛小凡等，2022），同时不能完全照搬城镇金融服务的发展模式，而应因地制宜地发展地方金融，创新金融产品和金融业务模式，不断提高服务效率和服务质量。

三、推进农村金融体系产权多元化

一是建立多层次的农村金融体系。根据多元化产权设计多样化金融产品以提高金融机构的市场竞争力。二是推广数字金融服务“三农”的创新模式，提升金融服务创新能力，打通金融服务农业农村发展“最后一公里”通道（温涛等，2020）。三是创新性增加县域的金融产品供给，拓展农村金融业务范围和覆盖人群，不断提高农村金融均等化程度，充分满足乡村振兴对资金的需求。四是整合政府在农业、财政、税收等不同部门的资源和村镇银行、普惠金融机构等农村金融机构，实行高效衔接，建立沟通协调体制机制，共同推动农村金融体系的多元化发展和可持续发展，持续助力乡村振兴。

四、建立农村金融风险防范系统

一是完善农村产权抵押担保权能。推动实现农村集体经营性建设用地使用权、集体林权等抵押融资以及承包地经营权、集体资产股权等担保融资（庞淼，2020）。二是有序推进村镇银行等金融机构兼并重组，及时妥善处置高风险金融机构，允许经营状况良好、监管评级好的金融机构对其进行兼并重组，并设立新的金融分支机构。三是建立标准化市场准入制度，改革完善农村金融市场主体“优进劣出”制度，规范农村金融市场秩序，同时推进农村金融市场法制化建设，加强地方监管部门的监管力度，提高农村金融风险抵御能力（葛和平等，2021）。

第四节　整合城乡一体化社会保障体系，健全农民持续增收体制机制

劳动力自由流动是其发挥最大效用的前提。要实现劳动力的自由流动，就要破除劳动力背后的一系列地域束缚。其中，城乡社会保障的差距、农民工就业问题是制约劳动力流动的重要因素。要实现劳动力的自由流动，就应解决城乡社会保障的差距问题以及农民工就业问题。

一、整合城乡一体化社会保障体系

现代社会保障制度作为一种收入再分配的手段，对于调节社会矛盾、保持社会公平正义和维持社会稳定具有举足轻重的作用。目前我国城乡社会保障制度进入融合发展阶段，取得了积极成效，但仍存在一些问题。第一，城乡社会保障制度的二元分割特征仍十分明显，城乡社会保障制度的管理部门不同，运行机制也存在差异；第二，城乡居民所享受的社会保障水平差距较大；第三，对于相关基础设施建设和人员配备，农村还处于相对落后的发展态势；第四，乡村社会保障的制度管理水平、服务能力和规范化水平与城镇还有一定差距。因此，要破解城乡二元社会保障制度难题，就应统筹发展城乡一体化社会保障体系，提高乡村社会保障服务水平。要解决城乡社会保障的差距问题，就必须摆脱社会保障体系的城乡限制，实现无差别服务；要加大基础设施建设力度并增加服务人员配备数量，提高服务效率和质量。一是统筹改革城乡社会保障制度。探索实现城

乡一体化社会保障体系的建设路径（胡俊波，2019）。以城乡社会保障制度融合发展为方向改革和完善城乡社会保障体系，尽快实现二者由并轨式发展到融合发展的转变。社会保障的地域限制不仅体现为城乡社会保障的制度差异，也体现为劳动人口流动过程中流出地和流入地在社会保障相关政策和福利上的差距。在迁移流动过程中，流动人口付出了时间、人力、交通等多方面的成本，但其在流入地所享受的社会保障福利水平可能不增反减①。因此，消除社会保障的地域限制，关键在于消除城乡在社会保障制度和政策上的差异。二是不断加强农村社会保障基础设施的建设，加大财政支持力度，为乡村配备相应的服务型人才，提升相关人员的服务效率和服务质量。三是运用财政支农、产业兴农等手段提高农村人均收入水平，提高农村居民缴纳社会保障资金的经济实力，大力提高农村社会保障水平；同时，要加大政策宣传，提高社会保障覆盖范围和服务能力。四是加强不同区域间社会保障制度体系的顶层设计。运用区块链等互联网技术建立不同省份、不同区域在社会保障上的沟通衔接机制和统筹管理机制，降低人口流动的成本，保证人口流动的社会福利水平不降低，缩小区域间、城乡间社会保障的差距，充分发挥社会保障的收入分配“调节器”功能。

二、健全农民持续增收体制机制

农业转移人口是城镇化建设的重要力量，其就业数量决定了城镇化建设规模和发展质量。劳动报酬、就业公平性、就业保障、就业的稳定性等是影响农村人口决定是否进城务工的重要因素。目前，农业转移人口就业面临如下困境：其一，受文化程度、职业技能等因素的限制，大部分农业转移人口进入劳动密集型、服务型行业从事技术含量较低的工作；其二，农民工工作稳定性较低，大部分为短期雇用工作，导致这部分劳动力的短

① 社会保障在跨省转移时会造成一定的损失，例如，个人跨统筹地区就业的，其基本医疗保险关系随本人转移，缴费年限累计计算，缴费金额不进行累计。职工跨统筹地区就业的，其失业保险关系随本人转移，缴费年限累计计算，缴费金额不进行累计。

期流动频率大；其三，由于缺少资金、政策、经验等方面的支持，农村人口进城创业或返乡创业难度大，成功率低；其四，城镇对农村固有的偏见导致农民工就业歧视问题，使农民工难以融入城镇的社会关系网络中；其五，针对农民工就业权益保护的政策法规不够完善，加上农民工的法律意识和自我权益维护意识不强，农民工权益得不到保障，维权难度大。

要解决农民工就业问题，就应推动农民工与城镇职工平等就业、同工同酬（张红宇，2022），健全农民持续增收体制机制。一是开展技能培训，提升劳动力素质。根据不同行业发展对相关人才的需求，开展相对应的技能培训项目，提高农民工的技术技能水平和就业能力，以满足不同行业的转型升级对高素质劳动力的需求，促进农民工向更高层次就业岗位发展。二是健全农民工输出、输入地劳务对接机制，优先保障贫困人口的劳务输出，鼓励引导各类市场主体为脱贫人口提供更多就业岗位，按规定落实各项就业保障政策。三是优化创业环境。对于符合创业条件且有创业意愿的农民工，应实施创业扶持政策，让农民工享受和城镇职工相同的创业支持政策，鼓励其就地就近创业或返乡创业，为乡村振兴发展注入新动能。同时，政府应积极引导和帮助农民工创业者嵌入地方特色产业链网络，形成创业集聚效应（芮正云等，2018）。四是着手搭建公平、透明的就业平台，引导农民工采用智能手机、互联网等工具进行应聘求职。改革完善就业反歧视政策法规，引导社会公众用公平、平等的态度看待农民工①。五是建立健全农民工就业权益保障政策法规，使农民工的权益保障有法可依。要继续完善和落实《中华人民共和国劳动合同法》，提高农民工劳动合同签订率（周闯，2022）。要加大政策宣传力度，设立专门机构免费为农民工提供就业政策和法律咨询服务，提高农民工法律意识和维权意识，实现城乡居民平等就业和农村居民劳有所得、劳有所保。

实现城乡社会保障体系一体化发展有利于缩小城乡社会保障差距，促进社会收入再分配和社会公平正义，促进城乡劳动力的自由流动，进而丰富农民的收入来源。健全农民持续增收体制机制有利于解决农民工就业问

---

① 青平，陈通，肖美珍，等. 当前农民工就业现状、困难及对策研究［N/OL］. 农民日报，(2020-08-13)［2022-09-10］. http://www.cssn.cn/xnc/202008/t20200813_5169085.shtml.

题，提高农民工收入，缩小城乡收入差距，不断扩大中等收入群体比例，促进乡村实现生活富裕。

第五节　统筹分配公共服务资源，建立科技成果入乡转化机制

城乡公共服务资源的巨大差异是城乡发展差距的重要体现之一。如何统筹配置公共服务资源以推动实现城乡公共服务均等化？如何充分发挥公共服务对乡村建设和发展的支撑作用？解决以上问题对于缩小城乡公共服务资源配置差距具有重要的现实意义。公共服务以不同部门间的合作为基础，以加强城乡公共设施建设和发展教育、医疗、科技、文化、卫生、体育等公共事业为主要内容。参与公共服务资源统筹分配的责任主体由政府部门、国有企业和事业单位、相关中介机构三部分构成。要缩小城乡公共服务的差距，就应以公共服务资源的主要内容为依据，统筹各责任主体，通过构建城乡公共服务资源均衡配置机制来统筹分配公共服务资源；其中重点要推进科技成果入乡转化机制的构建，充分发挥公共服务对乡村生产、生活、生态融合发展和农业现代化发展的支撑作用。

一、建立城乡公共服务资源均衡配置机制

一是不断提高城乡公共资源供给数量和质量。政府应改革财政、税收政策，促使社会资本注入相关领域，在资源投入时寻找政府投入与市场化之间有效的平衡点。同时，政府应构建与社会、市场等多元主体的合作协同机制（张润君，2022），引导社会、市场等多元主体参与到公共服务的建设和发展中，共同提高基本公共服务和非基本公共服务资源供给的数量和质量。同时，政府应协调各部门因地制宜地制定相关公共服务资源的建设规划和支持政策，统筹各责任主体，形成覆盖范围广、服务内容丰富、

空间布局合理、责任主体权责清晰和地方特色鲜明的公共服务资源供给。二是统筹分配城乡公共服务资源，推动城镇公共服务和基础设施建设向乡村延伸覆盖（孙良顺等，2022）。对于乡村人口分布不集中导致公共服务资源配置效率低的问题，政府应建立相关公共服务资源的基础设施配套制度，使用空间规划方法合理布局公共服务资源，并运用数字化技术建立覆盖城乡、均等普惠的开放共享服务平台（李健，2022），提高乡村公共服务的可达性和便利性。三是以互联网为载体，以政策为指引，大力宣扬城乡平等的观念，营造城乡无差别社会氛围，缓解因公共服务资源分配不均导致的城乡社会矛盾，为实现城乡融合发展创造良好、稳定的社会环境。

二、建立科技成果入乡转化机制

建立科技成果入乡转化机制，为乡村提供生产、生活、生态融合发展所需要的技术服务，赋予科研人员科技成果所有权，探索公益性和经营性农技推广融合发展机制。科技成果入乡转化能为乡村产业兴旺、乡村治理有效、乡村生活质量提高等乡村建设和发展的不同方面提供技术服务，推动乡村全面发展。一是建立涉农技术创新研发市场导向机制和产学研合作机制（吴海峰，2021），提高农业科学技术成果产出率和实际转化率。丰富的涉农科技成果是多样化涉农科技服务的基础，不仅能满足不同地区农业生产对涉农科学技术的多样化需求和解决不同地区农业生产遇到的问题和难题，也能提高农业生产效率和现代化水平，把农民从土地中解放出来。二是政府应探索公益性和经营性农技推广融合发展机制（刘冬梅等，2021），形成不同市场主体“分工明确、权责清晰、利益共享”的合作共赢发展格局，共同为乡村全面振兴提供技术支持。对于公益性农技推广方面，政府应设立专门的农业技术咨询服务机构，并加大对科研人员下乡支农的财政支持力度，赋予其科研成果所有权，引导其为乡村建设和发展提供技术服务，“允许农技人员通过提供增值服务合理取酬”[①]。为下乡的科

---

① 武汉大学乡村振兴研究课题组．全面推动乡村振兴，确保粮食安全［J］．财贸经济，2022，43（5）：5－18.

研人员提供资金支持和赋予其科研成果所有权有助于激励其进行科研创新，保障其合法权益，也能有效地吸引涉农科技人才下乡，为乡村产业兴旺发展提供技术支撑。对于经营性农技推广方面，政府应充分发挥引导推动作用，统筹国有企事业单位、公司、中介机构等多元市场主体参与涉农科技的研发和推广。“建立科研人员到乡村兼职和离岗创业制度，探索其在涉农企业技术入股、兼职兼薪机制”[①]，激励其进行涉农科技创新性研究和农技推广，为农业生产提供高质量技术服务。三是建立农业生产过程的标准化管理制度和动态监测机制（黄卓等，2022）。为乡村提供农业生产辅助性科学服务，提高农作物科学种植水平，促进农业保收和农民增收，提高农产品质量。同时，政府应根据不同农作物的生长规律和特点，为农民提供科学的作物种植信息、涉农技术指导等生产性服务，帮助农民有效应对农作物生产面临的病虫害问题。此外，政府应建立自然灾害监测和应急响应机制，及时消除极端天气对农业生产带来的负面影响，避免出现因自然灾害导致的农作物歉收问题，为稳定农业生产和促进农民持续增收提供坚实保障。

统筹分配城乡公共服务资源的相关政策举措有利于破除城乡公共服务资源分配制度障碍，提高乡村公共服务供给水平和服务效率，推动城乡公共服务均等化进程，缩小城乡差距。其中，涉农科技服务的入乡推广与应用对于乡村振兴具有关键支撑作用。科技成果入乡转化机制的构建能为乡村产业兴旺、乡村治理有效、乡村生活质量的提高提供技术支持，不断提高农业现代化水平，稳定农业生产，保障国家粮食安全，促进农民持续增收和乡村振兴发展。

---

① 新华社．中共中央 国务院关于建立健全城乡融合发展体制机制和政策体系的意见［EB/OL］．（2019－05－05）［2022－09－10］，http：//www.gov.cn/zhengce/2019－05/05/content_5388880.htm.

第六节　本章小结

本章就如何推进乡村振兴与新型城镇化融合协调发展进行了相关政策研究，提出五个方面的政策建议。

第一，深化户籍制度改革，建立城乡有序流动的人口迁移制度。在户籍制度改革最新政策的基础上，全面实施区域差异化户籍制度改革政策，健全农业转移人口市民化成本分担机制。建立人才入乡激励机制，允许符合条件的返乡就业创业人员在原户籍地或者就业创业地落户。剥离户籍制度的利益分配附加功能，让户籍制度回归人口登记和管理的原本属性。

第二，深化城乡土地制度改革，推动城乡土地市场化改革进程。从城镇土地使用与管理和土地收益分配两个层面进行城镇土地制度改革，避免城镇建设无序扩张，促使城镇土地收益分配向乡村倾斜。从建立严格的耕地保护制度、继续深化农村土地流转市场化改革和建立农村集体经营性建设用地入市制度等三个层面推进乡村土地制度改革。

第三，建立城乡普惠的金融服务体系，完善农村产权抵押担保权能。健全财政资金投入保障机制，加大对地方商业银行、农村中小金融机构涉农信贷业务的财政支持力度。建立健全城乡普惠的金融服务体系，不断提高农村金融发展水平和服务带动乡村建设发展的能力。推进农村金融体系产权多元化，不断提高金融创新能力和农村金融体系在金融市场上的竞争力。建立农村金融风险防范系统，提高农村金融机构防风险、抗风险能力。

第四，整合城乡一体化社会保障体系，健全农民持续增收体制机制。摆脱社会保障体系的城乡限制，实现无差别服务。通过开展农民工技能培训项目、增加对农民工就业重点行业的政策支持、鼓励和推动农民工返乡就业创业、建立和完善农民工就业权益保障政策法规等方式健全农民持续增收机制。

第五，统筹分配公共服务资源，建立科技成果入乡转化机制、城乡公共服务资源均衡配置机制，解决城乡公共服务资源的分配不均问题。建立科技成果入乡转化机制，为乡村提供生产、生活、生态融合发展所需要的技术服务，赋予科研人员科技成果所有权，探索公益性和经营性农技推广融合发展机制。

参考文献

[1] 白永秀，宁启．巩固拓展脱贫攻坚成果同乡村振兴有效衔接的提出、研究进展及深化研究的重点 [J]．西北大学学报（哲学社会科学版），2021，51（5）：5 –14.

[2] 包晓斌．生态宜居乡村建设的策略研究 [J]．中南林业科技大学学报（社会科学版），2021，15（3）：1 –7.

[3] 卜亚妮．乡村振兴视阈下的乡风文明建设 [J]．江西农业，2019（22）：88 –89.

[4] 蔡昉．把乡村振兴与新型城镇化同步推进 [J]．中国乡村发现，2018（4）：12 –16.

[5] 蔡继明，李新恺．深化土地和户籍改革，推进城乡融合发展 [J]．人民论坛，2019（24）：114 –115.

[6] 蔡继明．如何处理好乡村振兴与城镇化的关系 [J]．中国人大，2018（11）：25 –26.

[7] 蔡绍洪，谷城，张再杰．西部新型城镇化与乡村振兴协调的时空特征及影响机制 [J]．中国农业资源与区划，2022，43（12）：202 –213.

[8] 蔡跃洲，马文君．数据要素对高质量发展影响与数据流动制约 [J]．数量经济技术经济研究，2021，38（3）：64 –83.

[9] 曹飞．城镇化进程中的耕地占补平衡制度：困境与创新 [J]．社会科学辑刊，2015（5）：120 –125.

[10] 柴铎，李晓，陈亮君．新型城镇化推进中耕地保护的经济效应研究 [J]．价格理论与实践，2016（9）：148 –151.

[11] 陈景帅，张东玲．城乡融合中的耦合协调：新型城镇化与乡村振兴［J］．中国农业资源与区划，2022，43（10）：209－219.

[12] 陈坤秋，龙花楼，马历，等．农村土地制度改革与乡村振兴［J］．地理科学进展，2019，38（9）：1424－1434.

[13] 陈亮，李元．去“悬浮化”与有效治理：新时期党建引领基层社会治理的创新逻辑与类型学分析［J］．探索，2018（6）：109－115.

[14] 陈明星，隋昱文，郭莎莎．中国新型城镇化在“十九大”后发展的新态势［J］．地理研究，2019，38（1）：181－192.

[15] 陈鹏．中国社会治理40年：回顾与前瞻［J］．北京师范大学学报（社会科学版），2018（6）：12－27.

[16] 陈湘满，陈瑶．城镇化质量、房价对产业结构升级的影响研究［J］．财经理论与实践，2020，41（6）：103－110.

[17] 陈湘满，陈瑶．地方公共财政支出结构对城镇化质量的影响［J］．统计与决策，2021，37（14）：105－109.

[18] 陈湘满，陈瑶．地方公共财政支出结构对新型城镇化的影响——基于空间杜宾模型的分析［J］．当代财经，2021（4）：39－52.

[19] 陈瑶，陈湘满．房价、房价收入比对中国城镇化的影响与空间效应实证分析［J］．经济地理，2021，41（4）：57－65.

[20] 陈运雄，姚玉梅．城乡融合发展背景下产业扶贫模式的创新策略［J］．农业经济，2022（5）：81－82.

[21] 程莉，文传浩．乡村绿色发展与乡村振兴：内在机理与实证分析［J］．技术经济，2018，37（10）：98－106.

[22] 程郁．引导金融资源向农村回流的政策性机制研究［J］．经济纵横，2019（11）：58－69.

[23] 戴一鑫，卢泓宇．高技术产业集聚对长江经济带新型城镇化的影响——基于空间溢出效应的视角［J/OL］．软科学：［2023－06－27］. http：//kns. cnki. net/kcms/detail/51. 1268. g3. 20220713. 1356. 012. html.

[24] 党国英．论城乡社会治理一体化的必要性与实现路径——关于实现“市域社会治理现代化”的思考［J］．中国农村经济，2020（2）：

2-13.

[25] 邓群钊，石俊，喻登科．户籍制度背景下的社会资本结构与城乡收入差距［J］．管理评论，2022，34（3）：302-313.

[26] 董翀．产业兴旺：乡村振兴的核心动力［J］．华南师范大学学报（社会科学版），2021（5）：137-150+207-208.

[27] 董光龙，张红旗．基于市域的中国城乡一体化发展水平评价［J］．中国农业资源与区划，2016，37（4）：69-76.

[28] 杜姣．权利失衡：土地流转中“三权分置”的异化实践及其破解［J/OL］．农业经济问题：1-11［2022-09-10］．DOI：10.13246/j.cnki.iae.20220728.003.

[29] 段浩，许偲炜．新型城镇化中的“人地钱”挂钩制度：回应、困境与完善［J］．农村经济，2018，32（10）：36-43.

[30] 段小燕．乡村振兴战略下金融精准扶贫的持续性发展研究［J］．科技资讯，2022，20（14）：232-235.

[31] 方创琳．改革开放40年来中国城镇化与城市群取得的重要进展与展望［J］．经济地理，2018，38（9）：1-9.

[32] 方创琳．中国新型城镇化高质量发展的规律性与重点方向［J］．地理研究，2019，38（1）：13-22.

[33] 费利群，滕翠华．城乡产业一体化：马克思主义城乡融合思想的当代视界［J］．理论学刊，2010（1）：62-65.

[34] 费孝通，吴晗．皇权与绅权［M］．天津：天津人民出版社，1988.

[35] 冯奎，贾璐宇．我国绿色城镇化的发展方向与政策重点［J］．经济纵横，2016（7）：27-32.

[36] 冯亚军，张华胤，任志强．加强金融扶持拓宽重大项目建设融资渠道［J］．江苏农村经济，2022（3）：26-27.

[37] 高波，孔令池．中国城乡发展一体化区域差异分析［J］．河北学刊，2017，37（1）：101-108.

[38] 高帆，李童．中国城乡资本流动存在“卢卡斯之谜”吗［J］.

经济学家，2016（3）：75－86.

［39］高维．乡土文化教育：乡风文明发展根基［J］．教育研究，2018，39（7）：87－89.

［40］戈大专，陆玉麒，孙攀．论乡村空间治理与乡村振兴战略［J］．地理学报，2022，77（4）：777－794.

［41］葛和平，姜中裕．供需失衡背景下农村金融服务乡村经济的演化博弈分析［J］．经济问题，2021（2）：96－106.

［42］龚维斌．从历史维度看乡村振兴过程中的户籍制度改革［J］．国家行政学院学报，2018（3）：19－25＋152－153.

［43］顾益康，许勇军．城乡一体化评估指标体系研究［J］．浙江社会科学，2004（6）：93－97＋6.

［44］郭彩琴．马克思主义城乡融合思想与我国城乡教育一体化发展［J］．马克思主义研究，2010（3）：100－105.

［45］郭俊华，卢京宇．产业兴旺推动乡村振兴的模式选择与路径［J］．西北大学学报（哲学社会科学版），2021，51（6）：42－51.

［46］郭晓鸣，张克俊，虞洪，等．实施乡村振兴战略的系统认识与道路选择［J］．农村经济，2018（1）：11－20.

［47］韩俊．乡村振兴与城镇化不是非此即彼的关系［J］．环境经济，2018（5）：32－33.

［48］韩亮亮，彭伊，孟庆娜．数字普惠金融、创业活跃度与共同富裕——基于我国省际面板数据的经验研究［J］．软科学，2023，37（3）：18－24.

［49］韩长赋．中国农村土地制度改革［J］．农业经济问题，2019（1）：4－16.

［50］何仁伟．城乡融合与乡村振兴：理论探讨、机理阐释与实现路径［J］．地理研究，2018，37（11）：2127－2140.

［51］贺雪峰．关于实施乡村振兴战略的几个问题［J］．南京农业大学学报（社会科学版），2018，18（3）：19－26＋152.

［52］侯宝锋，苏治，史建平．融资难、融资贵与小微经营者信心——

基于全国工商联和蚂蚁金服小微企业联合问卷调查的分析 [J]. 中央财经大学学报, 2022 (7): 25-36.

[53] 胡海华, 李倩. 新基建投资对中国城乡收入差距的影响研究 [J]. 经营与管理, 2023 (4): 6-15.

[54] 胡焕庸. 中国人口之分布——附统计表与密度图 [J]. 地理学报, 1935 (2): 33-74.

[55] 胡俊波. 四川农业农村改革40周年: 回顾与思考 [J]. 农村经济, 2019 (3): 15-22.

[56] 黄承伟. 论乡村振兴与共同富裕的内在逻辑及理论议题 [J]. 南京农业大学学报 (社会科学版), 2021, 21 (6): 1-9.

[57] 黄明龙, 关改琴. 锦屏镇: 以文明乡风助力文明城市创建 提升群众幸福感 [EB/OL]. 崇信县融媒体中心, (2021-11-13) [2022-08-20]. https://baijiahao.baidu.com/s?id=1716274253657420231&wfr=spider&for=pc.

[58] 黄志海. 乡村振兴背景下推动城乡产业融合发展面临的问题及对策 [J]. 农业经济, 2023, 433 (5): 40-43.

[59] 黄卓, 王萍萍. 数字普惠金融在数字农业发展中的作用 [J]. 农业经济问题, 2022 (5): 27-36.

[60] 黄祖辉. 准确把握中国乡村振兴战略 [J]. 中国农村经济, 2018 (4): 2-12.

[61] 姜安印, 杨志良. 新型城镇化建设与城市经济高质量增长——基于双重差分法的实证分析 [J]. 经济问题探索, 2020 (3): 84-99.

[62] 姜凌. 乡村振兴与新型城镇化协同发展路径——基于供给侧结构性改革视角 [J]. 安庆师范大学学报 (社会科学版), 2019, 38 (3): 74-78.

[63] 焦必方, 林娣, 彭婧妮. 城乡一体化评价体系的全新构建及其应用——长三角地区城乡一体化评价 [J]. 复旦学报 (社会科学版), 2011 (4): 75-83.

[64] 靳涛, 李明昕. 财政分权及支出结构促进了城乡收入均衡化水

平吗？[J]．经济与管理研究，2014（6）：5－12.

[65] 孔祥智，何欣玮．乡村振兴背景下县域新型城镇化的战略指向与路径选择［J］．新疆师范大学学报（哲学社会科学版），2022，6（43）：1－12. https：//kns. cnki. net/kcms/detail/65. 1039. g4. 20220620. 1934. 002. html.

[66] 李斌，贾敬全．安徽省新型城镇化与乡村振兴耦合协调发展分析［J］．山西大同大学学报（自然科学版），2022，38（4）：55－61.

[67] 李海金，焦方杨．乡村人才振兴：人力资本、城乡融合与农民主体性的三维分析［J］．南京农业大学学报（社会科学版），2021，21（6）：119－127.

[68] 李健．数字技术赋能乡村振兴的内在机理与政策创新［J］．经济体制改革，2022（3）：77－83.

[69] 李兰冰，高雪莲，黄玖立．"十四五"时期中国新型城镇化发展重大问题展望［J］．管理世界，2020，36（11）：7－22.

[70] 李梦娜．新型城镇化与乡村振兴的战略耦合机制研究［J］．当代经济管理，2019，41（5）：10－15.

[71] 李沛霖．户籍制度改革区域差异对人口流动影响研究［J］．人口与发展，2021，27（6）：36－50.

[72] 李实，杨一心．面向共同富裕的基本公共服务均等化：行动逻辑与路径选择［J］．中国工业经济，2022（2）：27－41.

[73] 李贞，张瑞婷．数字经济与财政治理的协同发展［J］．地方财政研究，2021（4）：8－13.

[74] 李周．乡村生态宜居水平提升策略研究［J］．学习与探索，2019（7）：115－120.

[75] 梁书民．新技术变革下的我国城乡融合发展前瞻［J］．人民论坛·学术前沿，2021（7）：126－134.

[76] 廖彩荣，陈美球．乡村振兴战略的理论逻辑、科学内涵与实现路径［J］．农林经济管理学报，2017，16（6）：795－802.

[77] 廖重斌．环境与经济协调发展的定量评判及其分类体系——以

珠江三角洲城市群为例 [J]. 热带地理, 1999 (2): 76-82.

[78] 刘冬梅, 赵成伟. 农业技术服务规模化的路径分析——基于山东丰信农业的案例研究 [J]. 中国科技论坛, 2021 (12): 142-148.

[79] 刘润秋, 黄志兵. 实施乡村振兴战略的现实困境、政策误区及改革路径 [J]. 农村经济, 2018 (6): 6-10.

[80] 刘守英, 王一鸽. 从乡土中国到城乡中国——中国转型的乡村变迁视角 [J]. 管理世界, 2018 (10).

[81] 刘双双, 段进军. 协调推进乡村振兴与新型城镇化: 内在机理、驱动机制和实践路径 [J]. 南京社会科学, 2021 (11): 47-55.

[82] 刘天曌, 刘沛林, 王良健. 新型城镇化背景下的古村镇保护与旅游发展路径选择——以萱洲古镇为例 [J]. 地理研究, 2019, 38 (1): 133-145.

[83] 刘同山, 张云华. 城镇化进程中的城乡二元土地制度及其改革 [J]. 求索, 2020 (2): 135-142.

[84] 刘彦随, 乔陆印. 中国新型城镇化背景下耕地保护制度与政策创新 [J]. 经济地理, 2014, 34 (4): 1-6.

[85] 刘彦随. 中国新时代城乡融合与乡村振兴 [J]. 地理学报, 2018, 73 (4): 637-650.

[86] 龙花楼, 陈坤秋. 实现巩固拓展脱贫攻坚成果同乡村振兴有效衔接: 研究框架与展望 [J]. 经济地理, 2021, 41 (8): 1-9.

[87] 卢福营. 二元到三元: 基层社会治理的结构变迁 [J]. 社会科学, 2020 (5): 72-81.

[88] 陆保一, 明庆忠, 刘安乐, 等. 新型城镇化与旅游业效率协调关系及互动效应 [J]. 统计与决策, 2022, 38 (13): 107-112.

[89] 路光, 王龙生. 发展蚕桑生产 振兴乡村经济——珥陵乡发展蚕桑生产的回顾 [J]. 江苏蚕业, 1984 (3): 8.

[90] 罗富政, 贺小龙. 公共图书馆事业发展、文化资本与区域经济协调发展 [J]. 统计学报, 2022, 3 (4): 14-28.

[91] 吕连菊, 阚大学. 城乡一体化发展效率的测度及其分析——以

中部地区为例［J］. 中国农业资源与区划，2021，42（2）：176－183.

［92］马广兴. 河南新型城镇化与乡村振兴耦合性分析［J］. 中国农业资源与区划，2020，41（3）：103－112.

［93］倪鹏飞，蔡书凯，王雨飞. 中国城乡一体化进程研究与评估［J］. 城市观察，2016（1）：5－19.

［94］倪鹏飞. 新型城镇化的基本模式、具体路径与推进对策［J］. 江海学刊，2013（1）：87－94.

［95］牛小凡，王舒悦，沈扬扬. 金融支农：县域银行业竞争能否缓解农村居民经济脆弱性［J］. 财经科学，2022（5）：31－46.

［96］欧阳慧. 新一轮户籍制度改革实践中的落户困境与突破［J］. 经济纵横，2020（9）：57－62.

［97］庞丽娟，金志峰，杨小敏，等. 完善教师队伍建设 助力乡村振兴战略——制度思考和政策建议［J］. 北京师范大学学报（社会科学版），2020（6）：5－14.

［98］庞森. 新发展理念下绿色高质量发展的转型与创新——以成都市“西控”区为例［J］. 农村经济，2020（6）：99－105.

［99］秦晓彦. 强化金融支持 赋能乡村振兴［J］. 今日海南，2022（3）：61－62.

［100］芮正云，史清华. 中国农民工创业绩效提升机制：理论模型与实证检验——基于“能力－资源－认知”综合范式观［J］. 农业经济问题，2018（4）：108－120.

［101］宋芳晓. 新型城镇化与乡村振兴内在关系及协同推进思路［J］. 农村工作通讯，2022（9）：27－29.

［102］苏春红，李真. 财政分权、支出偏向与城乡融合发展［J］. 经济问题探索，2022（6）：107－123.

［103］孙良顺，田泽. 迈向更高水平城乡融合的新型城镇化——基于“城乡两栖”的讨论［J］. 经济学家，2022（6）：39－47.

［104］孙伟，夏锋. 以居住证制度取代城乡二元户籍制度的改革路径研究［J］. 经济体制改革，2018，211（4）：26－30.

[105] 孙学涛，于婷，于法稳．新型城镇化对共同富裕的影响及其作用机制——基于中国281个城市的分析［J］．广东财经大学学报，2022，37（2）：71－87.

[106] 唐成玲，陈诺，胡琴．乡风文明的政策实践与农民声音［J］．中国农业大学学报（社会科学版），2022，39（4）：73－88.

[107] 唐健雄，蔡超岳．旅游产业—新型城镇化—乡村振兴的时空耦合协调——以长江经济带11省市为例［J］．济宁学院学报，2022，43（2）：55－65.

[108] 唐琼．新型城镇化背景下户籍制度改革的难点及对策［J］．湖湘论坛，2022，35（3）：84－95.

[109] 唐任伍，许传通．乡村振兴推动共同富裕实现的理论逻辑、内在机理和实施路径［J］．中国流通经济，2022，36（6）：10－17.

[110] 田凤调．秩和比法的应用［M］．北京：中国统计出版社，2002.

[111] 完世伟．城乡一体化评价指标体系的构建及应用——以河南省为例［J］．经济经纬，2008（4）：60－63.

[112] 王博雅，张车伟，蔡翼飞．特色小镇的定位与功能再认识——城乡融合发展的重要载体［J］．北京师范大学学报（社会科学版），2020（1）：140－147.

[113] 王春光．农村流动人口的“半城市化”问题研究［J］．社会学研究，2006（5）：107－122＋244.

[114] 王改性．我国城乡统筹发展中产业互动问题研究［J］．求索，2010（6）：45－47.

[115] 王劲峰，徐成东．地理探测器：原理与展望［J］．地理学报，2017，72（1）：116－134.

[116] 王静，姚展鹏．新型城镇化与乡村振兴的战略耦合机制研究［J］．现代农业研究，2019（9）：14－17.

[117] 王凯，陈明．中国绿色城镇化的认识论［J］．城市规划学刊，2021（1）：10－17.

[118] 王少国，王京．中国城乡金融发展差异对城乡收入差距的影响分析［J］．黑龙江社会科学，2014（5）：58－62.

[119] 王淑佳，孔伟，任亮，等．国内耦合协调度模型的误区及修正［J］．自然资源学报，2021，36（3）：793－810.

[120] 王思斌．乡村振兴中韧性发展的经济—社会政策与共同富裕效应［J］．探索与争鸣，2022（1）：110－118＋179.

[121] 王效梅，李繁荣，王晓东．城乡融合发展视野下山西乡村振兴路径探索［J］．人文地理，2022，37（3）：131－139.

[122] 王昕阳，程钰，王晶晶．中国人力资本对产业结构转型的影响研究［J］．湖南师范大学自然科学学报，2022，45（5）：41－50＋73.

[123] 王新越，秦素贞，吴宁宁．新型城镇化的内涵、测度及其区域差异研究［J］．地域研究与开发，2014，33（4）：69－75.

[124] 王燕娟．浅析乡风文明的当代内涵与价值［J］．现代农村科技，2020（3）：3－4.

[125] 魏后凯，郜亮亮，崔凯，等．"十四五"时期促进乡村振兴的思路与政策［J］．农村经济，2020（8）：1－11.

[126] 魏后凯，苑鹏，芦千文．中国农业农村发展研究的历史演变与理论创新［J］．改革，2020，No. 320（10）：5－18.

[127] 魏后凯．实施乡村振兴战略和区域协调战略　推进中国特色社会主义现代化建设［J］．财经智库，2017，2（6）：28－32.

[128] 温涛，陈一明．数字经济与农业农村经济融合发展：实践模式、现实障碍与突破路径［J］．农业经济问题，2020（7）：118－129.

[129] 温铁军，杨洲，张俊娜．乡村振兴战略中产业兴旺的实现方式［J］．行政管理改革，2018（8）：26－32.

[130] 文丰安．全面实施乡村振兴战略：重要性、动力及促进机制［J］．东岳论丛，2022，43（3）：5－15.

[131] 文丰安．乡村振兴战略与新型城镇化建设融合发展：经验、梗阻及新时代方案［J］．东岳论丛，2020，41（5）：70－77.

[132] 吴海峰．论城乡经济融合发展的内涵特征与实现路径［J］．中

州学刊，2021（9）：41－47.

［133］吴学凡．马克思恩格斯消灭城乡差别思想及其现实意蕴［J］．社会主义研究，2008（1）：25－27.

［134］武爱彬，朱苏加，赵艳霞．河北省乡村振兴与新型城镇化耦合协调的格局演变及发展对策［J］．河北省科学院学报，2022，39（3）：68－74.

［135］习近平．把乡村振兴战略作为新时代“三农”工作总抓手．求是，2019（11）：4－10.

［136］席月民．社会资本下乡的风险处置研究［J］．人民论坛，2022（2）：72－74.

［137］夏金梅．新型城镇化与乡村振兴协同发展的时空观察［J］．西南民族大学学报（人文社会科学版），2021，42（5）：147－153.

［138］项继权，周长友．“新三农”问题的演变与政策选择［J］．中国农村经济，2017（10）：13－25.

［139］肖倩．城乡制度一体化：破解农民工市民化进程中的制度性障碍［J］．中共浙江省委党校学报，2016，32（2）：91－98.

［140］谢天成，张研，王洌瑄，等．乡村振兴与新型城镇化协同发展——基于省级尺度时空演化分析［J］．经济问题，2022（9）：91－98.

［141］谢天成．乡村振兴与新型城镇化融合发展机理及对策［J］．当代经济管理，2021，43（3）：43－48.

［142］熊柴，蔡继明，刘媛．城乡融合发展与土地制度改革［J］．政治经济学评论，2021，12（5）：107－138.

［143］熊文，王轶，李朝鲜．乡村振兴战略下失地农民与未失地居民社会保障水平的比较研究［J］．统计与信息论坛，2021，36（4）：104－117.

［144］徐维祥，李露，刘程军．乡村振兴与新型城镇化的战略耦合——机理阐释及实现路径研究［J］．浙江工业大学学报（社会科学版），2019，18（1）：47－55.

［145］徐维祥，李露，周建平，等．乡村振兴与新型城镇化耦合协调的动态演进及其驱动机制［J］．自然资源学报，2020，35（9）：2044－2062.

[146] 徐雪，王永瑜. 甘肃省新型城镇化与乡村振兴协调水平及其影响因素 [J]. 中国沙漠，2022 (5)：1 - 13.

[147] 许彩玲，李建建. 城乡融合发展的科学内涵与实现路径——基于马克思主义城乡关系理论的思考 [J]. 经济学家，2019 (1)：96 - 103.

[148] 许忠裕，林树恒，邓国仙，等. 民族地区新型城镇化与乡村振兴有效衔接对策 [J]. 江苏农业科学，2022，50 (1)：233 - 244.

[149] 严金明，蔡大伟，夏方舟. 党的十八大以来农村土地制度改革的进展、成效与展望 [J]. 改革，2022 (8)：1 - 15.

[150] 阎小培，林初升，许学强. 地理 · 区域 · 城市：永无止境的探索 [M]. 广州：广东高等教育出版社，1994.

[151] 杨静. 中国新型城镇化发展路径探析 [J]. 学术交流，2014 (7)：111 - 116.

[152] 杨荣南. 城乡一体化及其评价指标体系初探 [J]. 城市研究，1997 (2)：20 - 24.

[153] 杨嵘均. 论新型城镇化与乡村振兴战略的内在张力、政策梗阻及其规避 [J]. 南京农业大学学报 (社会科学版)，2019，19 (5)：24 - 32 + 155.

[154] 姚鹏，李金泽，孙久文. 县乡财政支出集权能增加地方民生性支出吗？——基于安徽省"乡财县管"准自然实验的证据 [J]. 中国农村经济，2022 (2)：94 - 114.

[155] 叶昌友，张量. 论马克思、恩格斯的城乡融合思想 [J]. 求索，2009 (12)：54 - 56.

[156] 叶超，于洁. 迈向城乡融合：新型城镇化与乡村振兴结合研究的关键与趋势 [J]. 地理科学，2020，40 (4)：528 - 5.

[157] 叶兴庆. 新时代中国乡村振兴战略论纲 [J]. 改革，2018 (1)：65 - 73.

[158] 俞云峰，张鹰. 浙江新型城镇化与乡村振兴的协同发展——基于耦合理论的实证分析 [J]. 治理研究，2020，36 (4)：43 - 49.

[159] 张道根. 中国社会主义经济制度变迁纵观—新中国成立以来

经济制度创新的历史路径和实践逻辑（1）[J]. 上海经济研究，2022（8）：15－18.

[160] 张飞. 新型城镇化背景下中央与地方财税关系研究 [J]. 经济与管理评论，2017，33（5）：67－73.

[161] 张国胜，聂其辉. 乡村振兴视角下我国户籍制度的双向改革研究 [J]. 云南民族大学学报（哲学社会科学版），2019，36（4）：97－102.

[162] 张海鹏，郜亮亮，闫坤. 乡村振兴战略思想的理论渊源、主要创新和实现路径 [J]. 中国农村经济，2018，407（11）：2－16.

[163] 张海鹏. 中国城乡关系演变 70 年：从分割到融合 [J]. 中国农村经济，2019（3）：2－18.

[164] 张红霞，李家琦，李育哲. 产业协同集聚促进经济高质量发展的机制研究——非线性关系、创新效率路径与人力资本的调节作用 [J]. 西部论坛，2022，32（4）：73－88.

[165] 张红宇. 中国特色城镇化道路的路径探索——由土地制度创新引发的宏观效应 [J]. 求索，2022（3）：124－133.

[166] 张晖. 马克思恩格斯城乡融合理论与我国城乡关系的演进路径 [J]. 学术交流，2018（12）：122－127.

[167] 张建伟，图登克珠. 乡村振兴战略的理论、内涵与路径研究 [J]. 农业经济，2020（7）：22－24.

[168] 张敬岳. 中国产业城镇化演进及特征分析 [J]. 财会月刊，2021（14）：131－139.

[169] 张丽会. 乡村振兴战略背景下农村金融支持探讨 [J]. 商业文化，2022（3）：36－37.

[170] 张强，张怀超，刘占芳. 乡村振兴：从衰落走向复兴的战略选择 [J]. 经济与管理，2018，32（1）：6－11.

[171] 张润君. 公共服务体系现代化：政府、社会和市场 [J]. 西北师大学报（社会科学版），2022，59（6）：204－212.

[172] 张雅光. 新时代城乡一体化发展的制度障碍研究 [J]. 理论月刊，2021（10）：78－87.

[173] 张永生. 基于生态文明推进中国绿色城镇化转型——中国环境与发展国际合作委员会专题政策研究报告 [J]. 中国人口·资源与环境, 2020, 30 (10): 19-27.

[174] 张玉泽, 任建兰. 中国新型城镇化发展路径创新——基于人地协调视角 [J]. 现代经济探讨, 2017 (1): 28-32.

[175] 张远索. 新型城镇化背景下城乡土地市场统筹构建 [J]. 中国土地科学, 2013, 27 (11): 39-44.

[176] 张云辉, 汪洋. 新型城镇化对加快构建“双循环”新发展格局的影响研究 [J]. 城市问题, 2021 (2): 4-16.

[177] 赵军洁, 张晓旭. 中国户籍制度改革: 历程回顾、改革估价和趋势判断 [J]. 宏观经济研究, 2021 (9): 125-132+160.

[178] 赵龙. 为乡村振兴战略做好土地制度政策支撑 [J]. 行政管理改革, 2018 (4): 11-14.

[179] 赵树凯. 县乡政府治理的危机与变革——事权分配和互动模式的结构性调整 [J]. 人民论坛·学术前沿, 2013 (21): 14-30.

[180] 郑良海. 促进我国城镇化发展的财税政策建议 [J]. 税务研究, 2020 (2): 111-117.

[181] 中共中央马克思恩格斯列宁斯大林著作编译局. 马克思恩格斯选集·第一卷 [M]. 北京: 人民出版社, 2012.

[182] 钟成林, 胡雪萍. 土地收益分配制度对城市建设用地利用效率的影响研究——基于门限回归模型的实证分析 [J]. 中央财经大学学报, 2016 (2): 22-35.

[183] 钟钰. 实施乡村振兴战略的科学内涵与实现路径 [J]. 新疆师范大学学报 (哲学社会科学版), 2018, 39 (5): 71-76+2.

[184] 周闯. 农民工的工作稳定性与永久迁移意愿 [J]. 人口与发展, 2022, 28 (5): 148-160.

[185] 周飞舟. 从汲取型政权到“悬浮型”政权——税费改革对国家与农民关系之影响 [J]. 社会学研究, 2006 (3): 1-38+243.

[186] 周国华, 于雪霞, 贺艳华, 等. 湖南省巩固脱贫攻坚成果同乡

村振兴有效衔接的思考 [J]. 经济地理, 2021, 41 (8): 10-18.

[187] 周惠如. 一心一意为振兴乡村经济服务 [J]. 江苏商论, 1987 (1): 35-36.

[188] 周力, 沈坤荣. 中国农村土地制度改革的农户增收效应——来自"三权分置"的经验证据 [J]. 经济研究, 2022, 57 (5): 141-157.

[189] 周夏青. 山东省新型城镇化与乡村振兴耦合协调特征研究 [J]. 山东国土资源, 2022, 38 (8): 56-61.

[190] 周迎春. 聚力乡风文明建设 助推乡村振兴战略 [J]. 新湘评论, 2018 (14): 13-15.

[191] 朱泽. 大力实施乡村振兴战略 [J]. 中国党政干部论坛, 2017 (12): 32-36.

[192] 卓玛草. 新时代乡村振兴与新型城镇化融合发展的理论依据与实现路径 [J]. 经济学家, 2019 (1): 104-112.

[193] 邹旭, 石晓平, 马贤磊. 中国共产党建党百年来的土地增值收益分配: 政策演进、理论辨析与改革逻辑 [J]. 中国土地科学, 2021, 35 (8): 15-22.

[194] 左停, 李卓. 自治、法治和德治"三治融合": 构建乡村有效治理的新格局 [J]. 云南社会科学, 2019 (3): 49-54+186.

[195] 林树高, 陆汝成, 叶宗达, 等. 中越边境地区国土空间功能时空演变与耦合协调 [J]. 中国土地科学, 2022, 36 (9): 90-101.

[196] ANSELIN L, GETIS A. Spatial statistical analysis and geofigureic information systems [J]. The annals of regional science, 1995, 226 (1): 19-33.

[197] ANSELIN L. Local indicators of spatial association—LISA [J]. Geofigureical analysis, 1995, 27 (2): 93-115.

[198] AROURI M E H, YOUSSEF A B, NGUYEN-VIET C, et al. Effects of urbanization on economic growth and human capital formation in Africa [J]. PGDA Working Paper, 2016.

[199] ASHLEY C, MAXWELL S. Rethinking rural development [J].

Development policy review, 2001, 19 (4): 395 -425.

[200] BENEDEK J, SEBESTYÉN T T, BARTÓK B. Evaluation of renewable energy sources in peripheral areas and renewable energy - based rural development [J]. Renewable and sustainable energy reviews, 2018, 90: 516 -535.

[201] CHAMBERS R. Rural development: Putting the last first [M]. London: Routledge, 2014.

[202] CHU A T W, KALABA R E, SPINGARN K. A comparison of two methods for determining the weights of belonging to fuzzy sets [J]. Journal of optimization theory and applications, 1979, 27 (4): 531 -538.

[203] DIAKOULAKI D, MAVROTAS G, PAPAYANNAKIS L. Determining objective weights in multiple criteria problems: The critic method [J]. Computers & operations research, 1995, 22 (7): 763 -770.

[204] DOUGLASS, M. A regional network strategy for reciprocal rural - urban linkages: an agenda for policy research with reference to Indonesia [J]. Third world planning review, 1998, 20 (1): 1 -33.

[205] ELHORST J P. Spatial econometrics [M]. Berlin, Heidelberg: Springer Berlin Heidelberg, 2014.

[206] EPANECHNIKOV V A. Non - parametric estimation of a multivariate probability density [J]. Theory of probability & its applications, 1969, 14 (1): 153 -158.

[207] GEARY R C. The contiguity ratio and statistical mapping [J]. The incorporated statistician, 1954, 5 (3): 115 -146.

[208] GOLLIN D, JEDWAB R, Vollrath D. Urbanization with and without industrialization [J]. Journal of economic growth, 2016, 21 (1): 35 -70.

[209] HAKEN H, 1984. The science of structure: synergetics [M]. New York: Van Nostrand Reinhold.

[210] HIRSCHMAN A O, 1988. The strategy of economic development [M]. Boulder: Westview Press.

[211] ILLINGWORTH V. Penguin dictionary of physics [M]. London: Penguin UK, 2009.

[212] LAI Y J, HWANG C L. Fuzzy multiple objective decision making [M] //LAI Y J, HWANG C L. Fuzzy multiple objective decision making: Methods and applications. Berlin, Heidelberg: Springer, 1994: 139 – 262.

[213] LESAGE J, PACE R K. Introduction to spatial econometrics [M]. Boca Raton, FL: Chapman and Hall/CRC, 2009.

[214] LIDDLE B. Urbanization and inequality/poverty [J]. Urban science, 2017, 1 (4): 35.

[215] MCGEE T G. The emergence of desakota regions in Asia: expanding a hypothesis [C] // Norton S G, ed. The Extended Metropolis: Settlement Transition in Asia. Honolulu: University of Hawaii Press, 1991: 3 – 25.

[216] MORAN P A P. Notes on continuous stochastic phenomena [J]. Biometrika, 1950, 37 (1/2): 17.

[217] MYRDAL G, 1972. Asian drama: an inquiry into the poverty of nations [M]. London: Allen Lane The Penguin Press, 1972.

[218] OGUNLELA Y I, MUKHTAR A A. Gender issues in agriculture and rural development in nigeria: The role of women [J]. Humanity & social sciences journal, 2009, 4 (1): 19 – 30.

[219] PAN S, BAN S H, MUN P, et al. Rural development [M]. Cambridge, MA: Harvard Univ Asia Center, 1980.

[220] PEARSON K. LIII. On lines and planes of closest fit to systems of points in space [J]. The London, Edinburgh, and Dublin philosophical magazine and journal of science, 1901, 2 (11): 559 – 572.

[221] SAATY T L. The analytic hierarchy process: planning, priority setting, resource allocation [M]. New York: McGraw – Hill International Book Co, 1980.

[222] SADORSKY P. Do urbanization and industrialization affect energy intensity in developing countries? [J]. Energy economics, 2013, 37: 52 – 59.

[223] SHANNON C E. A mathematical theory of communication [J]. The bell system technical journal, 1948, 27 (3): 379 –423.

[224] TOBLER W R. A computer movie simulating urban growth in the detroit region [J]. Economic GeoFigurey, 1970 (46): 234.

[225] TUROK I, MCGRANAHAN G. Urbanization and economic growth: the arguments and evidence for Africa and Asia [J]. Environment and urbanization, 2013, 25 (2): 465 –482.

[226] ZADAWA A N, OMRAN A. Rural development in Africa: challenges and opportunities [J]. Sustaining our environment for better future, 2020: 33 –42.

[227] ZHANG, K H, SONG. S. Rural – urban migration and urbanization in China: evidence from time – series and cross – section analyses [J]. China economic review, 2003, 14 (4): 386 –400.

后 记

本书是国家社会科学基金项目“乡村振兴与新型城镇化耦合协同推进机制与政策研究”（课题号 20BJL078/结题号 20231497）的研究成果。

乡村振兴和新型城镇化作为农业农村现代化建设和城镇高质量发展的两大着力点，协同致力于我国实现城乡融合发展和建成社会主义现代化强国的目标，是国家稳步推进社会主义现代化的生动实践。深入推进二者耦合协同发展，将有效释放城乡需求潜力和发展潜能，在经济高质量发展的宏观背景下，为中国式现代化注入持久稳定的前进动能。乡村振兴与新型城镇化是互利共生的命运共同体，两者互为支撑、相互促进。乡村振兴离不开新型城镇化的发展，推动乡村振兴与新型城镇化深度融合是着力解决农村发展不充分、城乡发展不平衡问题的重大战略举措。

本书以城乡融合、区域协调发展为主线，解析乡村振兴与新型城镇化的耦合机理，探索二者协同推进的机制、路径与政策框架，从而进一步丰富与完善城乡发展理论体系，破解城乡融合发展的难题，为政府部门协同推进乡村振兴与新型城镇化提供决策参考。具体内容包括：乡村振兴与新型城镇化的互促共进关系；乡村振兴与新型城镇化耦合发展存在的制度障碍；乡村振兴与新型城镇化的多维耦合机理；乡村振兴与新型城镇化耦合机理及影响因素实证分析；乡村振兴与新型城镇化协同推进机制框架；乡村振兴与新型城镇化耦合协调发展路径；乡村振兴与新型城镇化耦合协调发展的政策建议。

本书是课题组与我的博士、硕士研究生共同研究的结果。课题组成员翟晓叶、黄柳、付畅俭、罗蓉、申群意、陈瑶、喻科、刘学舟在课题研究过程中或参与调研，或参与研讨论证，付出了辛勤劳动，贡献了他们的智慧。有些成员还发表了重要阶段性成果。多位博士、硕士研究生在后期报告撰写和书稿修改中做了大量工作。何名芬、侯华清、周金涛参与第一、二章撰写；张凌琳参与第三章撰写；刘学舟参与第四、五、九章撰写；曾志文参与第六章撰写；谭宇玮参与第七章撰写；陈泽昊参与第八章撰写。他们为课题顺利结题和成果出版作出了重要贡献。在此表示感谢！

本书的最终完成，还得益于课题结题送审时各位匿名鉴定专家很好的意见、建议，在此对他们的肯定与鼓励表示感谢！

本书的出版得到了湘潭大学人口资源与环境经济研究所的经费资助，同时也得到了中国财政经济出版社的大力支持，在此一并表示感谢！

陈湘满

2023 年 7 月